揺動する国境・平和・人権

阿部浩己 著

信山社

はしがき

天翔る時の足が、年々その速度をましているように感じられる。齢を重ねたこの身が、時の流れにただ追い抜かれてしまっただけのことなのかもしれない。けれどもその一方で、近年の時相・時流に小さからぬ違和／異和の念を抱いてきたことも、そこには少しくあずかっているのではないかとの思いもある。眼前の時代（特に政治的風潮）が傲岸と差し出すものに付き従うことを厭う心持ちが、時流との懸隔をさらに押し広げてしまったのではないか、ということである。

人権や平和にかかる問題に接したとき、まずは国際法とりわけ人権・人道・難民法といった分野のプリズムを通して事にあたってきた。もとよりこうした法分野も多様なあり方に拓かれており、画一的な解が自動的に導き出されるものではない。根本的には、世界とどう向き合うかについての価値的態度によって法の動員の仕方は違ってくる。そうしたダイナミックスこそが、これらの法分野に関わる妙味であるのだが、同時にそこには、法に携わる者に課せられた社会的責任というべきものが随伴することも言うまでもない。

近年の時流に抗する私自身の想念の多くも、これらの法分野との関わりを通して形作られてきたところがある。幸いなことにこの間、皮裏に広がる異和／違和の念を様々な場で発信する機会に恵まれてきた。その中から、特に評論やエッセイ、講演録などの形で著した小論を取り出してまとめたものが本書である。胸にかき抱くところをストレートに綴った文章をテーマ別に収めてある。

本書は、評論・エッセイを中心に編んだ前著刊行以降にしたためた拙文からなるのだが、ほんの数年前の出来事が、既にして遠い過去にうずめられてしまったかのような感にかられる。むろんそれがいかに遥けきものであったとしても、過去は懐古の儀式に供されて終わるものではなく、現在のあり方そのものを支える動態として絶えざる審問に付されるべきものに相違ない。なればこそ、過去と現在を分かつインター・テンポラルな観念ではなく、時を貫くトランス・テンポラルな思考態度が法を動員する際にもますます肝要になる、との想いを強くする。本書には、そのような思念を連ねてもいる。

この「はしがき」は、サバティカルで滞在中のトロントで記している。カナダでは、九月三〇日が「真実和解の日」に指定されるなど、引き続く植民地主義に正対するよう求める裂帛の声がそこかしこであがっている。巨大な不正義に支えられた社会であり続けることを拒む動勢が、先住民族の尊厳回復に向けた規範環境の変化と結びついていることは言を俟つまい。激しく揺動する国際秩序の行方は不透明さをますばかりだが、私としては、批判的な視座を保ちつつ、暴力性が少しでも低減される社会への航路標識としての国際法のあり方を今後とも模索していきたいと念じている。

本書の刊行は、信山社の稲葉文子さんと今井守さんに導いていただいた。今井さんには今般も丁寧に作業を進めていただき、感謝に堪えない。改めて御礼申し上げるしだいである。

目　次

V 国際規範・制度と向き合う

Ⅵ 同時代の思索

I

入管難民法の現在

1　「避難民」という言葉の意味するもの ── 戦争と難民をめぐる法と政治

一　人道の発露？

二〇二二年二月二四日に始まったロシアによるウクライナ侵略はいまだ終息せず、市民の惨禍は増す一方である。国連難民高等弁務官事務所（ＵＮＨＣＲ）によると、同年八月一五日時点で、国外に避難した者の数は一千万を越える。この大規模な緊急事態に対する国際社会の取り組みは、これまでになく手厚い。日本もその例外でなく、たくわえられていた人道主義のエネルギーが一気に解きはなたれたかのような情景が広がっている。

保護を必要とする人々に庇護の手を差しのべる営みが、人間社会の誇るべき良心の発現であることは紛れもない。だが、今般の大がかりな歓待行為には、単純にそう言って済ますわけにはいかない事情も見て取れる。

二 「避難民」受け入れの政治性

出入国在留管理庁の発表によると、二〇二二年八月一五日現在で、日本に入国したウクライナ避難民は一七三四人にのぼる。受け入れにあたっては、「身元引受先」がある人とない人とに分け、入国前の段階から支援の内容が明示されている。在留資格も、短期滞在から特定活動への変更・更新が認められる。現行法の下でもこれだけの対応ができることを示す好例と言ってよい。

もっとも、好例であるにもかかわらず素直に評価できないのは、今般の対応がこれまでとあまりに対照的だからである。たとえば、二〇一七年八月に始まった大規模な人権蹂躙のため、ミャンマーから隣国バングラデシュに七〇万以上のロヒンギャの人々が逃れ出た。ジェノサイドという言葉すら用いられる、文字通りの緊急事態がつづいているのだが、同じアジアにありながら、日本政府は受け入れへの意欲をみじんも見せていない。

ウクライナから避難した人々への厚遇は、実のところ、他の地域でも際立っている。ヨーロッパでは、国境を越える大規模な強制移動が発生した場合に緊急の受け入れを可能にする「一時的保護」制度が二〇〇一年にEUの下で作られていた。保護の対象になると、EU内で居住が許可され、就労・住宅・医療・教育等のサービスを最長で三年間にわたって受けられる。

この制度が今般、発動された。そのこと自体は歓迎されるのだが、問題は、他の集団に対する適用例がまったくないことである。とりわけ、二〇一五年に、主にシリアから一三〇万もの人々が到来した人道危機に際し、一時的保護制度の発動は頑として拒否された。それどころか、ヨーロッパ諸国は、トルコやリビアを支援し、人の移動を堰き止めるよう促すに及んでいる。

ウクライナと別の国とを分かつものが、緊急度の違いでないことははっきりしている。端的に言ってしまえば、日本を始め各国政府が手がける今般の避難民受け入れは、麗しき人道主義の現れと言うよりも、「対ロシア」を念頭においた地政学的考慮に基づく強度の政治的行為と称すべきものにほかならない。そしてそこには、受け入れ対象を選別する人種主義の醜貌も透けて見える。

三　戦争難民をめぐる議論の変遷

ところで、そもそもの問いとして、ウクライナから避難している人たちは、政府が言うように「避難民」であって「難民」ではない、のだろうか。

専門家の中にも、難民条約上の難民の定義はとても狭く、戦争（武力紛争）を逃れ出る人は含まれない、と説く向きがある。確かに、前世紀にはそのような解釈が見られた。同条約の適用を監督するＵＮＨＣＲも、一九七九年に刊行した「難民認定基準ハンドブック」において、「国際的又は国内的武力紛争の結果として出身国を去ることを余儀なくされた者は、通常は、難民条約に基づく難民とは考えられない」という見解を表明している。

戦争による危害は避難する人々に同じように降りかかるのだから、格別に危険な状況に陥っている一部の人を除き、皆を難民として保護するのは適切でない、とされたのである。だが、難民条約は、戦争から避難したことを理由に難民に当たらないなどとは一言も記していない。ほどなくして、UNHCRの上記見解は狭きにすぎるという批判が呈され、各国の司法・難民認定機関も、戦争を逃れ出た者にも難民条約は適用される、という判断を示すようになる。

UNHCRも一九九五年以降、さまざまな機会をとらえて上記ハンドブックの立場の修正を図り、その集大成として、二〇一六年一二月に「国際的保護に関するガイドライン一二」が発出される。こうして、戦争難民に関し、UNHCRの認識の紛うことなき転換が刻印されることになった。

同ガイドラインは、「難民条約における難民の定義は、平時の迫害を逃れる難民と「戦時」の迫害を逃れる難民との間に何らの区別も設けていない」として、こう述べる。「武力紛争下で生じる危害が「迫害」と認められるために、より高次の危険が必要なわけではない。特定のコミュニティのすべての者が危険な状況にあるという事情は、個々人の難民申請を認める障害にはならない。基準となるのは、あくまで、難民条約の定める事由によって申請者個人が有する迫害の恐怖に十分に理由かあるかどうかである。」

UNHCRは、その後も、個別の状況を踏まえ、武力紛争から避難する者であっても難民条約上の難民に該当することを示す多くの文書を刊行してきた。戦争を逃れる者が難民として保護されることは、今日では明瞭な国際的了解になっている。

四　ウクライナ避難民は難民なのか

もとより、そうは言っても、個々人が実際に難民に該当するかどうかは、審査してみないと分からない。ただ、報道や各種調査が伝えるように、ウクライナでは戦争犯罪にあたる重大な危害が広範に生じており、女性や子どもであること、あるいはロシアの軍事侵攻に抗する態度などを理由に危害が加えられるケースも少なくないようである。これらのケースは、「特定の社会的集団の構成員であること」または「政治的意見」を理由とした迫害に該当し得る。

無差別爆撃も迫害にあたるが、ただ、この場合は攻撃対象が無差別なので、難民条約の定める迫害理由のいずれにも該当しない、という主張も見られる。しかし、プーチンはウクライナを真正な国家と認めず、同国／民の破壊を公言してはばからない。そうした動機をもって行われる無差別攻撃は、ウクライナ「国籍」を理由とした迫害に相当すると解してもおかしくない。

このように、ウクライナから避難している人々については、難民の要件を備えていると推察される実情が十分にうかがえる。戦争を逃れ出る者は避難民であって難民ではない、だから新たに「準難民」の制度が必要だ、などといった物言いは知的誠実さを欠き、何より法的根拠が希薄である。

五　人間の尊厳に基づく公正な制度を

言うまでもないことだが、難民の保護は、地政学的配慮や人種主義を旨とするのではなく、人間の尊厳の確保に差別なく資するものでなくてはならない。それゆえ、ウクライナの人々の受け入れについても、一過性の政治的特例で終わらせるのではなく、むしろこれを奇貨として、第三国定住プログラムの強化や緊急対応措置の制度化を推し進めていく必要がある。

より本源的には、異様なまでに狭められてきた難民条約上の難民の概念を、国際標準に即した本来の姿に鋳直していかなくてはならない。庇護の扉をまっとうに開き、人権を尊重する平和な社会への歩みを着実に積み重ねていきたいものである。

2 〔ウクライナ侵攻一年〕日本社会に難民迎える力
――政府は差別なく支援を

ロシアによるウクライナ侵攻は、一年の時を経て、なお終結の見込みが立たない。国連難民高等弁務官事務所（ＵＮＨＣＲ）によると、二〇二三年一月現在、近隣の国に逃れた者は約八〇〇万人、国内で避難を余儀なくされた者も六〇〇万人に及ぶ。戦争のまがまがしき実態を見せつける数字に相違ない。

この大規模な緊急事態に対する各国の反応は、前例がないほど手厚い。欧州連合（ＥＵ）では史上初めて「一時的保護」措置が発動され、五〇〇万人が最長三年間にわたって就労・住宅・医療などのサービスを受ける資格を得た。カナダも緊急の入国促進措置を取り、米英両国では民間による補完的な受け入れが推進されている。

日本でも、政府主導の下、自治体や民間の人々が歓待の精神を解き放つように支援に当たってきた。ただ、奇妙なことに政府は、ウクライナからたどり着いた者を「避難民」であって難民ではないという。戦火を逃れ出た者は難民条約上の難民ではないので、別枠で保護しなければならないというのだ。

だが、UNHCRが指摘するように、戦時であっても、条約の定める要件を満たす者は難民に他ならない。実際のところ、ウクライナから脱出した者は、国籍などを理由に重大な危害を受ける現実の危険性に直面しており、その難民該当性が強く推定される。「避難民」という言葉が用いられようと、難民の要件を満たす者は国際法的には難民なのである。

日本に避難の地を見いだした者は二〇二三年二月の時点で約二三〇〇人に上る。この大がかりな難民の受け入れが、「対ロシア」を念頭に置いた特殊な地政学的考慮に起因することは言うまでもない。にもかかわらず、今般の経験は、保護の門を固く閉ざしてきたこの国のあり方を変革するきっかけになり得る。

何より、ウクライナから来日した者が続々と迎え入れられる情景は、政府の制度的支援さえあれば、日本社会に難民を受け入れる十分な力があることを示している。民間の人々が主体的に難民の支援に当たるさまは、カナダが垂範してきた「プライベート・スポンサーシップ」（民間主導の難民受け入れ）に連なるものであり、今後に向けて大きな可能性を示唆している。

民間が関わる受け入れは、しかし、政府の責任を軽減するものであってはならない。ウクライナ難民に対する厚い公的対応は、日本で保護を求める他の難民にも等しく提供されるべきものである。難民の保護は、外交的配慮を旨とするのではなく、人間の尊厳の確保に差別なく資するものでなくてはならない。

併せて重要なのは、日本の難民条約の運用を普遍的水準に引き上げることである。戦争からの避難者を受け入れるため、難民に準ずる地位を新設する必要があると政府はいうが、肝心の難民要件がこれまでのように正確性を欠き、極端に狭く解釈され続けるのでは、本末転倒もはなはだしい。

ウクライナ難民支援を奇貨として、国際標準を適切に踏まえた公正な難民保護・受け入れの実現に向けた取り組みを本格化していくべきである。

3 人間の尊厳を重視せよ ―― 国外退去強化ではなく

名古屋出入国在留管理局に収容されたスリランカ人女性の死亡についての真相が明らかにされないまま、二〇二一年五月、入管難民法改正案成立が断念された。退去強制（国外退去）手続きの強化に向けたこの法案には、国連機関や研究者、弁護士、市民団体などから深刻な懸念が表明されてきた。人間の尊厳への配慮が希薄すぎるからである。

在留資格のない外国人を国外に退去させる権限が国にあることは、今も変わりない。ただそこには、難民条約や人権諸条約によってはっきりと縛りがかけられるようになっている。日本はそうした国際条約を誠実に順守する義務を負っているのに、法案はその前提がすっぽり抜け落ちてしまったかのようである。

例えば、退去強制のために人を収容する場合には、それが真に必要なのかが裁判所で審査されなければならない。身体の拘束は原則であってはならず、代替措置が適切に追求されなければならない。無期限の収容は厳に慎まなければならない。法案は、こうした国際的要請におよそ応えていない。

最も大切なのは、迫害を受ける恐れのある領域に人を送り返してはならないことである。難民認定手続きは、このために設けられていると言っても過言でない。

だが法案には、難民申請を三回以上繰り返す人であれば送り返してよいという規定が織り込まれた。難民と認定されないのに同じ主張を繰り返す人は保護すべき対象ではない、という。申請を繰り返す人は、しかし、本当に迫害を恐れる難民ではないのだろうか。

世界のどこにあっても、難民かどうかの判断は基本的に難民条約に基づいて行われる。それだけに、難民認定の結果にはそれほど大きな違いがないように思われるかもしれないが、日本の認定率は諸外国に比べ極端に低く、過去一〇年を見ても〇・三％とゼロに等しい。

迫害の危険がないのに難民申請して日本で働こうとしている人ばかりだからだ、と説明する人もいる。私は二〇一二年から難民認定手続きに難民審査参与員という立場で関わってきており、こうした物言いには違和感を覚えてしまう。

難民審査参与員は、難民と認められなかった人からの不服申し立てを審査し、法相に意見を提出する。この一〇年近くの経験に照らすと、日本の実務は難民を保護するより、国境を守ることに明らかに力を注いでいる。だから、助けを求める声がなかなか聴き届けられないし、難民の定義である「迫害を受ける恐れ」の解釈も狭く、厳しくなってしまう。

これまで私は四〇〇件ほどの不服申し立てを担当した。そのうち、国際基準に従いこの人は難民と認定されてしかるべきだという意見を提出したのは十％ほどだが、知る限り、ただの一件も難民の認定には至っていない。国際難民法の研究者としての私の意見が法相に採用されるのは、不認定のとき以外になかった。

なればこそ、いっそう強く思う。普遍的に通用する難民認定手続きの制度と運用なくして、退去強制手続きの強化などあってはならない。入管難民法の改正は、国際水準を踏まえ、人間の尊厳を重視する方向にこそかじを切っていくべきなのだ。

4　入管法改定という暴戻 ── 変容する国際法

一　勅令としての入管法

「出入国管理及び難民認定法」（入管法）は奇妙な来歴をもつ。この法は、ポツダム緊急勅令に基づいて一九四六年に発せられた出入国管理令を原型とする。サンフランシスコ平和条約発効後も、入管令は法律第一二六号により「法律としての効力を有するもの」として存続し、難民条約等の締結に伴い一九八二年にタイトルを現行のものに改称されて今日に至っている。入管法には法律番号がなく、ポツダム命令の番号が付されたままにある。法律としての外套を羽織った勅令、ということである。

入管令／法の来し方は、規制・管理を強化する潮流と、これにあらがう闘いによって彩られてきた。今般の政府提出改定法案も、市民・弁護士・研究者らによる強い異論提起とともに、入管収容施設内での非道極まる処遇実態が明るみに出たことにより、二〇二一年にいったんは取り下げられていた。国連難民高等弁務官事務所（ＵＮＨＣＲ）や国連人権理事会特別報告者たちからも重大な懸念が表明されたその法案が、なんとしたことか、二〇二三年四月にほぼそのままの形で上程され、再びたちのぼる内外からの批判を封じ込めるかのように、強引に採決にもちこまれてしまった。

二　国境管理と庇護の門

出入国在留管理庁は、今般の入管法改定にあたり、自らの基本認識をホームページ上で次のように伝えている。「入国・在留を認められた外国人は、認められた在留資格・在留期間の範囲内で活動していただく必要があり」、「その国にとって好ましくない外国人の入国・在留を認めないことは、それぞれの国の主権の問題であり、国際法上の確立した原則として、諸外国でも行われています」(1)。

外国人の入国・処遇については受入れ国が文字通り生殺与奪の権限を有するということなのだが、この理解を支える根拠として入管庁が「国際法上の確立した原則」に言及するのは、かのマクリーン事件最高裁判決にその旨の説示があるからにほかなるまい。もっとも、同判決を待つまでもなく、外国人は「国際法上の原則から言うと、「煮て食おうと焼いて食おうと自由」なのである」という見解が一九六〇年代に法務省参事官から示されており、この発言は国会で入管局長によっても公然と追認されていた(2)。

「煮て食おうと焼いて食おうと自由」という表現は比喩として用いられたのではあろうが、そうであればなおのこと、外国人を非人間扱いして恥じぬこの比喩は今もなお入管当局の基本認識を的確に伝えるものに違いない。現に、入管法に反する状態にある者、とりわけ在留資格を欠く者について、人間の生存に直截に関わる権利の一切が否認され続けていることは広く知られているとおりである。

外国人の入国・在留を処する権限が国際法上、各国に認められるという認識は、一九世紀の終わりから二〇世紀中葉にかけて定着したものである。欧州内で、あるいは欧州から新大陸に向けて専ら白人が移動していた従前の時代にあって、外国人の入国は原則として自由であった。だが一九世紀末、新大陸の国境に「有色」のアジア系の人々が出現するや、国境管理が国家主権の発現としてにわかに呼号されるようになる。外国人の入国・在留を規制する権限は、こうして「主として人種的理由で導入され、［第一次世界大戦の］戦時法制下で一般化し、さらに［一九二九年に始まる］経済不況によって強化されて近代国家の標準となるのであった(3)」。国境管理のありようは、かくのごとく、安全保障・市場の要請とともに、人種主義の醜貌を如実に映し出すのが常である。

二〇世紀が時を刻むにつれ、国家の広範な国境管理権限は「国際法上の確立した原則」としての性格を強めていく。その例外として定位されたのが難民の保護である。一九五一年の難民条約がその旗印となった。だが地理的・時間的に露骨な欧州中心主義が記されたこの条約が普遍性の外観を装着し得たのは、難民議定書が作成された一九六七年のことである。その後も、しかし、難民条約は共産圏から逃れ出てきた者の保護に優先的に差し向けられ、運用におけるその政治性には歴然たるものがあった。だが東西冷戦が終結し、国際人権法との連結によって新たな息吹を与えられたこの条約は、難民法学の深化にも助けられ、各国の実務の場で、重大な人権侵害を受けるおそれのある者に幅広い保護の手を差し伸べる法的拠り所に転じていく。

この間、日本は厳格な国境管理を遂行する一方で、難民保護からも意識的に距離をおき続けていた。一九八一年に難民条約への加入を果たし、難民認定手続を新設した際も、庇護の門を広げるつもりはないとの意向が法務省から示された[4]。そしてまさにそのとおりに、庇護の門はその後も頑として閉ざされ続けた。二〇〇五年に入管法が改正され、難民審査参与員（以下、参与員）制度が設けられて以降も、その実情に変わりはなかった。

三　参与員・断想

「国境の門番」たる入管部署内で完結する日本の難民認定手続は、正確には難民不認定手続と称すべきものとなり、国境管理権限の強化に資するものとなった。この手続の根拠法である入管法を改めて見やれば、その目的に、外国人の在留管理はあれど、難民保護への言及がまったくないことは実に示唆的である。もとより原審が十分に機能せずとも、不服申立により不備が是正されるのであればまだよいのだが、これまでの実績が映し出すように、あまたの問題が参与員の担う審査請求の段階にも巣食っている。とりわけて深刻と思われるのが研修と基準の欠落である。参与員は任命後、実践的な研修を受けることなくいきなり現場に放り出され、その後も研修というべきものは何もない。

二〇〇五年から難民審査参与員の職にある柳瀬房子氏は、参考人として国会に招致された際、次のように発言している。(5)「私は、申請者一人一人に丁寧に話を聞き、難民の蓋然性、いわば難民らしさですが、というものを尋ねて、何とか難民の蓋然性のある人を必ず見つけて救いたいという思いで参与員の職務に当たってまいりました」。その思いに偽りがないにしても、「難民らしさ」を有する人が難民だ、というのでは、判断基準はなきに等しい。現役の難民審査参与員からこうした底の抜けた認識が逡巡なく開陳される異常さは、難民の要件や供述の信憑性評価など、難民認否を決する事柄をすべからく参与員任せにしてきた入管庁の無責任極まる姿勢あればこそ、である。

柳瀬氏は、こうも述べている。「参与員制度が始まったのは二〇〇五年からですので、私は既に一七年間、参与員の任にあります。その間に担当した案件は二千件以上になります。二千人の人と……対面でお話ししております。一次審の難民調査官による結論を覆したい、難民と認定すべきと判断できたのは六件だけです。二千件に対して六件だけです。」

平均すると、柳瀬氏は年間に一一八件ほどを担当してきたことになる。私も二〇一二年一月から一〇年余り参与員を務めたが、処理件数は合計で約四〇〇件、年平均四〇件ほどであった。難民と認定すべきとの意見を提出したのは四〇件ほど（このほか在留配慮の意見が六件）で、その内トルコ出身の申請者が最も多く二二件あった。扱った事案が同一ではないので単純に比較することには難しさがあるが、柳瀬氏と私との間には処理件数とともに、認定すべきという意見の数・比率において相当な隔たりがあることがわかる。

もっとも、私が提出した認定すべきとの意見はすべて個別意見（参与員は三人一組で審査請求にあたる）であり、その中で法相によって採用されたものは一つもない。私の班が担当した約四〇〇件すべてについて法相が不認定としたので、柳瀬氏と私の判断の違いは、有意な差異となって顕在化することはなかったということになる。(6)

なんとも名状し難い事態だが、それ以上に、胸底にこごりのように沈殿しているのは、トルコやミャンマーからの申請であって、国際難民法の常識からすれば確信をもって難民と断じられる案件についてすら不認定という判断が法相によって示され続けた現実である。難民を保護することに正面から向き合える部署でなければ、難民条約の誠実な履行は困難ではないかという存念を強くした所以である。

四　在留資格ではなく人間であることを

入管法改定過程において踏み込んで考慮されてしかるべきだったことに、人間の利益を最重要法益に掲げて著しく発展する国際人権法は、入管庁が依拠する「確立した国際法の原則」の内実を急速に変容させてきている。外国人の入国・在留を各国が自由に決められるという認識は、ノン・ルフールマン原則や家族の保護（家族統合の原則）、子どもの最善の利益、さらに人種・性別等による差別の禁止といった人権諸規範の深まりにより、今や旧時代の遺物へとその姿を変じている。

加えて、在留資格を欠くことを理由に人を無権利状態におくことは、今日の国際人権法の水準に照らし、およそあってはならない。在留資格がなくとも、身体の自由の保障が原則であることに変わりはなく、入管施設への収容は厳格な条件下でのみ許容される。非正規滞在者（特に難民申請者）に対して社会保障や労働権、移動の自由などを全面否認することも、人権諸条約、難民条約のあからさまな違反と解されるようになっている。[7] 国家の国境管理権限や在留資格の全能性を、国際人権が厳格に制御する規範状況に立ち至っているということである。

他方で、難民認定過程に国際人権法が大いなる影響を与えていることは前述のとおりであり、同法の発展の果実を組み入れた難民認否は、庇護付与に伴う負担を各国が衡平に分かち合うためにますます欠かせなくなっている。今般、入管庁が「難民該当性判断の手引」を刊行したことは、得体の知れぬ「難民らしさ」なるものによって難民認定が恣行される危険性を除去する一里塚としては評価できるものの、多くの課題がなお残されており、供述の信憑性評価というクリティカルな作業の指針も示されずにいるため、庇護の門がいくばくかでも開くのかは不透明と言うしかない。何より、独立・自律性を欠いた機関のままでは、本質的な改善は困難である。

褪色著しい旧来の国際法観に外国人の処遇を基づかせ、現行難民認定手続をそのままに存続させるのでは、人権保障の観点から深刻な疑念が募るのは必至である。立法事実もなく、国際人権・難民保護規範をいくえにも踏みしだく暴戻の醜相を、この際、精確に見定めておかねばなるまい。

（1）https://www.moj.go.jp/isa/laws/bill/05_00007.html.（二〇二三年五月一八日閲覧）

（2）池上努『法的地位２００の質問』（京文社、一九六五年）一六七頁。

（3）Vincent Chetail, "The transnational movement of persons under general international law", in Chetail and Celine Bauloz (eds.), *Research Handbook on International Law and Migration* (2014), p. 31.

（4）朝日新聞一九八一年三月一三日付夕刊。

（5）第二〇四回国会法務委員会第一六号（令和三年四月二一日）。

（6）なお、柳瀬氏は、二〇二一年から二三年までの二年間に、さらに二〇〇〇件を処理したと述べているようだが、この数字はどうにも異常・異様と言うしかない。安田菜津紀・佐藤彗「「破綻」した難民審査参与員制度、統計なく「立法事実」化」Dialogue for People, 2023.5.15, https://d4p.world/news/21091/.（二〇二三年五月一八日閲覧）

（7）James Hathaway, *The Rights of Refugees under International Law* (2nd ed. 2021), Chap.4.

II

安全保障の実景

5

反知性主義と集団的自衛権
——立憲主義の根幹を破砕する凶行にも等しい

底意に満ちた政治の浅見によって、社会を支える重要な言葉があまりにも無惨に切り刻まれている。文脈や歴史を背負った言葉の本質的な意味がすっぽり削ぎ落とされて、まるでのっぺらぼうにでもなった白板の上に政治家たちが驕慢な絵図を描きまくっているかのようである。蓄積された知に対する敵意あふれる挑戦以外のなにものでもない。二〇〇三年末に、自衛隊のイラク派兵を称揚して、当時の首相は日本国憲法の前文を記者会見の場で誇らしげに読み上げてみせた。「われらは、全世界の国民が、ひとしく恐怖と欠乏から免れ、平和のうちに生存する権利を有することを確認する。われらは……」。

いったい、どこをどう読めば、平和主義を掲げる憲法の前文から大国の侵略を下支えする理路がもたらされるのか、まさしく狂いを帯びた情景と評するしかないものであった。平和という言葉が歴史の重みを剥奪されて、統治者に簒奪されてしまったかのような感にとらわれたことを覚えている。

集団的自衛権行使の根拠を、よりによって砂川事件最高裁判決の一節に求める議論に、十余年前の首相の物言いが重なって見える。司法の独立を自ら進んで放棄するという一大スキャンダルにまみれた同判決を拠り所にせざるをえないところに、この議論の筋の悪さが象徴されていることは、むろんいうまでもない。

だがその点を別にしても、そもそも同判決は ── 法解釈上の問題を孕むとはいえ ── 他国（米国）に安全保障を求めることは憲法上禁じられていないと判ずるにとどまり、集団的自衛権を行使して日本が他国の防衛に立ち向かうことの是非にまで、その射程を及ぼしてなどいない。にもかかわらず、「必要な自衛のための措置をとりうることは、国家固有の権能」という一片を判決文から強引に切りはがし、「必要最小限度」というお決まりの言辞をそこに貼りつけて捏造されたのが集団的自衛権行使を正当化する近時の議論である。

牽強附会の極みであり、長年にわたる学術的営為のみならず、歴代政権が積み重ねてきた解釈そのものをも顧みぬ、度を超した反知性的作為というしかない。こうした主張がそのままに通ってしまうのなら、それこそ憲法は底抜けである。解釈改憲というにとどまらず、立憲主義の根幹を破砕する凶行にも等しい。

憲法のあり方を根底から揺さぶる力学の発出源の一つは安保法制懇だが、首相の立ち上げたこの私的諮問機関は、その思考枠組みをマッチョなリアリスト世界観によって覆われている。アナーキカルな国際環境の中で、国境によって閉ざされた日本の領土を守ることこそ安全保障の要諦とされ、権力を押し出す行動も軍事力の増強も、すべからく国の安全に資するものとして正当化される。

ジェンダーを始め、人間個々人の福利や生存に引きつけて安全保障概念を定義しなおす新しい知の潮流が生かされる余地は、そこにはない。軍事力に過度に傾斜した安全保障観は、なにより、戦力不保持と平和的生存権を内奥に埋め込んだ日本国憲法と根源的次元で齟齬をきたさずにはいまい。

同盟関係をそびき出す集団的自衛権は、敵国を仮想しない国連の集団安全保障体制を根底から蝕む法理として、国際法学上、懐疑のまなざしを向けられることが多い。この権利が援用された実例のほぼすべては、濫用と言う以上に侵略とすら評してしかるべきものでもあった。

看過しえないことに、日本が支援提供を想定する米国は、従来型の国家間紛争の枠を超え出て、非国家主体との越境する戦いにも従事してきている。米国と日本が「同盟国」として密接な関係にあるとすれば、米国に対する非国家主体からの攻撃が「日本の安全に重大な影響が及ぶ場合」とみなされて、米国からの支援要請により、日本自ら非国家主体との戦いに加わっていくこともけっしてありえぬことではない。集団的自衛権が行使可能となれば、政策的観点からの当面の歯止めなど、あってなきようなものだからである。

「対テロ戦争」と称されてきたその戦いには、画定された戦場がない。国境を無化して縦横に飛翔する無人戦闘機が標的を定める先が戦場になる。別して言えば、世界全域が戦場になりうるということである。そうした戦いに日本が加わる事態が生じてくるのかもしれない。米国との間で集団的自衛権を具現化するということは、原理的にそういった危険性を抱え込むということでもある。そして言うまでもなく、敵対する勢力から日本の領域（軍事施設）が反撃の標的とされる可能性も高まっていく。

第二次世界大戦後、日本には沖縄を中心に米軍基地が数多おかれてきたが、当該基地を使用して米軍が侵略を行なったときには、国際法上、日本もまた侵略行為を行なったものとみなされる場合がある。米軍駐留に同意することで、日本自らも侵略行為の当事者となりうる法的可能性を背負わされてきたのである。集団的自衛権の行使容認は、その不祥のおそれをさらに押し広げていきかねない。

安倍政権は、構造的暴力のない世界を志向する積極的平和主義という平和学上の言葉をまったく異なる意味を込めて使用してもいる。そこかしこで出来する、こうした言葉の不法奪取あるいは捏造は、知性の欠如そのものであると同時に、極度の自己中心性の現われでもある。つまりは、他者への尊重が欠けているということ。

国際情勢を敵味方に二分して、外交的緊張を自作する手法にも、それが端的に現われ出ている。国内にあっても、朝鮮学校の処遇がそうであるように、他者の敵視と憎悪をかきたてる政策が公然と遂行され、醜悪なヘイトスピーチあるいは極右思想の制度的温床ともなっている。

日本軍「慰安婦」問題がその典型といえようが、あまりに多くの主要課題について日本の政策決定エリートの認識はガラパゴス化してしまった。日本として独自の進化を遂げた思考・制度ではあっても、そこには他者の存在がなく、国際社会との連動性が極端に薄い。

だが、深く思索をめぐらすまでもなく、近隣のアジア諸国・アジアの人々との信頼を深めることなく、持続可能な安全保障などありえまい。欧州がそうであり、東南アジアがそうであるように、域内で安全保障の枠組みを構築する大切さはどんなに強調しても強調しきれるものではない。日本国憲法が理念的に志向しているのも、偏頗な同盟関係の強化などではなく、人間の尊厳を中心に据えた、多国間・多主体間での安全保障にほかなるまい。

敵味方関係を仮想し、米国への軍事的従属を深めることは、持続可能な安全保障のあり方とはおよそ対極に位置する。集団的自衛権の行使容認は、憲法をまたぎ越し、私たちの生活に深刻な脅威をもたらしかねぬ、愚かしき政治の暴戻というべきものである。

6　軍事化と国際人権法

一　「同盟」のグローバル化

自衛隊発足六〇年目の二〇一四年七月一日、臨時閣議において、「国の存立を全うし、国民を守るための切れ目のない安全保障法制の整備について」、閣議決定が行われた。「安全保障の法的基盤の再構築に関する懇談会」の報告書を受けて与党間でなされた協議に基づき、「国民の命と平和な暮らしを守り抜くために必要な国内法制」を整備するための基本方針が示されている。

同閣議決定は、冒頭で、日本を取り巻く安全保障環境が根本的に変容し、「脅威が世界のどの地域において発生しても、わが国の安全保障に直接的な影響を及ぼし得る状況になっている」との認識を記す。そして、「日米安全保障体制の実効性を一層高め、日米同盟の抑止力を向上させることにより……わが国に脅威が及ぶことを防止することが必要不可欠」とされ、「積極的平和主義」の立場から国際社会の平和と安定に取り組んでいく旨が明らかにされる。

深慮すべき多くの問題を含んだこの閣議決定にあって、とりわけ重大な関心を集めたのが、集団的自衛権の行使にかかる憲法解釈の変更であることはいうまでもない。すなわち、「わが国と密接な関係にある他国に対する武力攻撃が発生し、これによりわが国の存立が脅かされ、国民の生命、自由および幸福追求の権利が根底から覆される明白な危険がある場合において……他に適当な手段がないときに、必要最小限度の実力を行使すること」は憲法上許容されると判断するに至ったという。閣議決定は続けて、そのような実力（武力）行使について「国際法上は、集団的自衛権が根拠となる場合がある」と明言する。制約付きとはいえ、自衛権を行使できるのは日本に対する武力攻撃が発生した場合に限られる、としてきた政府解釈の明瞭な変更である。

もっとも、国際法学上の議論を想起するまでもなく、日本国憲法と集団的自衛権の関係は、米国の軍事戦略を媒介にこれまでも実に不鮮明なものとしてあった。日米安全保障条約第五条の下での危険対処行動が個別的自衛権では説明しきれないことや、米軍の駐留が集団的自衛権を前提にしなければならないといった指摘は既に一九六〇年代からなされていたが、その位相は、一九七八年の「日米防衛協力のための指針」（ガイドライン）およびその改定版である一九九七年のガイドラインによっていっそう深まっていった。日米間のこの非拘束的合意を礎に、防衛協力の範囲は「極東における事態」から「日本周辺地域」に拡張され、さらに二一世紀初頭の「対テロ戦争」のさなか、その範囲は中東にまで延伸された。九・一一後、米国の軍事行動を支援するための海上自衛隊艦船のインド洋への派遣は、まさしく集団的自衛権の行使としかいいようがないものであった。本年末までにガイドラインの再改定が予定されているが、これにより、日米同盟がいよいよ本格的に地球規模で展開されていく基盤が整備される。集団的自衛権の公認は、そのために欠かすことができぬ政治的作為だったということなのだろう。

上記閣議決定後、衆議院予算委員会の集中審議（七月一四、一五日）で答弁に立った首相と外相は、「日米同盟は死活的に重要」であるとの認識の下、「米国に対する攻撃は、わが国の国民の命や暮らしを守るための活動に対する攻撃になる」と言明した。首相はまた、中東地域の海上交通路に機雷が敷設され世界経済が打撃を受けた場合にも集団的自衛権を行使しうる旨を示唆してもいる。米国以外への攻撃が「わが国と密接な関係にある他国に対する攻撃」に該当する可能性は相当限定されると首相はいうものの、閣議決定や一連の答弁が透写するように、日本にとり集団的自衛権の保護法益とは、端的にいって、「日米同盟」という語に仮託されたグローバルな軍事的、経済的、政治的利益にほかならない。政府解釈の変更は関連法令の整備を待って初めて具現化されるとはいえ、こうした利益を担う諸国への攻撃を契機として武力を発動することに、首相らはもはや特段の躊躇いを抱いていないようにも見受けられる。

二　人道と人権の懸隔

周知のように、米国は、無人戦闘機を駆使し、非国家主体とのトランスナショナル（脱領域的）な戦いにも自衛権を掲げて従事してきた。その米国との軍事関係の強化が、日本の安全保障にとっての福音なのかについては深刻な疑念が募る。なにより、多極化、多主体化、多元化が深まりゆく世界の実相に照らしてみるに、相も変わらず米国・同盟・軍事・国家を基軸に据えた首相らの安全保障観は古色蒼然たる貌を呈さずにいない。周辺諸国の仮想敵国化を促し、不安定な東アジアの安全保障環境をいっそう揺るがす危険性を充満させている。

集団的自衛権の存在自体が国連の集団安全保障体制を原理的に蝕む要素を胚胎しており、実際にも、集団的自衛権が援用されたこれまでの事例の多くが国際法秩序への脅威となって立ち現れてきたことも忘れてはなるまい。もっとも、こういった点については各所で指摘されているところでもあるので屋上屋を架すことは控え、ここでは、上記閣議決定において集団的自衛権行使の正当化因として「国民の生命、自由および幸福追求の権利」が援用されていることを手がかりに、軍事力（武力）行使に対する国際人権法（人権法）の向き合い方について思案を巡らせてみたい。（この正当化因は集団的自衛権行使を否定した一九七二年の政府見解でも用いられているが、今般のそれは領域外への武力展開に向けられている。）

「戦争は最大の人権侵害」という警句にもかかわらず、人権は軍事力行使を阻止するのではなく、むしろ推進する要因になることが少なくない。近年はとくに、女性の人権保障のために軍事力行使を推奨する議論が強くなっているが、より本質的な次元で留意しておくべきは、国際的な人権運動が「戦争」そのものに対して、きわめて曖昧かあるいはこれを是認する姿勢をとり続けていることである。二〇〇三年の米国等によるイラク侵攻のようなあからさまな場合にあってすら、人権運動が「戦争」を押しとどめる最前線に立ってきたわけではない。

二〇一〇年の国際刑事裁判所に関するローマ規程検討会議でも、人権ＮＧＯは侵略の定義に消極的な態度をとり、アムネスティ・インターナショナルも例外的な場合を除き武力行使の合法性についてはこれを評価しないという立場を貫いている。ヒューマンライツ・ウォッチも同様である。人権NGOの主たる関心は、武力紛争開始後に、その犠牲者や文民の保護を求める国際人道・人権規範の遵守に向けられる。別していえば、それらの法規範が遵守されるかぎり武力行使そのものの是非は問わない、ということである。こうした姿勢は、ＮＧＯのみならず人権法学の中でも相応に共有されているようにも思う。

人権法は「戦争の違法化」を一つの頂点に導いた国連憲章の下で、平和主義の理念を帯びて生成発展してきた法体系であるのに対して、国際人道法（人道法）は無差別戦争観の下に発展した戦時国際法を母体としている。両者はともに武力紛争下にあって適用されうることから、その関係をどのように理解するかについて議論があるところ、国際司法裁判所（ＩＣＪ）は「核兵器による威嚇または核兵器使用の合法性」にかかる一九九六年の勧告的意見において、武力紛争下では人道法が特別法として適用されるという見解を開陳した。具体的には、何人も生命を恣意的に剥奪されないと定める自由権規約（市民的及び政治的権利に関する国際規約）第六条は敵対行為中にも適用されるが、「恣意的な剥奪」かどうかは、規約自体でなく人道法によって決せられるとしたのである。

もっともＩＣＪはその後、「パレスチナ占領地域における壁建設の法的効果」にかかる二〇〇四年の勧告的意見を経て、「コンゴ領における軍事活動事件」判決（ＤＲＣ対ウガンダ、二〇〇五年）

において、人権法と人道法が補完的な関係に立つとの認識を示し、両者の違反を併記するに及んだ。自由権規約委員会も同様のアプローチを採用し、武力紛争下では人道法が特別法として適用されるという見解を退けている。

人権ＮＧＯも人権法の研究者も、こうした規範的潮流を受け、武力紛争下において人権法が人道法に全面的に道を譲るという見解を有しているわけではない。実際にも、人道法と人権法が人権保障に資する補完的関係に立ちうることはいうまでもないが、しかしこの二つの法体系には、武力行使の評価において決定的な違いがあることを看過してはならない。

すなわち、人道法は武力に訴えること自体の合法性（*jus ad bellum*）については問わず、武力紛争の当事者を平等に扱うのを原則とするのに対して、人権法は武力行使自体が合法かどうかを問題にせざるをえない。人権法上、生命の剥奪が恣意的でない、といえるためには、行使される武力が正統な目的を追求するものでなくてはならないからである。このため、国際法に違反して武力が行使される場合には、正統な目的を追求しているとはいえず、たとえ戦闘員に対するものであっても、生命の剥奪は恣意的（違法）という評価を免れない。

人道法の下にあっては、具体的かつ直接的な軍事的利益と巻き添えによる文民の死傷等との均衡性審査により個々の攻撃の合法性が判断される。だが人権法は武力に訴えることそれ自体を問うので、たとえば集団的自衛権の濫用や侵略のような事態では、個々の攻撃の均衡性審査を待つまでもなく、あらゆる生命の剥奪が違法ということにもなる。そこに人権法と人道法の根源的な懸隔が現われる。この意味において、人権ＮＧＯや人権法の研究者が武力行使そのものについての法的判断を回避することは、人権法とりわけ生命権の規範的要請を根幹において毀損するおそれを現前させている。

自由権規約は第二〇条で「戦争のためのいかなる宣伝」も「差別、敵意又は暴力の扇動となる国民的、人種的又は宗教的憎悪の唱導」も法律で禁止すると明記する。同規約委員会はまた、生命権に関する一般的意見六および一四において、「戦争を防止すること」が「国家の至高の義務」であると強調してもいる。侵略を侵略として非難することの回避は、自由権規約のこうした要請に背馳し、防止すべき「戦争」をむしろ追認する効果をもたらしかねない。

武力紛争が開始された後に関連法規の遵守を監視すればよいとするのではなく、武力行使に至る過程を厳格に審査するとともに、戦争唱導や差別的言論の規制を強めることによって「戦争」そのものを封じ込める潮流を強化することが人権法の本来的な要請である。その要請こそが、人道法にはない、人権法の内奥に流れる平和主義あるいは反戦思想の発現ともいえる。上記閣議決定後の自衛隊の武力行使をめぐる事態の展開についても、そうした視点を踏まえ、人権法の側面からの精査も欠かしてはならないところである。

三　平和への権利・再び

人権運動が武力行使それ自体の非難を回避してきたのは武力紛争を避けえぬものとするリアリズ

ム的思考に傾斜してのことでもあろうが、同時にそこには、「戦争」が人権法や人権機関の所掌ではないという意識の作用も透けて見える。

それだけに注目されてしかるべきは、二〇〇八年来、国連人権理事会で進められている平和への権利宣言起草作業である。国際社会の構造変化と核兵器の脅威を背景に、国連では一九六〇年代から平和と人権の関連性が議論されるようになり、八四年には総会で「人民の平和への権利宣言」にかかる決議が採択されている。〇八年来の議論は、こうした実績を後背に据えつつ、対テロ戦争など新たな脅威に抗う市民社会のイニシアティブの下に可能となった。

人権理事会の要請を受けて、諮問委員会は二〇一二年に宣言案を同理事会に提出した。そこには、平和への権利の諸原則、人間の安全保障、軍縮、平和教育、良心的兵役拒否権、民間軍事会社、抵抗権、平和維持活動、発展権、環境権、被害者の権利、難民・移民の処遇、実施義務にまたがる意欲的な内容が記されていた。だが、同理事会に設置された政府間作業部会の討議は異様なまでの停滞をきたし、二〇一四年六月末招集の同作業部会に提出された議長提案の修正案は、抽象的な内容の本文わずか四か条のものに切り縮められてしまった。平和を人権として定位することへの強度の抵抗が働いていることがうかがえる。主要人権NGOの関心も、残念ながら稀薄というしかない。

平和への願望を人権としてすくいとろうとする国連のこれまでの蓄積がまるごとさらわれてしまったかのような感すら漂う情景だが、このような時代状況であればなおのこと、人権法に内在する平和主義の理念を再照射し、その規範的可能性を最大化するための議論を推し進めていく必要があろう。憲法の理念が根底から浸食され、軍事化の力学が強まる現下の日本において、その営みのもつ重要性はいっそう大きなものとしてあろう。

7 安保関連法の成立と国際法

一　憲法の支配、国際法の支配

二〇一五年九月一九日未明、参議院本会議で安全保障関連法（平和安全法制整備法および国際平和支援法）案が可決された。この間、多くの法律家が政府の非立憲的態度と同法の違憲性を強く批判する見解を公にした。

「駆け付け警護」や「後方支援」など、拡充される自衛隊任務への懸念が表明される一方で、憲法との適合性をとりわけて問題視されたのが「存立危機事態」における集団的自衛権の行使容認であることは再述するまでもない。ただ改めて確認するまでもなく、国際法は集団的自衛権の行使を一般的に各国に義務づけているわけではない。国際法が憲法に取って代わるような法秩序の下に私たちは生きているのではない。

もっとも、そうとはいえ、日本国憲法の平和主義についていえば、戦後七〇年の来し方を省察するまでもなく、その十全たる発現を妨げる障壁となってきたのが国際法であることもまた疑いえないところではある。現に、戦後日本の道のりは、米国との合意に基づく日米安保体制を随伴し、その内に組み込まれた自衛隊や米軍の存在が日本国憲法との根本的な矛盾・緊張を常住生み出さずにはいなかった。

今般の安保関連法の審議に際しても、国際法は、その制定を制御するのではなく、むしろ推進する役回りを演じ（させられ）てきたところがある。たとえ義務ではなくとも、また「限定的」という修飾句を伴おうと、他国への武力攻撃を機に自衛隊が領域外に武力展開していくことを可能にする道筋を国際法が提供したことは紛れもない。これを別言すれば、憲法学や歴代政府が慎重に積み重ねてきた憲法解釈を根幹から破砕する理路の中に国際法が位置付けられていたということである。さらに敷衍するのなら、憲法の平和主義は、日米安保条約・行政協定や集団的自衛権のみならず、集団安全保障、国連平和維持活動といった一群の国際法上の概念・制度によってその土台をいっそう侵食されていくようにも見える。

戦後七〇年を迎えた二〇一五年は、国際連合設立七〇年目の年でもある。普遍的国際機構たる国連体制下にあって国際法はその規範的形姿を大きく変容させ、日本国憲法の理念と符合し得る諸利益を最大の法益として前景化させている。そうした内実を有する国際法が憲法のさらなる侵食を押し進めているかのような現下の事態はどのように評すべきものなのか。可決されたとはいえ、安保関連法をとりまく国際的な文脈を精確に見極め、日本国憲法と国際法の関係性を改めて考究するためにも、国連体制下で発展してきた国際法とはいかなる実像をもつものなのかについて、この際、根源的に見つめ直してみてもよいのではないかという思いである。

二　「国際社会」と積極的平和主義

東西冷戦の構造的制約を受けて時を刻んでいた国連体制は、一九八九年のベルリンの壁の崩落により重大な転換点を迎えることになる。国連総会は同年、早々に「国連国際法の一〇年」（Res.44/23）を宣言する。その前文が記すように、「国際法の一〇年」の目的は、国際法諸原則の尊重、国家間紛争の平和的解決、国際法の漸進的発達、国際法の教授・研究・普及・理解の奨励にあった。さらに見逃してならないことに、同決議は「国際関係における法の支配を強化する必要」を確信して採択されたと明記している。

同決議の基調や文言から明らかなように、「法の支配（rule of law）」という語に託されていたものは国家間関係における国際法の尊重・遵守であり、いってみればそれは「国際法の支配（rule of international law）」と称すべきものでもあった。「国際法の一〇年」に込められた期待は、実のところ、第三世界を舞台に大国が繰り返してきた紛争に終止符を打つことであり、また、唯一となった超大国の行動を事前に牽制し、国連憲章の依拠する形式的な国家平等の観念を再確認することにあった。国際法を長く支えてきた形式主義が不均衡な国際秩序にあって大国に有利な現実をもたらしうる可能性を認めつつも、なおそこには、地政学的変化を奇貨として、すべての国への国際法の平等な適用を求める願望が浸潤していたといってよい。

だが西洋諸国にとってみれば、冷戦の終結は福音主義という語によって表象される価値を世界大に浸透させる好個の機会にもほかならなかった。こうして、象徴資本を有する国際法学者らの知的主導を得ながら、国連諸機関や国際金融機構の営みを通じ「国際法の支配」はしだいに後景に追いやられ、人権・民主主義・法の支配に正統性を与える新たな国際秩序の構築を促す動勢が強められていく。「法の支配」はこの文脈でも鍵概念の一つとして登場するものの、資本の自由と密接に結びついて説示されるこの法の支配は、「国際法の一〇年」が掲げた国家間関係におけるそれとは違って国内体制の標準化を企図したものであり、「国際社会」の積極的な介入を促す根拠ともなるものであった。周知のように、「国際社会」の介入は、実際には、ほぼ例外なく、国内のガバナンスを欠くという理由で非西洋圏に向けられることになる。

こうした政治力学の展開が、国際秩序の変容をいかに導いてきたのかについては様々な分析が可能であろうが、今日的視点からすれば、福音主義的介入によって安定した秩序がもたらされたというよりも、むしろ、時に激しい反発が各所で引き起こされてきたのが実態であったといえよう。その最前線というべき中東・アフリカ地域では、「国際社会」の介入によって主権国家体制が機能不全に陥るだけでなく、近代国家の枠組みに抗う勢力が一定の支持を集める事態に立ち至ってもいる。その代表的存在というべきイスラム国（ＩＳ）は、「国際社会」の介入が図らずも生み出したフランケンシュタインのようにも映る。

「憲法ではできないこと」を国際法を用いて解禁することを、憲法学者の蟻川恒正は（憲法の支配）の軽視を隠蔽する「国際法の支配」と表しているが、蟻川がそう名指すものが結びつくのは、このような国際的文脈でもある。現に安保関連法の審議において政府は、脅威に対する「切れ目のない対応」を強調していたが、ＩＳ等との戦いへの自衛隊の参戦の可能性も同法の適用上けっして排除されているわけではない。「国際社会」の一員としてあるいは米国の同盟国として、日本が――東アジアだけでなく――非西洋圏で福音主義的立場に拠って武力を行使し、あるいは他国の武力行使と一体化していく情景が広がっていくのかもしれない。こうした事態は、関連国際法規の精確な把握を不可欠とする一方で、より根本的に、敵対する人々を非人間視する分断思考を閾下に埋め込み、平和の礎たるべき文化的多様性の評価に深刻な影響を及ぼさずにもいない。

安保関連法を取り巻く現下の情勢は、ひどく不安定で不透明な要素に溢れているというしかない。だがそうであればなおのこと、この法律と規範的な接合を避け得ぬ国際法や国連が現実とどう切り結んでいるかについての省察を批判的に深める必要性を痛感せずにはいない。この営みは、自由、民主主義、人権、法の支配といった美辞を動員しながら米国等とともに推進される「積極的平和主義」の実相を本質的に捉え直すために欠かせぬ作業でもあると考えている。本特集は、そうした認識を下敷きに、安保関連法のもつ法的含意を、国際的視座を交え多面的に考察するものである。

8 日本国憲法に国際法の規範的針路が示されている

衆議院での安保法案強行採決に先立ち、安倍晋三首相は、「国際法学者の方々は、法案に賛成の人たちのほうが多いのではないか」という認識を表明していた。立憲主義を踏みにじり、違憲との評価を免れない法案に賛同する国際法学者が実際に多いのか、私には判断がつきかねる。だが、首相がそのような発言に及んだ背景には、憲法を破砕する拠り所として国際法を頼りにしている事情が透けて見える。

その大元というべきものが集団的自衛権である。この概念は、一九四五年の国連憲章五一条を通じて初めて国際法の世界に登場した。その淵源が戦間期に見出されるにしても、この概念は同年以前には存在しておらず、国連体制下で定式化されたものに相違ない。

集団的自衛権は何のためにあるのかという問いに対して、国際法学では三つの考え方が示されてきた。第一が個別的自衛権の共同使用、第二が他国援助、第三が自国の死活利益の防衛、である。通説は第三の考え方であったが、国際司法裁判所は一九八六年のニカラグア事件判決において、他国援助説を採用し、現在ではこの考え方が一般化している。援助対象はどの国でもよいが、同判決は、武力攻撃を受けているという被害国の宣言と、他国への援助要請がなされていることを権利行使の歯止めとして明記している。

安保法案を通して政府が構想する集団的自衛権は「我が国と密接な関係にある他国に対する武力攻撃」の発生を行使の要件にしている点で第三説に拠っているようにも見える。他方で、「我が国の存立が脅かされ、国民の生命、自由及び幸福追求の権利が根底から覆される明白な危険」を求めている点で第一説とも共鳴する。いずれにせよ、第二説の全面的な採用が控えられていることは間違いなく、その背後に憲法九条の制約が働いていることは想像に難くない。

ただ、そうだとしても、自国以外の国への武力攻撃を機に集団的自衛権に基づいて武力を行使できるようにするというのだから、これを禁じてきた日本国憲法との觝触が生ずることは紛れもない。そうなれば、国際法による憲法の破砕という不祥の事態にもほかならない。

国の政策を国際法の要請に従わせるのは本来あるべきことではないか、と説く向きもあろう。そうした考えは必ずしも誤りではないが、はっきりさせておくべきは、集団的自衛権があくまで権利であって義務ではないということである。集団的自衛権の行使を事前に約束している場合であれば話は別だが、そうでもないかぎり、各国は、たとえ他国から援助の要請があったところで、これに応ずる国際法上の義務を負うことはない。

国連憲章五一条が集団的自衛を「固有の権利」と記していることをもって解釈改憲を唱導する者もいる。だが、「固有の」という語に特段の意味がないことは憲章の起草過程から明らかである。

仮に固有のものと性格づけたところで、権利であることには変わりなく、行使するかどうかは各国がそれぞれの憲法に基づいて決めればよい。憲法が権利行使を許さないのであれば、それで話は終わりである。そこに国際法上の問題は何もない。

首相や防衛相の答弁にたびたび登場するのが、抑止力という言葉である。集団的自衛権を用いた日米安保体制の強化が、抑止力を強め、日本の安全保障に資するのだという。武力を行使しないという憲法による約束を放棄することで、かえって周辺国との緊張関係は増幅されてしまうだろうが、ただ、国際法学にあっても、抑止力などを根拠に集団的自衛権を国連集団安全保障体制の補完物ととらえる見解は広がりをみせてはいる。

しかし、そもそも集団的自衛権が国連憲章に挿入されたのは、集団安全保障体制が安保理での拒否権によって機能不全に陥ると想定されたからであった。理念的にも、集団安全保障が敵を仮想しないのに対して、集団的自衛権は敵を想定する同盟型の勢力均衡方式に連なっており、両者は対立的な関係に立つ。また、集団安全保障が武力の封じ込めに向かうのに対して、集団的自衛権は個別国家による武力行使の機会を拡大する力学をたたえている。このゆえに、武力不行使原則を強化し脱暴力的な国際秩序を築こうとする国際法の基本的潮流に逆行していると評されてもきた。

実際のところ、集団的自衛権が援用されたこれまでの事例は、ほぼすべてが米国など一握りの軍事大国によるものであり、かつ、濫用というべきものであった。国際の平和及び安全という国連の目的に貢献するどころか、「力こそ正義」の隠れ蓑になっているとしかいいようのない事態の連続である。前述ニカラグア事件判決において、国際司法裁判所は、中米諸国への侵略に対抗して集団的自衛権を行使した、という米国の主張を一蹴しているが、これなどはその典型にほかならない。

日本が集団的自衛権を行使する対象国は、その米国にほかならない。米国は、二一世紀に入ると、国際法上重大な疑義のある「対テロ戦争」を繰り広げ、非国家武装集団との脱領域的な紛争にも従事してきている。これまでの武力紛争では戦闘地域がまがりなりにも画されてきたが、無人戦闘機が国境を無化して飛翔する米国の戦争において、戦場はあらかじめ定まっていない。戦場はどこにもなく、しかし同時に、世界全域が潜在的な戦場になる。米国の戦争に参戦することは、違法行為への加担に加え、戦場が私たちのすぐ隣に出現するリスクを引き受けるということでもある。その危険性が国会で十分に議論されているようには見受けられない。

もとより、今般の安保法制を待たずとも、日本はすでに集団的自衛権を実質的に行使してきていることも指摘しておかなくてはなるまい。現に、日米安保条約第五条の下での危険対処行動や、第六条に基づく米軍への基地提供は、個別的自衛権だけではどうにも説明しきれない。九・一一後、米国の軍事行動を支援するための海上自衛隊艦船のインド洋派遣（後方支援）も、集団的自衛権の行使としかいいようがないものであった。

ちなみに、自衛隊による後方支援（兵站）は、国際法上、明確に「軍事目標」となる。イラクでの航空自衛隊の米兵等の輸送がそうだったように、武力行使と一体化した軍事活動とみなされて、正当な攻撃対象になる。そのような活動に日本はすでに従事してきたのであり、今後さらに拡充していくことが予定されてもいる。

安保法制は、こうしてすでに十分に矛盾を抱え込んだ憲法の平和主義に、非立憲的なやり方で決定的な打撃を与えるものに違いない。だからこそ、その阻止のため多くの反対の声が湧き上がっているのだが、この際ぜひ心に留めてもらいたいのは、国際法はなにも集団的自衛権だけではないということである。

国際法の基本理念は、むしろ疑いなく武力行使の規制を求めている。近年はさらに、基本的人権に基づいて権力を制御する規範的潮流を強めてもいる。武力を含む権力行使を制御し、人間の尊厳が尊重される社会を築こうとする営みにおいて、国際法は日本国憲法となんら変わるものではない。さらにいえば、日本国憲法にこそ、国際法の辿りゆくべき規範的針路が示されているといってもよい。

安保法制は、その針路を根こそぎ消し去りかねない。国際法の研究者として、けっして賛同できぬゆえんである。

9 安全保障の実景

一　帝国主義の旧套と安保法制

戦後憲政史に不祥の痕跡を刻んだ安全保障関連法（平和安全法制整備法および国際平和支援法）の可決に先立ち、安倍晋三首相は、自民党のインターネット番組において「国際法学者の方々は、法案に賛成の人たちのほうが多いのではないか」という見解を表明していた。実際にそうなのか、事の真相を私は寡聞にして知らない。しかし、首相を取り巻く一群の人々の中に有力な外務官僚の姿がくっきりと浮き立つ様を見るにつけ、そのような観測を首相が抱くに至ったことには得心がいく。そして、たしかに、今般の法制整備を推進する文脈に国際法の制度が位置づけられていたこともうたがいない。「存立危機事態」という日本政府の作出した局面における集団的自衛権の行使容認が、その象徴的現れといってよい。自衛隊の海外派兵を悲願とする面々にとって、国際法はまさしく法的頼みの綱というべきものにほかならなかったのだろう。

もっとも、その国際法について考究する代表的な論客である最上敏樹が思い起こさせてくれるように（「国際法は錦の御旗ではない」世界八七三号）、国家にとって、集団的自衛権は権利なのであって、行使せねばならぬ義務なのではない。「日本以外の国において、集団的自衛権の行使を違憲とする議論は存在しない。このような議論は、国際社会の議論からすれば異常なものとみなされる」と憲法学者の長尾一紘はいうものの（「安保法制『合憲組』からの反撃」正論五二六号）、集団的自衛権を実際に援用する国は僅少であり、この権利を行使しないからといって、一般国際法上の問題が生じることはまったくない。そもそも、集団的自衛権は生成過程からしていわくつきのものであり、その規範的外延も不明確なままにある。なにより留意しておくべきことに、国際法の基本原則は武力行使を厳然と禁じており、国連国際法委員会の言葉を借りるなら、自衛権による武力行使であっても、あくまで違法性を阻却するものとして認められるにすぎないとの認識が広がっている。まぎれもなく、国際法の規範的道行きは武力行使を封じ込める方向にある。

集団的自衛権は、だがこうした基底的潮流に抗するかのように、米国のような「多戦争国家」の政治的利用に供されて、国際秩序の動揺をあおる情景を世界各所で押し広げてきた。「『安保法案』に反対する中東研究者のアピール」を主唱した栗田禎子は、エジプト出身の経済学者サミール・アミンの言葉を援用しながら、冷戦終結後、集団的自衛権が「集団的帝国主義」に奉仕する制度と化していることに警告を発する（「『平和憲法革命』が始まった」現代思想四三巻一四号）。栗田が懸念するように、米国やEU、オーストラリアといった「北」の諸国が「南」を共同で支配・管理する集団的帝国主義の体制に自らを組み入れて、安倍政権もまた、米国主導の戦争に公然と参戦していく道筋をつけたということになるのだろう。

一五世紀来のスペインとポルトガルによる「新世界」侵略に端を発する歴史に思いを馳せるまでもなく、国際法は帝国主義や植民地主義の伸張と常に切り離しがたくあった。大国による征服・殺戮を正当化する法理を、あまた提供する淵源となってきたのが国際法であることは否定しようもない。集団的帝国主義を支える集団的自衛権の有り様に、その現代的な側面が恬然と映し出されているといってもよい。だがそのことに自覚的であればこそ、国際法学が一貫して心を砕いてきたのは、主権国家とりわけ大国の力の行使をいかに制御するかということであった。国際法は国家の放恣によって一片の紙切れ然の存在に陥るのではなく、その権力行使を抑え、無化する力すら有していることをどのように実定化するかにこの学問領域の知力が注がれてきたといってよい。武力行使禁止原則はその規範的結晶であり、人権保障に見られるような人間の尊厳の実現に向けた国際法制度の構築は、権力の発現を制御する立憲主義的潮流を国際的次元で押し進める先端的営為にもほかならない。安倍政権の姿勢は、こうした紛うことなき規範的趨勢に背を向けるかのように、米国とともに力の行使を拡幅する帝国主義・植民地主義的な国際法の旧套を恃みとしているように映る。

二　安全保障と法の相克

立憲的規制への消極的な態度は、国際的次元に限局されるのではなく、安倍政権の根幹にある本質的なものといってよい。皮肉というべきか、安保関連法にかかわる今般の議論の過程で最も巷間に膾炙するようになった言葉は「立憲主義」ではなかったか。その最大の功労者といえば、国家安全保障担当総理補佐官（当時）礒崎陽輔をおいてほかにおるまい。立憲主義については聴いたことがない、昔からある学説なのか、と臆面もなく問いを発する同氏の言動は、「法的安定性は関係ない」という、衒いなく発せられたもう一つの揚言とあいまって、安倍政権の傲岸な基層をむき出しにして余りあるものであった。

この政権の非立憲的な振る舞いについては、石川健治が憲法学者としての矜持と信念を賭けて批判を重ねてきている。内閣法制局長官、日銀総裁、NHK会長の人事を引き合いに、石川はこう述べる。「現政権の全体的な政権運営の特徴として、ナチュラルに非立憲的な振る舞いをしてしまう傾向をあげることができます。もともと統治システムの中には内閣が独走できないように、いろいろな統制と監督の仕掛けが内蔵されているわけですね。ところが、安倍政権は、政権にとって、歯止めをかける対抗的な役割を果たしかねない要所要所に、ことごとく『お友達』を送り込んで、対抗勢力の芽を摘んでいく――そういう手段を駆使していると思います。……これはコントロールを否定する考え方です。……コントロールがなければ立憲主義とはいえません」（「集団的自衛権というホトトギスの卵」世界八七二号）。

安保関連法は、安倍政権の露骨なまでの非立憲的所作が産み出した違憲の法律として、多くの専門家・市民の批判を浴びることになる。だが、違憲という論の立て方は、国の安全保障というもう一つの思考枠組みとの間でけっして親和的な関係を築いてきたわけではない。憲法学者とともに違憲性を主張する先頭に立ってきた日本弁護士連合会の憲法問題対策本部幹事を務める倉持麟太郎と国際政治学者・三浦瑠麗との対談（神奈川新聞二〇一五年九月二七～二九日付）に、その軋みがことのほか顕著に現れている。

「そもそもこの安保法は違憲ではないのか」という倉持に対して、三浦は、自衛隊と憲法との関係についてごまかしを重ねてきた法曹界の姿勢を強く難じ、こう言葉を継ぐ。「憲法がどうでもいいとは思っていないが、国際社会の現実と、国際条約などの対外的約束とともに運用されるべき。結局、違憲状態の自衛隊や海外派遣、日米同盟をどれだけ是認するかという問題であり、安全保障の分野を研究対象とする以上、現状をまず是認しないと始まらない」。「現実がどうであったとしても、とにかく『憲法が最上位にあるんですよ』と言われると、国際政治学者としては学問的には憲法を軽視するしかなくなってしまう。法は現実から乖離しすぎると現実の規範としての力を失ってしまうのだ」。

「政治学も法律学も憲法の枠内で議論するのが学問的作法なのではないか」という倉持の指摘も、三浦にはまったく説得力をもたない。違憲か合憲かという入り口にこだわっていては、中国の脅威の前に日本国の安全保障はおぼつかなくなってしまう。「現実的な話に言及しなくていい人はえてして元気がいい。だが、それを聞く方は脱力してしまう。底の浅い人道主義に流されないためには、やはり紛争の現場を知ることだ」。「最後は人間としてどう思うのか。憲法学者も専門家としての帽子を脱いで、自由闊達に論じてもらいたい」。三浦の箴言はかくも仮借ない。

ほどなく撤回されたとはいえ、「法的安定性は関係ない」という先述した礒崎の（つまりは安倍政権そのものの）言も、「考えないといけないのは、我が国を守るために必要な措置かどうか」という認識をもって発せられたものであり、安全保障にかかる要請によって憲法の論理を退ける思考態様において、三浦のそれと重なり合っている。安全保障と憲法（法的安定性）は、だが誤解してならぬことに、二者択一の関係にも異なる地平にも立っているわけではない。市野川容考「安全性という危険」（前掲・現代思想）が論ずるように、両者は安全性の装置を構成する異なる線として縒り合わさって並存している。これらの線は海底のプレートのように激しく衝突することもある。「いや、安全性のプレートどうしを激しく衝突させなければならない局面があるのである。今の日本がその時なのであって、国家安全保障を軸として突きつけられた安全保障関連法案に対しては、合法性、法の支配、憲法といった法的安全の線を突き返していかなければならない」と、市野川は自らを鼓舞するように説く。

大竹弘二「リアリズムを超える民主主義」（前掲・現代思想）も同様の問題関心に立ち、安全は憲法に優先する国家のレゾン・デートルなのか、国家の安全は憲法や民主主義とは関係なしに存在しうるのかを問いかける。H・モーゲンソーの言説に依拠して大竹は、「国益」という概念を広めたこのリアリズム国際政治学の始祖が、国家の政治目的をエリート主義的に決定することを批判し、さらに、「民主主義の多元的な意志形成をないがしろにして追求される『安全』や『国益』は、必ずやその本来の目的を逸脱して堕落するということにほかならない」との警告を発していたことを力説する。自衛隊がすでにその実態において米軍と一体化していることは公然たる事実であり、それを法律上追認するほうが純粋軍事的合理性の観点からは好適なのかもしれない。しかし、「そうした軍事的・技術的合理性の論理を、憲法という規範を通して国民の意志でコントロールするのが『民主的立憲国家』のあり方である。もし、安全保障政策がテクノクラシー的合理性の観点でのみ語られ、憲法も民主主義もそれを前に沈黙させられるなら、モーゲンソーがアメリカについて危惧したように、まがりなりにもアジアの政治的先進国とされてきた日本のイメージを毀損することになるだろう」と大竹は憂慮する。

礒崎らが頼りとする安全保障言説によれば、憲法は日本国の安全保障を不安定なままにおくのみならず、国際平和のための積極的貢献（「積極的平和主義」）を妨げる元凶でもある。しかし、世界に対する普遍的責任を担おうとするのなら、コソヴォ介入に際してドイツが自らの負の歴史を正視したように、日本もまた自らが犯した過去の重大な不正義への徹底した反省を経なくてはなるまい。日米安保という二国間同盟を主軸とする日本の場合、「過去の日本の行為をも普遍的な人権規範のもとで検証する覚悟のない者が、安保法制を通じた国際貢献を語っても、それは、結局のところ、二〇〇〇年以来の度重なるアーミテージ＝ナイ報告書の要望に応えることだけに気を配っているという疑念は払拭できまい」と大竹は痛烈に批判する。犀利な大竹の論考には思考の環がちりばめられているが、なかでも次の一節は、私たちが立脚すべき基本的な認識を示していてとりわけて印象深い。

「たしかに安保法制によって戦前の日本に戻るわけではない。かつてのような徴兵制が復活するわけでもないだろう。それゆえ戦争や軍国主義の再来などありえないとして安保法制反対論を嘲笑する者もいる。だが、戦時中のような極端な軍国主義社会にならないなどというのは最低限の自明の要請であって、戦後日本の目指すべきところはそのような低い次元にはないはずである。必要なのは、今日の国際社会が達成した人権意識を後退させないように、侵略戦争への反省と戦後世界の価値観へのコミットを積極的に明言し、国内においてもそれと一致した行動を取ることである」。

安保関連法については、圧倒的多数の憲法学者や弁護士に加え、元内閣法制局長官たち、さらには元最高裁長官までもが違憲の代物であると明言してはばからない。国の存立がかかる安全保障であっても、統治権力の由来が憲法にある以上、その憲法の矩を政府が超え出ることは制度上ありえないことである。この当然の前提を踏み外すのでは、国家構造の土台が根本から揺らぎ、かえって国の安全保障が脅かされかねない。憲法が日本の安全保障の障壁になっているというよりも、市野川の論にならうなら、憲法を軽んずる安倍政権こそが日本の安全性を根底から危険にさらしているといってもよい。

大竹が説くように、安全保障は憲法や民主主義を押しのけて語られるべきものではけっしてない。憲法の存在意義を精確にわきまえたうえで、歴史的視座と普遍的価値へのコミットメントを重視する思考態度こそが日本の安全保障には不可欠というべきなのだろう。日米同盟の抑止力向上を唱える安保法制推進論者に決定的なまでに希薄なのは、この認識ではないか。その一方において、違憲論の議論も、安保法制廃止への力の凝集のみならず、憲法の理念に即した実践的な安全保障構想によって支えられていかなくてはならない。小熊英二が指摘するように（「安全保障についての議論を」社会運動四一九号）、社会保障や原発の問題領域とは違い、安全保障の分野にあっては対抗知の強化が依然として喫緊の課題として残されていることも、この際あらためて銘記しておくべきである。

三　専門家の支配

規範論理構造上憲法九条とは相容れず、かつ歴代政府が何度となく否認してきた集団的自衛権行使解禁への道のりは、直截には、二〇一四年七月一日の閣議決定に始まる。石川健治がクーデタと名付けたこの法の破砕行為に、安倍首相を取り巻く人々、とりわけ少なからぬ官僚・学者がかかわっていたことはいうまでもない。戦後七〇年首相談話を批判する論考において三谷太一郎がいうように（「主体性を欠いた歴史認識の帰結は何か」世界八七四号）、「安倍政権が専門家支配の様相を強めている兆しは、今回の安倍談話における二一世紀構想懇談会、そして集団的自衛権の行使容認への舵を切らせた安全保障の法的基盤の再構築に関する懇談会（安保法制懇）など、首相の私的諮問機関がこの間の政治決定に果たした役割に、象徴的に現われている」。

一九三〇年代の先端的な政治学者であり行政学者であった蠟山政道の言論に依拠しながら、三谷は、専門家支配が戦争の時代の危機意識と密接不可分の関係にあったことを指摘し、「いまその兆しが見える専門家支配、とりわけ、軍事専門家の支配が現実とならないといえるかどうか、予断はできない」と警句を紡ぐ。「七〇年も前のトラウマ」を脱し、「もっと自分たちが送り出したリーダーや、自衛隊指揮官らの判断を信頼してほしい」という元陸上・航空幕僚長たちの険のない発言（「憲法を改正し国防軍を設立せよ」Voice 四五号）こそ、三谷によれば、専門家支配の暴走を予示するものなのかもしれない。

「過去への主体意識」を欠くとして三谷が論難する七〇年談話に「侵略」という言葉が入ったことに不快感を隠せぬ中西輝政らは、その主犯格として二一世紀構想懇談会の座長代理を務めた北岡伸一を激しく追及している（「『安倍談話懇談会』驚愕の内幕と歴史問題のこれから」正論五二八号）。その北岡は、安保法制懇でも座長代理として議論を差配する枢要な役割を負っていたのだが、やや時を遡るものの、二〇一四年四月二一日付けの東京新聞紙面上で同氏は次のような見解を公言していた。「憲法は最高規範ではなく、上に道徳律や自然法がある。憲法だけでは何もできず、重要なのは行政法。その意味で憲法学は不要だとの議論もある。（憲法などを）重視しすぎてやるべきことが達成できなくては困る」。憲法の重石を取り払おうとする安倍政権にとって、非立憲的所為に知的外套を羽織らせるこうした専門家たちの言説がこのうえない援軍になったことは想像に難くない。

安倍政権が安保関連法を国会で押し通すにあたり、一九五九年の砂川事件最高裁判決がまたぞろ持ち出されたことは、このうえない驚きであり、憲法学や法律学の基本的作法に正面から反する政治の暴戻というべきものであった。こうした反知性主義的作為の背景にも、いわずもがなだが、官僚の献策があったのであり、また、弁護士資格をもつ自民党副総裁・高村正彦の法匪的な策動もあった。同判決については、布川玲子らの尽力により、当時の最高裁長官・田中耕太郎が一審の伊達判決を覆すため、米国の大使・公使らと密談を重ねた末のものであることが白日の下にさらされている（布川・新原昭治『砂川事件と田中最高裁長官』）。田中は、東京大学法学部長、日本法哲学会初代会長などを務めるだけでなく、私のような国際法の研究者にとってとりわけ重要なことに、国際司法裁判所の判事も歴任している。国際司法裁判所時代には、一九六六年の南西アフリカ事件において国際法史に残る反対意見を表明するなど、国際法の世界にあっておそらく最も高く評価される日本の学者・法律家の一人といってよい。

その田中が、法律家としてなにより大切にすべき法曹倫理を根底から損なう愚行を自ら手がけ、伊達判決のまっとうな憲法判断を覆す判決を導いたという事実は、知れば知るほどに衝撃的である。日本の英知といっても過言でないほどの定評を得た田中耕太郎長官は、法令上の守秘義務に背馳して、いったいどのような面持ちでマッカーサー二世大使やレンハート公使らに最高裁での評議の内情を語っていたのか。最高裁がいかに政治的な役割を担わされた国家機関だとしても、司法権の独立を損ねることへの専門家としての警戒心があまりにも欠けていたというしかない。

「どんな色にも染まらぬ黒」の法服をまとった田中耕太郎の妄動は、半世紀以上の時を経て今般の法案審議にまで影を落とすことになってしまったが、政策に重大な影響力を及ぼす専門家には、それにふさわしい倫理的な自己制御があってしかるべきことはいうまでもない。だが、なんとしたことか、重大な政策を左右する専門家の度を越した非倫理的な振る舞いは、ますます闌けり狂っているかのようである。なかでも、沖縄県名護市辺野古の米軍基地建設事業にかかわる専門家の所作には、悲憤をいざなう腐臭すら満ちあふれている。

基地建設のための埋め立て事業を受注した業者から、その埋め立て事業の環境影響評価を行う委員会の委員たちに寄付金や理事報酬が支払われていたという事実が報道により明らかにされた。その中には、委員長の横浜国立大学大学院教授のほか、京都大学教授、東京大学大学院教授も含まれている。おまけに、この委員会の運営業務を受注業者自身が担っていたという事実も発覚した。様々な利権がからむ公共事業の醜態が露見したということにもなるのだろうが、事は、沖縄の未来と、日本の安全保障のあり方に直結する。事業を受注した業者が、その事業を監視する委員会の専門家たちに金員を支払い、さらにはその委員会の運営をも請け負うという利益相反の構図を、そのただなかにいる専門家たちが「審議内容には影響しない」として易々と受け入れていた心性を倫理的鈍根と呼ばずしてなんと呼べばよいのか。

三谷がいうように専門家支配の様相が深度をましているだけに、専門家を厳しく見極めることがいっそう重要になっていこう。だが、「専門家をきびしく見きわめ、そのことによって支えるものは……国籍を越えた価値に開かれてあるべき大学に国旗国歌を引き入れさせ、『活力ある経済活動を通じて国を成長させる』（自民党二〇一二改憲案前文）のに用立たぬと目される研究教育システムの岩盤に『ドリル』を打ち込むこと、であろうはずはない。それは『しろうと』による、専門家の資質と職業倫理へのきびしい視線以外にないだろう」と樋口陽一はいう（「〈戦後七〇年〉に考える」法律時報八七巻一二号）。たしかにそうなのだろう。樋口は続けて「もとより、その『しろうと』自身が、それぞれの当事者利益でなく、公共にかかわってゆく『市民知』の倫理の担い手でなくてはならない」と述べるが、圧倒的な知力と行動力をもって安保関連法をめぐる議論と運動を牽引し続けた若き学生たちのように、多くの「しろうと」がいまやそうした「市民知」の倫理の担い手となって確然と立ち現れつつあることは、ここに改めて記すまでもない。

四　変わる沖縄／変わらぬ日本

米軍新基地建設のための辺野古埋め立てについては、二〇一五年一〇月一三日に翁長雄志沖縄県知事が公有水面埋立法による前知事の承認を取り消す判断を示した。だが、菅義偉内閣官房長官はこの判断を拒否し、「埋め立てを進めるのは当然のことだ」という見解をただちに表明するに及んでいる。官房長官としての菅の物言いは、映画監督想田和弘が描出するように、木で鼻を括ったような定型句を繰り出すことに終始し、けっして応答しないことで意味あるコミュニケーションの回路を遮断してしまうものである。およそ知性や度量、誠実さといったものを感じさせない菅の話法は、言葉を大切にすべき政治家のイメージをひどく損ない、政治に対するいっそうの不信感を増幅させずにはいない。その様は沖縄との関係にあって際立っているが、翁長知事による承認取り消し後の安倍政権の対応は、これに輪をかけて驕慢なものであり、沖縄に対する植民地主義的暴力の発現そのものといってよい。

翁長知事の右記取消処分を受けた沖縄防衛局は、行政不服審査法に基づき審査請求・執行停止申立を行った。これを審査するのは国土交通大臣である。沖縄防衛局、国土交通大臣と部署こそ違え、いずれも国の行政機関であり、いってしまえば、辺野古建設事業を推進する安倍政権の内輪組である。県知事の取消処分に対する政府の訴えを政府自らが審査するということになる。ただし、政府の弁明によれば、沖縄防衛局はここでは国の機関ではなく一般私人なのだという。国民の権利救済のために設けられている行政不服審査制度を国の機関が利用することはおかしいからだ。しかし、辺野古基地建設を政府の政策として推進してきたのは当の沖縄防衛局であり、これはどう見ても私人へのなりすましに等しい。つまるところ、国は一方で私人を装い他方で審査庁となる。あるいは、一方で申立てを行い他方でそれを審査する。とんだ二人羽織であり、あるいは、うじゃけた一人芝居というべきか。

法の趣旨を蹂躙する安倍政権のこうした人品卑しき行状を、行政法学者九三名は一〇月二三日に発表した声明で次のように批判している。「一方で国の行政機関である沖縄防衛局が『私人』になりすまし、他方で同じく国の行政機関である国土交通大臣が、この『私人』としての沖縄防衛局の審査請求を受け、恣意《しい》的に執行停止・裁決を行おうというものである。このような政府がとっている手法は、国民の権利救済制度である行政不服審査制度を乱用するものであって、じつに不公正であり、法治国家にもとるものといわざるを得ない」。

一〇月二七日になると、大方の予想どおり、石井啓一国土交通相が知事による承認取消処分の効力を停止することを決定した。他方で、審査請求についての裁決はたなざらしにし、国は辺野古基地埋め立て工事へと進んでいった。意想外な感に打たれたのは、安倍政権が同時に地方自治法に基づく行政代執行手続きに入ることを閣議口頭了解を通じて宣言したことである。一九九九年の同法改正後初のケースである。こうして翁長知事は、辺野古埋め立て承認取消を是正するよう国交相から勧告されたのだが、これに従う意思は毛頭なく、事態が司法判断に持ち込まれるのは必至である。右記執行停止の決定についても、沖縄県が国地方係争処理委員会に審査を申し出ており（一一月二日）、これも同様に司法の場で争われることになるのだろう。日本政府と沖縄県との正面対決の観が深まっている。

仲里効は、小説家の島尾敏雄が一九七〇年に発表したエッセイで指摘していた琉球弧のざわめきやサインと日本の曲がり角との関係を現在進行形の文脈に引きつけて考究する（「変わらない日本と変わっていく沖縄」前掲・社会運動）。三名の米兵による一九九五年の少女レイプ事件を機に立ち上がった沖縄の今日に続く抵抗は、第一に政治的な主体を創出し、第二に沖縄の歴史を発見し直す営みを引き出した。そして第三に、仲里が最も強調するように、「第一と第二を通して沖縄のシンギュラリティ（特異性）とアイデンティティを自覚し、新たに作り直して」いくことになった。別して言えば、沖縄は、ざわめきやサインを、これまでのように「本土に向かって送るというよりは、むしろ自己の内に／内から声として聴き取る段階に入ったのである」。この段階を象徴する言葉として広く共有されるようになったのが「自己決定権」にほかならない。翁長知事の毅然たる姿勢と深みある歴史認識・思想を端的に汲み上げているのもこの言葉といってよい。

仲里の論考が照らし出すように、沖縄と日本本土との非対称な関係は「転倒の局面」に入っている。沖縄の持続的抵抗は、沖縄と本土との間の二項対立的な関係を意識化させることにより、この不均衡な権力関係を解体する力学を生み出した。自己決定権という概念は、こうして脱構築された両者の間に新しい関係を作り出す思想的・政治的・法的契機ともなっている。一〇月二一日の国連人権理事会での翁長知事の発言は、その位相を象徴的に伝える場面でもあった。そうであっただけに、東京大学教授として人間の安全保障を講じていた、在ジュネーブ国際機関日本政府代表部大使・嘉治美紗子が、反論権を行使して、抑止力の維持と普天間基地の危険性除去という旧態依然の政府見解をおうむ返しのように口にした対応は、いかに本省からの指示によるとはいえ、小さからぬ失望をいざなわずにはいなかった。

「普天間の神話と真相」と題する一文において、元在沖縄米軍海兵隊政務外交部部長ロバート・D・エルドリッジは、住民が普天間基地建設後に周囲に集まってきたのだという百田尚樹の発言を擁護しつつ、「沖縄を心から愛し、誰よりも沖縄、日本、米国との架け橋になろうと努めてきたトモダチからの提案」を行っている（Voice 四五五号）。パターナリスティックで植民地主義的な匂いが充満するこの論考は、普天間基地の建設と存続がそもそもいかなる法的根拠によっているのかに関心が及んでおらず、なにより、なぜ普天間に代わる米軍基地が沖縄の中にしか求められないのかがいっさい語られていない。

ただ、高橋哲哉が記すように（『沖縄の米軍基地』）、普天間に代わる米軍基地が沖縄にしか求められないのは、エルドリッジのような人々の思い込みである以上に、むしろ日本本土側の意向としてある。米軍専用施設は最初から沖縄に集中していたわけではない。米海兵隊はサンフランシスコ平和条約発効当時、本土の各地に分散駐留していた。今日のような事態に至ったのは、本土での反対運動を受けて、沖縄に海兵隊が移駐したからである。高橋は、「日本の一般市民から部隊を隔離する」ために沖縄が選ばれたという海兵隊元大佐の証言を引用する。森本敏、中谷元という二人の防衛大臣も、たしかに、軍事的理由からではなく、政治的理由から沖縄に米軍基地が偏在していることを認めている。のみならず、米側はこれまで一度ならず海兵隊の沖縄からの移駐を検討・提案したにもかかわらず、日本側から沖縄駐留維持が懇願されたという事情にも留意しておかなくてはならない。

高橋は、沖縄の県外移設要求は正当であり、現在の日米安保体制を維持しようとするのなら、本土が沖縄の基地を引き取る責任を負うべきであると提言する。この提言については、「沖縄の基地を本土に持ってくることが解決になるのかな。そもそも無くすべきではないのか」という柄谷行人の応答（琉球新報二〇一五年一〇月二八日付）がおそらく平和運動に従事する者の間でも少なくないのではないかと思うが、高橋は、そうした反戦平和運動こそが沖縄に米軍基地を集中させる動因になってきたと、匕首を自らに突きつけるようにこれに論駁する。

日本国憲法の平和主義は、沖縄への過度の負担集中を通じてかろうじてその命脈を保ってきた。日米安保条約もまた沖縄の負担なくしてありえなかった。平和主義も日米同盟も、つまりは日本の安全保障そのものが全面的に依拠してきたのが沖縄にほかならない。辺野古基地建設を強引に進める安倍政権が露骨に体現するとおり、それが可能だったのは、琉球王国併合以来、日本と沖縄が不均衡な植民地主義的権力構造の下にあったからである。しかし、「辺野古に基地はできない」と翁長が力強く断言するように、沖縄と日本の関係は新しきステージに入っている。高橋の論争的な提言の後背を成しているのも、こうした文脈である。安倍政権のなりふりかまわぬ振る舞いは、その愚かしき暴力性によって、逆に自らを政治的隘路に追い込んでいくことにもなるのだろう。

安保法制違憲論に依拠して構築される新しい日本の安全保障のあり方は、沖縄との関係において顕現する日本の植民地主義的意識に十分に自覚的なものでなくては持続可能なものとはなるまい。野村浩也がいうように、「日本人はすでにチャンスを与えられている。日本人は、すぐにでも自身の植民地主義の終焉に着手することができるし、植民者であることをやめることができる。つまり、日本人は、在日米軍専用基地の沖縄人への押し付けという植民地主義をやめることができるのだ。そのためには、特権を手放すことである。沖縄人に基地を押しつけて基地の平等な負担から逃れている特権を手放すことである。それを試みることこそ日本人が植民地主義をやめるために不可欠の第一歩なのだ」（『無意識の植民地主義』）。

公共の場で展開されゆく安全保障をめぐる議論の中で、日本の植民地主義的意識からの脱却と自己決定権に基づく沖縄の自律に、掛け値なく真剣に向き合っていかなくてはならない時が来ている。「米国従属」に骨がらみ絡みとられた日本（本土）にとって、自らの自立に向けた好個の時でもある。

10 緊急事態の悖理と法理 ── 国際法の視座

一 物狂おしき独善性

国際規格に合わないものが日本だけで発達している現象を刑事司法制度の「ガラパゴス的状況」と形容した刑事訴訟法学者・松尾浩也氏の言を、高山佳奈子氏が法律時報（二〇一六年七月号）に寄せた論考の中で紹介している。高山氏は、そのガラパゴス的状況に引きつけて、「ろくでなし子事件」第一審判決（二〇一六年五月九日）が、「担当裁判官本人以外には絶対にわからない『健全な集団意識』なるものを可罰性の基準として」採用したことを手厳しく批判している。

実際のところ、日本語を母国語としてきた者が眼光紙背に徹してなお解読できぬ、つまりは当人（たち）以外には理解不能な謎の流儀で書かれた判決や論文、行政文書の堆積が、この国における法の空疎化と閉鎖性を大いに煽ってきたことはいうまでもない。それはなにも刑事手続に限局されるのではなく、ジェンダーや人種差別、難民認定などがかかわる領域においても同様に見られるところである。これらを通底している徴表を別して言えば、〈他者性の欠如〉＝〈国際的視点の排斥〉

というべきものになるのだろう。

その醜相の一端を期せずして見せつけたのは、二〇一六年二月六日、女性差別撤廃委員会においてなされた杉山晋輔・外務審議官（当時）の発言である。ほどなく事務方のトップに上りつめる杉山氏が、「慰安婦」問題にかかる国際人権機関の対応に異を唱えたその口吻には、〈国際的視点の排斥〉が衒いも迷いもなくむき出しにされて、怖気を覚えるほどであった。「軍や官憲による強制連行は確認できず、すべての元凶は吉田清治氏の著作にある」。そしてなにより、「『性奴隷』といった表現は、事実に反する」のだという。

政権中枢の意を体した国内向けの広言という側面があるにしても、そこには、国際（人権）法システムの営々たる積み重ねに背馳する反知性的でいかにも下卑た姿勢が見て取れる。立憲主義を傲然と踏みしだく暴戻が、国際人権法の舞台にもそのままに引き写されているかのようである。

全方位的に批判の的となっている自民党の改憲草案（以下、「草案」）について私が抱く強い懸念の一つも、まさしくその独善性、すなわち〈他者性の欠如〉＝〈国際的視点の排斥〉にある。「草案」の際立った特徴の一つをなす緊急事態条項に焦点を当て、国際法の観点から、この点にかかる管見をいくばくか申し述べることにする。

二　緊急事態法制

緊急事態に関して「草案」には次のような定めがおかれている。「内閣総理大臣は、我が国に対する外部からの武力攻撃、内乱等による社会秩序の混乱、地震等による大規模な自然災害その他の法律で定める緊急事態において、特に必要があると認めるときは、法律の定めるところにより、閣議にかけて、緊急事態の宣言を発することができる」（第九八条）。「緊急事態の宣言が発せられた場合には、何人も、法律の定めるところにより、当該宣言に係る事態において国民の生命、身体及び財産を守るために行われる措置に関して発せられる国その他の公の機関の指示に従わなければならない。この場合においても…基本的人権に関する規定は、最大限に尊重されなければならない」（第九九条3）。

自民党が作成した「草案」に関するQ&Aは、これに評釈を付して次のようにいう。「緊急事態においても基本的人権を最大限尊重することは当然のことであるので、原案のとおりとしました。逆に『緊急事態であっても、基本的人権は制限すべきではない。』との意見もありますが、国民の生命、身体及び財産という大きな人権を守るために、そのため必要な範囲でより小さな人権がやむなく制限されることもあり得るものと考えます。」

憲法学の泰斗・故芦部信喜が伝えるように、「戦争・内乱・恐慌・大規模な自然災害など、平時の統治機構をもっては対処できない非常事態において国家の存立を維持するために、国家権力が、立憲的な憲法秩序を一時停止して非常措置をとる権限を、国家緊急権という。…明治憲法は緊急権に関する若干の規定を設けていたが…日本国憲法には、国家緊急権の規定はない」（『憲法（第四版）〔岩波書店、二〇〇七年〕』）。

明治憲法下での濫用の経験や戦争放棄の規定の存在からして、日本国憲法に明文規定がおかれなかったことは偶然ではなく意識的な帰結であったというのが憲法学の共通認識である。そうであるだけに、「草案」における緊急事態条項への明示的な言及は、現行憲法との根本的な次元での断絶を鮮明に示すものにもほかならない。

もっとも、欧米諸国の法制を見るに、緊急事態にかかる規定がなんらかの形でおかれているのが一般的ではある。たとえば――運用の実際を別とすれば――フランスには憲法第一六条（大統領への権限集中）、第三六条（戒厳令下における軍への委任）、一九五五年非常事態法（政令により令状なき家宅捜査等可能にする規定）があり、ドイツも基本法により緊急事態を防衛事態、災害事態、緊迫事態等に分類し、限定的な基本権の制限（公用収用補償、身体拘束期間の延長）を可能にしている。英国にもマーシャル・ローの法理に加えて二〇〇四年緊急事態法があり、米国にも憲法に人身保護令状停止、大統領の権限行使の規定があり、さらに国家非常事態法（一九七六年）が制定されている。

これらの例に範をとって日本も同様の法整備をすべきではないか、という議論もあるのかもしれないが、ただ、憲法自体によってそれを行う必要があるのかは別問題である（後述のとおり、日本でもすでに法律によって緊急の対応を要する事態への対応が相当程度図られてきている）。なにより、欧米諸国ではとりわけドイツがそうであるように、司法的コントロールを通して行政権への権力集中を抑制する仕組みができているところ、常日頃、行政府寄りの判断を恬然と出し続けて止まない日本の裁判官集団に同様の役割を期待できるのかについては極大の疑問を禁じ得ない。

あわせて留意すべきなのは、第二次世界大戦後の世界情勢を顧みるに、緊急事態（あるいは非常／例外事態）の名の下に暗澹たる情景が押し広げられてきた現実である。植民地での弾圧や反体制派の鎮圧のために剥き出しにされた行政府の暴力行使を正当化するために、緊急事態宣言（戒厳令）が各地で連綿と発せられてきた。二一世紀に入ると「対テロ戦争」に事寄せて、敵性集団に分類された人間たちが各国政府による傲岸な力の行使の標的になってきていることはいうまでもない。

ジョルジュ・アガンベンが『例外状態』において喝破するように、「例外状態こそが統治のパラダイム」と化した実情が世界をますます深く覆っている。明治憲法下においてそうであったように、緊急事態にかかる言説には、行政権による力の行使をあおり、これを正当化する力学がぬぐいがたく随伴している。

三　規範的封じ込め

国際社会共通のルールを提示する国際法は、緊急事態の頻発と、度重なる過度の力の行使を前に、人権保障の観点からこれに厳格な規範的な縛りをかけることに腐心してきた。その成果は、自由権規約（市民的及び政治的権利に関する国際規約）第四条、欧州人権条約第一五条、米州人権条約第二七条、自由権規約委員会一般的意見二九（二〇〇一年）、「自由権規約における制限および免脱条項に関するシラクサ原則」（一九八五年）、「国際法協会（ＩＬＡ）非常事態における人権規範の最低基準」（パリ基準）（一九八四年）といった諸文書に明瞭に刻印されている。

国際法にあって、緊急事態はけっして法の空白状態とは捉えられていない。芦部信喜の前述した言を用いれば、緊急事態とは「立憲的な憲法秩序を一時停止して非常措置」がとられる事態と解されるのかもしれないが、国際法上は、法の支配（rule of law）は緊急事態にあっても依然として妥当するものとされている（シラクサ原則六四）。緊急（非常／例外）事態の嵐が吹きまくったラテン・アメリカ諸国の実情を受けて発せられた米州人権裁判所の勧告的意見（一九八七年一月三〇日）も、その濫用に懸念を表明したうえで、緊急事態にあっても法の支配は停止せず、法律主義からの逸脱も許容されない旨を明言している。

緊急事態下の非常措置は、仮にそれが認められるにしても、国際法上きわめて厳格な要件に従うよう求められている。これらの要件を充足せずしてなされる人権保障の停止は、国際法上、違法である。自由権規約をもとに記すと、それらの要件は次の六点に集約できる。（第一から五が実体的要件、第六が手続的要件と類型化される。）

第一、「国民の生存を脅かす公の緊急事態」が存在していること。緊急事態において非常措置をとるには、「国民の生存を脅かす」事態が生じていなくてはならない。国民とは nation のことであって state（国家）ではない。「国民の生存を脅かす公の緊急事態」とはいかなるものなのかについては、欧州人権裁判所がその判断のために次のような指針を示している（Greek case（1969））。

①現実のまたは差し迫った危険が存在していること、②国民全体に影響が及んでいること、③共同体の組織化された生活の継続が脅威にさらされていること、④危機（危険）が通常の人権制約措置では対処できないほど例外的であること。（なお、洪水の場合のように、限定された地域における全住民への影響の場合であっても、この要件を充足し得ると解する向きもある。）

第二、必要性（necessity）・比例性（proportionality）の原則を満たしていること。緊急事態における非常措置はあくまで例外的で一時的なものであり、正常な状態の回復を目的にするものでなくてはならない。「たとえ武力紛争時であっても、その状況が国民の生存を脅かすものである場合にのみ、かつその限度においてしか規約の人権保障停止措置が認められてはならない」（自由権規約委員会の一般的意見二九、パラグラフ三）。この要件を充足するには司法・立法機関等に実効的な審査権限を確保することが欠かせない。

そして、「国は、たとえば大規模自然災害、暴力事件をともなう集団デモまたは重大な産業事故のさいに規約の効力を停止する権利を援用しようとするのであれば、そのような事態が国民の生存を脅かすものであることのみならず、規約の効力を停止するすべての措置が事態の緊急性によって真に必要とされていることも、正当化事由として示せなければならない。［ただし］そのような事態においては規約上の一部の権利、たとえば移動の自由（第一二条）または結社の自由（第二一条）を制約し得るのであれば一般的にはそれで充分であって、当該規定の適用停止が事態の緊急性によって正当と認められることはありえない」（同、パラグラフ五）。

自由権規約委員会によるこの指摘を端的に言い換えれば、規約上のほぼすべての人権規定について、その適用停止を真に必要とするような緊急事態など現実にはありえないだろうということである。ここには、緊急事態に対する国際人権機関の強度の警戒感がにじみ出ている。

第三、非差別の原則を遵守すること。緊急事態におけるいかなる非常措置も差別を含んではならない。ちなみに、英国では、二〇〇一年対テロリズム、犯罪及び治安法により（テロの脅威を英国に与えている）外国人の無期限収容が可能とされた。その際、当該措置を正当化するため、同国政府は身体の自由への権利について定める欧州人権条約第五条一項の効力停止を必要とする緊急事態下にある旨を宣言した。だが、この措置は欧州人権裁判所によって国民と外国人との不当な差別にあたり、事態が真に必要とする限度と比例しない、として違法と判断されている（二〇〇九年二月一九日判決）。このように、差別を含む措置は緊急事態下であっても国際法上、許容されない。

第四、他の国際義務を遵守していること。社会権規約（経済的、社会的及び文化的権利に関する国際規約）や拷問等禁止条約など他の人権条約は緊急事態における人権保障の停止を認めていない。子どもの権利条約（第三八条）や障害者権利条約（第一一条）はあらゆる事態における権利保障をはっきりと求めてさえいる。緊急事態において非常措置をとる場合には、自由権規約だけを見るのではなく、他の人権条約上の義務を逸脱することもあってはならない。

第五、いかなる事態にあっても、格別の重要性を有する権利あるいは適用を停止する必要がない権利については、その効力を停止することは許されない。こうした権利には次のものが含まれる。

生命に対する権利、拷問・残虐な処遇の禁止、奴隷の禁止、契約不履行による拘禁の禁止、思想・良心・宗教の自由、意見を持つ権利、被拘禁者の人道的取扱い、戦争宣伝・ヘイトスピーチの禁止、効果的な救済を受ける基本的権利、公正な裁判を受ける権利の基本的部分（無罪推定、拘禁の適法性審査など）、人質・誘拐等の禁止、少数者の保護、住民の強制移送。これらの権利の保障は、文字通りいかなる事態にあっても停止しえないものとされる。

第六、手続的な要件が満たされていること。緊急事態は「公式に宣言されている」ことを求められる。「各国は、そのような宣言および緊急事態時の権限の行使について定めた憲法その他の法律上の規定の範囲内で行動しなければならない」（一般的意見二九、パラグラフ二）。また、緊急事態は、国連事務総長を通じて他の締約国に直ちに通知されなくてはならない。その際、「とられた措置に関する完全な情報およびその理由の明確な説明が含まれ、かつ国内法に関する十分な資料が添付されていなければならない」（同、パラグラフ一七）。こうした手続的要件を充足しないと、緊急事態における非常措置は国際法上の正当化根拠を失うことになる。

日本は自由権規約の締約国でもあり、緊急事態にかかる議論をする場合には、最低限、こうした国際法上の要請を念頭においておくことが必要である。「草案」には、だが、国際法との整合性に関心が払われている形跡がおよそ見て取れない。「国民の生命、身体及び財産という大きな人権を守るために、そのため必要な範囲でより小さな人権がやむなく制限されることもあり得るものと考えます。」という、かいなでの陳弁だけでは、日本が国家として引き受けている国際法上の要請を誠実に考慮しているとはとうてい言いえまい。

四　自由権規約委員会への報告

前述のとおり、自由権規約には緊急事態を厳格に封じ込める規定が第四条におかれているのだが、各締約国は同規約の実施状況を定期的に審査される際に、この規定にかかる国内状況についても報告することを求められている。一九七九年の批准以来、日本もこれまで六回にわたって報告書を作成し、自由権規約委員会での審査のために提出してきた。

それらを順に見ていくと、まず第一回報告書における緊急事態にかかる記載は次のようなものであった。「国内法上、〔第四条〕第一項に規定されている公けの緊急事態において基本的人権を制約するような特別な措置は何ら規定されていない。そのような緊急事態が発生した場合は、わが国は、本規約及び憲法に従い、適当な措置をとるであろう。」第二〜四回定期報告書における記載も第一回報告書とほぼ同一である。ところが、二〇〇六年に提出された第五回定期報告書の記述は、以下のとおり、一転して厚みある内容となった。

「我が国においては、緊急事態が発生した場合においても、憲法及び本規約に従った措置が講ぜられることになる。我が国の平和と独立並びに国及び国民の安全を確保するため、武力攻撃事態等（武力攻撃事態及び武力攻撃予測事態）への対処について、基本理念、国、地方公共団体等の責務等基本事項を定めることにより、対処のための態勢を整備することを目的として、二〇〇三年六月、武力攻撃事態等における我が国の平和と独立並びに国及び国民の安全の確保に関する法律（以下「事態対処法」という。）が成立した。また、武力攻撃事態等において武力攻撃から国民の生命、身体及び財産を保護し、並びに武力攻撃の国民生活及び国民経済に及ぼす影響を最小にするため、国、地方公共団体等の責務、国民の協力、住民の避難に関する措置、避難住民等の救援に関する措置、武力攻撃災害への対処に関する措置について定めることにより、事態対処法と相まって、国全体として万全の態勢を整備することを目的として、二〇〇四年六月、武力攻撃事態等における国民の保護のための措置に関する法律（以下「国民保護法」という。）が成立し、同年九月一七日に施行された。

事態対処法では、武力攻撃事態等への対処においては、憲法の保障する国民の自由と権利が尊重されなければならず、これに制限が加えられる場合にあっても、その制限は当該武力攻撃事態等に対処するため必要最小限のものに限られ、かつ、公正かつ適正な手続きの下に行われなければならず、この場合において、憲法第一四条（法の下の平等）、同第一八条（奴隷的拘束及び苦役からの自由）、同第一九条（思想及び良心の自由）、第二一条（集会・結社・表現の自由、通信の秘密）その他の基本的人権に関する規定は、最大限に尊重されなければならない旨規定している。また、国民保護法でも、基本的人権の尊重について、武力攻撃事態対処法と同様の規定があるほか、国民の権利利益の迅速な救済について規定している。」

その後、二〇一二年に提出された第六回定期報告書は、「これまでの報告のとおり。」とあっさりした記述になっている。

これら一連の報告書は、緊急事態に対する実務的な関心が二一世紀に入って急速に深まっていることを示唆している。もっとも、自由権規約委員会に提出された報告書には、武力攻撃事態法、国民保護法への言及があるのみだが、実のところ、日本には、これら以外にも、緊急時に対処するための備えが、自衛隊法、警察法、災害対策基本法、土地収用法（第三節）、災害救助法、水防法、感染症法、原子力災害対策特別措置法など多くの法律の中におかれている。（非立憲的で違憲というべき二〇一五年可決の安保関連法群もこの中に加えられる。）

ブリティッシュ・コロンビア大学の松井茂記が解説するように、「日本国憲法のどこにも…緊急権についての規定はなく、むしろその全体の構造からみる限り、憲法は、緊急時の対処については国家が法律であらかじめ定めておくことを想定しているものと思われる」（『日本国憲法　第三版』〔有斐閣、二〇〇七年〕）のだとすれば、まさしくそのとおりというべき一群の法律が存在しているのが実態である。そして、日本の第五回定期報告書も記すように、これらの法律が基本的人権の保障に少なからぬ影響を及ぼすことはいうまでもない。

たとえば、災害対策基本法第六三条は「災害が発生し、又はまさに発生しようとしている場合において、人の生命又は身体に対する危険を防止するため特に必要があると認めるときは、市町村長は、警戒区域を設定し、災害応急対策に従事する者以外の者に対して当該区域への立入りを制限し、若しくは禁止し、又は当該区域からの退去を命ずることができる」と定めるが、これによって人々の移動の自由は明らかに制限される。

看過できないのは、その災害対策基本法はもとより、武力攻撃事態法、国民保護法など、緊急時への対処を想定した日本の現行の法律群が、自由権規約との適合性を踏まえた仕様になっておらず、その実施にあたっても、国際法上の要請が考慮されているようにはまったく見受けられないことである。自民党作成の「草案」の緊急事態条項が自由権規約との整合性への関心を欠く独善的なものであることについてはすでに述べたとおりだが、「草案」を語る以前の問題として、緊急時への対応を予定されている現行の諸法自体が、人権保障にかかる国際的視点を備えていないといわざるをえない。

緊急時には常に行政権の肥大化による重大な人権侵害の危険が随伴する。このゆえに、国際法上、緊急事態については厳格な規範的縛りがかけられており、現に六つの実体的・手続的要件が課せられていることは先述したとおりである。だが、緊急時の対応にかかる日本の現行法制は、こうした国際社会の規範的要請をまったくといってよいほど視野に入れていない。災害や武力攻撃・存立危機事態等における人権保障については、「最大限の尊重」という空疎な言を出ることがない。上記第五回定期報告書が語る「国民の権利利益の迅速な救済」など、現在の司法・立法機関の体たらくでは現実化しようがないといって過言であるまい。

早稲田大学教授の長谷部恭男は「裁判所の権限の根底的な強化がなければ、他のまっとうな立憲主義諸国とは比較にならないお粗末な緊急事態法制になってしまう」（『世界』二〇一六年一月号）という。同感だが、すでに現状にあっても、緊急時に対処するための日本の法制はお粗末というしかない。お粗末とは、行政権の放恣による重大な人権侵害の危険性が現実のものとしてある、ということである。憲法への緊急事態条項の挿入は、その危険性のレベルを最上限にまで引き上げるものにもほかならない。司法と行政の区分けがつかないほど裁判所の有効性が疑わしいこの国であればこそ、その帰趣には怖気にも似た感を覚えずにはいないところである。

五　国際的潮流を踏まえる

アガンベンのいうように、二一世紀の世界に広がりゆく言説は、「例外状態」の常態化を求める様相を強めている。ひたぶるに脅威があおられ、例外であるべき緊急事態が日常を侵食していく。武/力の蔓延、国家情報の秘匿、人々の監視、自由の抑圧といった不祥の事どもをすべて包み込む緊急事態言説には、だからこそ、いっそう精細な警戒心を欠かせない。

国際法は、人類社会の歴史的経験に照らし、規範的統制を意識的に強めており、その潮流は疑いなく緊急事態を封じ込める方向に進んでいる。別して言えば、緊急事態を理由にした人権保障の停止は、国際法上は、例外としてすら認められる余地が減じられているということである。実際のところ、各国の例を見るに、緊急事態が宣言されると身体の自由の保障が停止されることが多いが、欧州人権裁判所や米州人権裁判所は、その必要性を明瞭に否定する判断を示してきている。日本では、刑事手続上も入管法上も身体の拘束が容易にかつ長期間にわたって認められることが通例なのだから、緊急事態を宣言して身体の自由の保障を停止することはそもそも必要ないということにもなるだろう。

また、人権の中には、拷問禁止規範のようにいかなる制限も許さない（したがって、緊急時であってもいっさいの制限が認められない）ものがある一方で、移動の自由など少なからぬ人権は必要に応じて一定の制限を課すことを合法的に認められている。このため、激甚災害のような事態に移動の自由などを規制するには、その合法的な制限事由を適切に適用すれば足りるのであって、わざわざ緊急事態を援用するには及ばない。国際人権機関はそうした基本認識を示してきている。

もとより、憲法に緊急事態条項が挿入されることそれ自体は国際法によって禁じられるわけではない。しかし、緊急事態における人権保障のあり方に、国際法は強度の規範的な統制を課している。その含意は、緊急事態を理由にした人権の蹂躙をけっして許容しないということであり、さらにいえば、人権保障水準を劣化させる緊急事態法制そのものに懐疑的だということである。

緊急事態条項を論ずるにあたっては、国際（人権）法のこうした規範的現状を精確に踏まえることを怠ってはならない。「草案」に決定的なまでに欠落しているのはこの視点である。

III

差別・抑圧に抗する

11

〈朝鮮学校の無償化〉問われるのは私たちの姿勢
――ただちに法律適用を

すべての高校生の経済的負担を減らし、教育の機会均等を図る高校無償化法が施行されて、四月で二年を迎える。

同法が画期的だったのは、各種学校である外国人学校を指定対象に加えたことだ。現在までに、三七の外国人学校の生徒に就学支援金が支給されている。

日本で生活する子どもたちに、国籍にかかわりなく学習権を保障する同法は、多様な人間が社会で共に生きるための大切な理念を体現している。

ところが、平等精神に貫かれるべきこの法律が、朝鮮学校にだけ適用されないままにある。朝鮮学校とは、日本の植民地支配下で抑圧されていた民族の言葉や文化を取り戻し、伝える場として在日朝鮮人が第二次大戦後に設立したもので、高校は全国に一〇校ある。

朝鮮民主主義人民共和国（北朝鮮）と外交関係がないことなどから別扱いにされた朝鮮学校について、文部科学省は二〇一〇年一一月五日、法律適用の基準と手続きを明らかにした。教育内容には立ち入らず、高校の課程に類する課程であるかどうかを制度的、客観的に判断する旨が示された。

これに従って各地の朝鮮学校はすべて申請を済ませたが、同月二三日、朝鮮半島で起きた砲撃事件を理由に審査は突如停止された。昨年八月に再開されたものの、今日に至るもたなざらしである。

外国人学校の取り扱いは外交上の配慮などにより判断すべきでないという政府統一見解にもかかわらず、外交的思惑が影を落としていることは紛れもない。北朝鮮との非正常な関係が、そのまま朝鮮学校の扱いに映し出されている。

だが、この法律が支援の対象にしているのは、国でも学校でもなく、一人一人の生徒のはずだ。実際には韓国籍も多い朝鮮学校の生徒たちをひとくくりに北朝鮮に結び付けてしまうのは短慮にすぎるが、それ以上に、外交的配慮による不平等な取り扱いは、基本的人権の観点からおよそあってはならないことである。

すべての子どもたちへの差別なき学習権の保障は、憲法のみならず人権条約によって日本に課せられた明白な法的義務である。

朝鮮学校に対する差別的処遇はこれまでも国際的に重大な懸念を呼んでおり、事態を是正するよう求める勧告が人権諸条約機関から次々と寄せられてきた。

一〇年三月には、人種差別撤廃委員会が懸念を表明し、日本政府にユネスコ教育差別禁止条約への加入を奨励するに及んでいる。

問われているのは、北朝鮮の振る舞いではない。日本の中で生きる子どもたちを等しく処遇できない、私たち日本人自身の姿勢である。

高校無償化法の不適用は、朝鮮学校の生徒の尊厳を傷つけるとともに、日本の国際的信頼を損ねている。

それはまた、公正な世界を希求する多くの人々の思いを踏みにじり、日本社会の精神の基層にも深い傷を広げてきたのではないか。

近代日本の歩みに思いを寄せるとき、朝鮮学校の処遇には重い歴史の責任が伴っていることも忘れてはなるまい。この不条理に、ただちに終止符を打つべきである。

12 差別的言動の法的規制

一

二〇一六年六月三日、「本邦外出身者に対する不当な差別的言動の解消に向けた取組みの推進に関する法律」(ヘイトスピーチ規制法)が施行された。同法は、保護の対象を本邦外出身者に絞り込むだけでなく、適法居住要件も付加し、さらには、本邦外出身者に対する不当な差別的言動を違法と明言せず、罰則も伴っていないことから、その実効性に重大な疑念を抱えての施行であった。とはいえ、特定の属性を有する人々への攻撃的表現に規制を及ぼす点において、同法が画期を成すものであることには相違ない。

同法の成立前の三月、法務省人権擁護局はヘイトスピーチに関する委託調査結果を発表していた。その中では、二〇一二年四月から二〇一五年九月までの間にヘイトスピーチを伴うデモ等が全国で一一五二件発生したことが明らかにされている。ヘイトスピーチの存在を認めることに消極的であった日本政府の姿勢に照らしてみるに、この間の事態の推移には瞠目すべきものがある。

もとより、強度の人種差別的言動・行為については、京都朝鮮学園事件京都地裁判決以降、毅然たる司法判断が示されるようになっていることも周知のとおりだが、ヘイトスピーチ規制法施行前日にも、横浜地裁川崎支部において重要な仮処分命令が下されている。これは、川崎市の在日集住地域を狙った連続的なヘイトデモを阻止するためになされた申立てを受けてのものであった。

同決定は、憲法一三条に由来する平穏に生活し／事業を行う権利としての人格権を中核に据え、ヘイトスピーチ規制法に該当する差別的言動により本邦外出身者の人格権が侵害され、著しい損害が生じる現実的な危険性があり事後的な権利回復も困難であるとして、債権者の事務所から半径五〇〇メートル以内でのヘイトデモ・徘徊を禁じるに及んだ。

同決定はまた、表現の自由等との調整について、被侵害権利の種類・性質と侵害行為の態様・侵害の程度との相関関係において違法性の程度を検討するとしたうえで、人格権が憲法・法律によって保護される強固な権利である一方、侵害行為たる差別的言動の違法性は顕著であり、憲法の保障の範囲外であることは明らかであって私法上の権利の濫用といえる、と判じている。刑事事件が先行していたわけではないことや徘徊まで禁じたところも注目される。ヘイトスピーチ規制法の効果が早々に感得できた一件といってよい。

同決定で禁じられたデモは六月五日に予定されていたものだが、裁判所の判断に先立ち、川崎市長も、当該デモ主催者による公園使用申請について、市都市公園条例に基づき「市民の安全と尊厳を守る観点から」不許可としていた。同条例三条四によれば、市長は「都市公園の利用に支障を及ぼさないと認める場合に限り」集会等の利用を許可することになっている。ヘイトデモにかかる前例なきこの不許可判断の背景にも、ヘイトスピーチ規制法の存在があったことはいうまでもない。

なお、神奈川県公安委員会・県警はこのデモについて県公安条例に基づき道路使用を許可しており、そのためデモそのものはコースを変えて決行されることになった。だが、当日に千人規模の市民が反対の声をあげて進路に立ちふさがったことから、デモは結局一〇メートルほど進んだところで、警察の要請もあって、主催者判断により中止となった。

地方自治体レベルでは、大阪市のヘイトスピーチ対処条例が七月一日に全面施行されたが、二〇一三年以来ヘイトデモの場となってきた川崎市でも、ヘイトスピーチの撤廃に向けた市民からの働きかけが大きなうねりとなっていることがうかがえる。地方自治体に対して必要な体制整備を求めるヘイトスピーチ規制法の施行もあり、国のみならず地方自治体の果たすべき役割がますます問われる状況になっている。

二

差別的言動の法的規制は、国際人権法が強く要請するところでもある。ただし、その要請は包括的な（人種）差別撤廃の中に位置付けられており、かつ、第一義的に公的機関に向けられていることを改めて確認しておく必要がある。公人による第三国人発言や差別的デマ、さらには朝鮮学校の合理的根拠なき別異処遇などはまっさきに非難され、是正されるべきものにほかならない。

差別的言動の法的規制については、公権力による表現の自由の恣意的抑圧につながりかねないという懸念が表明されてもきた。私自身も、こうした懸念を強く共有しつつ、しかし、人権諸条約の締約国として、日本もまた差別的言動にかかる国際人権法上の規範的潮流を十分に念頭においた法実務のあり方を追求していくべきものと考える。人種差別撤廃条約については裁判でも取り上げられることが増えてきていることから、ここでは、「市民的及び政治的権利に関する国際規約」（自由権規約）二〇条をめぐる規範状況について記す。

同条は、戦争のためのいかなる宣伝も法律によって禁止するよう求める第一項に続けて、第二項で次のように規定している。「差別、敵意又は暴力の扇動となる国民的、人種的又は宗教的憎悪の唱道は、法律で禁止する」。ナチス・ドイツによる人種差別がもたらした「最終解決」と、暴力の究極的形態たる戦争の記憶を深く刻印した自由権規約は、すべての人間が平等で、かつ人間の尊厳をもって生きる権利を有していることを謳いあげた。戦争宣伝と憎悪唱道の禁止を求める第二〇条は、格別の規範的重みを与えられた平等と生命権の破壊につながる要因を根本から撲滅するために定立されたものにもほかならない。

その規定ぶりから明らかなように、第二〇条は表現の制限に直接に関わっている。表現の自由それ自体は、自由権規約一九条に一般的な定めがあり、履行監視機関である同規約委員会も、二〇一一年に採択した一般的意見三四により同条の解釈指針を包括的に提示している。その一般的意見を通じ、さらには個人通報事例を通し、同委員会は、第二〇条の禁止する宣伝・唱道が第一九条三項の規定する表現の自由の正当な制限に当たるとの解釈を何度となく示してきた。

もとより、表現の自由の制限は厳格な基準によってその条約適合性を審査されるべきものだが、第二〇条は、表現の自由の制限というにとどまらず、そこからさらに踏み込んで、特定の憎悪の唱道等を法律（刑法に限定されない。）によって禁止するよう締約国に求める規定である。この立法義務には、「状況により必要とされるときは」などといった条件は付せられていない。加えていえば、第二〇条の課す義務は、「差別、敵意又は暴力の扇動となる国民的、人種的又は宗教的憎悪の唱道からの自由」と呼ぶべき独立した人権規範の存在を内在させていると解されるようにもなっている。この自由は、社会的被傷性の強いマイノリティが人間の尊厳をもって差別なく生を営むための前提というべきものである。

もっとも、第二〇条の起草過程では、規制を推進する勢力とこれに警戒的な勢力との間で東西冷戦のイデオロギー的対立がくっきりと浮き上がっていた。その対立構造がこの条項の行く末に不祥の影を落としていくことにもなるのだが、しかしそれ以上に、両者の対立には概念上の難問が複層的に随伴してもいた。規約発効後の各国の法実践も併せ見るに、とりわけ第二項について概念的対立は次の局面で生じてきたことがわかる。

第一は「敵意」や「憎悪」といった客観的定義に馴染みにくい感情的要素を法的規制の対象とすることの是非であり、第二は「唱道」という語に込められた「憎悪」と「差別…の扇動」との因果関係を見極めることの困難さをめぐってである。

第三に、第二〇条二項については、より根源的な次元で概念的な錯綜性を見て取れる。憎悪唱道の禁止は、メッセージの送り手と受け手の自由・平等をどのように調整するかということにかかわるが、それは、送り手の表現の自由を受け手の保護のために制限するという単純な図式によって理解されるべきものではない。憎悪唱道は、その暴力的言辞によって受け手の表現の自由を封殺する効果をもたらす。送り手の表現の自由を制限するのは受け手の表現の自由を確保するためでもある。つまり、両者が平等に自由を行使できる条件を確保することが求められるのだが、肝心の平等確保をいかに成し得るのかはけっして一義的に明瞭なわけではない。その難しさは憎悪唱道の禁止が集団的側面を有していることによっても増幅される。保護の主体は個人に限定されるのか、集団自体も含むのか。さらには、集団のアイデンティティを構成する特徴（宗教や信念）への攻撃も保護の対象になり得るのかという問いも提起される。

この難題は、第四に、憎悪唱道の規制が前提にする人間あるいは社会モデルをどのように設定するかという本質的な側面にも関わらざるを得ない。表現の自由の規制を嫌う最も典型的な議論はリバタリアン／個人主義的なモデルに基づくものであることはいうまでもないが、第二〇条二項にはマイノリティの保護に向けた平等主義モデルや集団性とのかかわりが照らし出すコミュニタリアン・モデルも投射されている。こうした、人権を支える根幹となる部分における概念的不一致も規範認識上の対立を生み出す重大な淵源となってきた。

三

前述のとおり、自由権規約委員会は一般的意見や個人通報事例等を通して、第二〇条に関する権威ある解釈を示す機会を有してきた。同委員会によれば、第二〇条二項に該当する行為は表現の自由を正当に制約するものであり、また、特定の集団に属する個人のみならず集団そのもの（ユダヤ人等）も保護を受け得ることが明言されている。原理主義的なリバタリアン／個人主義的なモデルが自由権規約にそぐわないことははっきりと確認されている。

もっとも、同規約委員会は第二〇条を第一九条の表現の自由の制限の枠内で語ることに注力し、第二〇条そのものの精錬作業を回避してきたところがある。敵意、憎悪、扇動、唱道といった鍵概念については、その内実についての判断を基本的に各国に委ねてきたといってよく、国際的な共通理解に資する認識枠組みの提示は必ずしもなされてこなかった。ヘイトスピーチにかかる鍵概念の明晰化に消極的であった点は、人種差別撤廃条約の実施を監視する人種差別撤廃委員会にしても、国際人権保障において先端的な営みを重ねる欧州人権裁判所にしても同様である。

ヘイトスピーチの国際的規制をめぐる事態をいっそう複雑にしているのが、イスラム恐怖症と称される事態の顕現である。二一世紀に入って世界を覆った「対テロ戦争」がその病弊に輪をかけている。この戦争は、欧米諸国においてイスラム教／徒に対する極端な憎悪あるいは恐怖を掻き立てる動因となった。そうしたなか、国連人権理事会はイスラム諸国の主導の下、二〇〇七年に「補完的基準の作成に関するアドホック委員会」を設置し、現行法のギャップを埋めるべくヘイトスピーチの規制を法的に強化する作業を開始した。この作業自体は二〇〇一年ダーバン宣言・行動計画を受けてのものでもあるが、しかし保護の対象を人間（個人・集団）を超えて宗教そのものにまで広げようとする主張にはアフリカ諸国を除きＮＧＯや専門家の間でも支持が広がっておらず、その行方はまったく不透明である。

とはいえ世界にますます広がるヘイトスピーチが国際人権法上の喫緊の課題となっていることには変わりなく、そこで国連人権高等弁務官事務所は二〇一一年に世界四地域で専門家ワークショップを断続的に開催し、その成果を二〇一二年一〇月五日に「差別、敵意又は暴力の扇動となる国民的、人種的又は宗教的憎悪の唱道の禁止に関するラバト行動計画」として採択するに至った。そこに記されているのは、立法、司法判断、政策立案にあたって各国が依拠すべきガイドラインであり、特に自由権規約二〇条二項について共通の指針を示すことに主眼がおかれている。

このうち立法にあたって、各国は、二〇条二項の文言に明示的に言及することを求められ、また、鍵概念の定義については国際人権ＮＧＯアーティクル19が二〇〇九年に作成した「表現の自由と平等に関するカムデン原則」に依拠することが推奨されてもいる。ヘイトスピーチの「敷居」を実務においてどう見極めるかも、具体的な要素を通じて説示されている。

いうまでもなく、日本には独自の法的文脈があり、ヘイトスピーチの規制についてもこれを離れて議論することは非現実的である。しかし事は同時に日本を拘束する国際人権法上の問題でもあり、現に、国際社会では多くの法的議論が蓄積されてきている。六月三日に施行された法律により本格的に始まった日本におけるヘイトスピーチの規制にあたっても、そうしたグローバルな法的潮流を適切に考慮に入れることを怠ってはなるまい。

13 国際人権法と沖縄の未来

私は一九八〇年代前半から大学院で国際法や人権を研究してきました。特に難民や外国人の権利の問題に関わってきましたが、九〇年代からは戦後補償、「従軍慰安婦」の問題に力点を置いてきました。そうしたなかで「どうして正義がなかなか実現しないのか」「どうして法はいつも私たちを裏切るのか」と、法を研究しているのになかなか法が信じられない思いを重ねてきました。それでも、法がもし私たちの役に立つ可能性があるとしたら、どうやってその可能性を大きくしていくことができるのか、そういう思いでこれまで研究し実務に関わってきました。

二　日本法における人種主義《レイシズム》の深度

法が私たちにふりかかってくる不正義を振り払い、あるいは社会をより良くしていくにはどのようなやり方があるのか。これを考える前に、まず認識しておかなくてはならないのは、法は人間の経験がつくるものだということです。人間の経験が法の生命線であると言われています。法は論理の世界というより人間の経験の世界です。もちろん表面的には論理を語るのですが、究極的にはどのような価値を実現しようとしているのかが、法の生命線なのです。誰が作り、誰が法を運用しているのか、いったい誰の経験、どんな人間の経験が法に託されているのかがとても重要になってきます。法が私たちを裏切る場合、その法が打ち出している、あるいは法が担っている人間の経験は、ひょっとしたら私たちの普段の経験とは違う経験をしてきた人間のものかもしれない。そうした思いが強くなったのです。

どの国でもそうですが、憲法は人権を保障する条項を持っているにもかかわらず、価値的にひじょうに偏った形で運用されてきています。どの国の法を見ても、人種主義（レイシズム）を免れていません。つまり「人間の価値を守る」と抽象的に書かれていますが、特定の集団の利益をかなり優先的に打ち出す形で運用されてきている実態があります。それは日本国憲法も例外ではありません。

日本における法は、ヨーロッパやアメリカ、インドや韓国に比べても現状維持の力学が強く働き、同時に形式的な合理性をとても重視する考え方があります。法が日本ではあまり身近なものに感じられて来なかったのは、法が官僚機構の独占物とされてきたところがあったからではないかと思われます。統治のため、支配のために法が存在するのであって、人間の生活を守り人間の権利を実現するために法がどうあるのかという形で問題提起されてくることがあまりなかった。大学の授業でも、法を学ぶ人たちは官僚的な視点で学んできたわけです。官僚的な視点で法が語られ法が作られていることからすると、法というものが一般の市民、そのなかでもとりわけそれを必要としている人びとに届かないようになっていることは容易に理解できると思います。

日本の法は憲法をはじめとして見かけ上は中立的になっていますが、実際には「日本国民」を中心に法が作られています。憲法では「すべての人の権利を守る」と言いますが、現実には日本国民の権利を優先的に守る形で運用されてきています。出入国管理や国籍に関する法なども、日本の国民を中心に、国民の利益を実現することが最優先の課題になっています。このような考え方を裏付けるものとして、「日本人は本質的に他の人とは違うアイデンティティを持っているのだ」という考え方が、日本の法を司る人たちの背後にもあるように思えます。

また、「国民」のなかでも、どんな国民の利益を優先的に守るのかでも違いが見えてきます。日本のなかでもさまざまな差別が存在しています。その差別がなかなか法によって救済されてこない。誰の、どんな集団の利益が実現されていないのか。どんな集団の利益が実現されているのか。それを考える事で、日本のなかで法が実に不平等に作用してきたことがわかります。いろんなところに差別の構造がありますが、たとえばひとつの例として、日本国籍を持つ人のなかでも和人とアイヌの関係があります。多数集団である和人とアイヌの関係は明らかに不平等で、日本の法は和人に有利に働くように作られてきました。そして、琉球・沖縄との関係で考えると、内地、日本本土の人たちと琉球・沖縄の人たちの関係において、同じ日本国籍を持っているといっても、やはり本土に有利な形で法ができています。

このように人間のなかで「国民」と「国民でない人」、国民であっても和人とアイヌ、ヤマトと琉球・沖縄と、いろんなところで分断線・境界線を引き、特定の集団に有利なように法が働いている。こういう現象を「人種主義的な法の運用」と言います。この人種主義は日本に限らずどの国の法でも共通して見られますが、日本の場合特徴的なのは、日本が人種差別的な国であると公然とは語られてこなかったことです。「日本は比較的人種差別の無い国だ」とか「差別が少ない国だ」という言葉はよく聞きますが、実際には様々な人種主義的側面が、中立であるべき法にはっきりと見て取れることはあまり語られてきていません。アメリカやオーストラリアなどの法は同じく人種主義的ですが、そのことが強く批判されてきました。しかし日本ではなかなかそうした議論がされてきていないところに、マジョリティ、支配的集団の力が圧倒的に強い現実が現れていると思います。

このような人種主義の背景には、植民地主義的な考え方があります。かつて植民地として支配されていた側と支配していた側との関係性が形を変えて続いていることが、人種主義的な現象に連なってくるのです。日本の領域が明確化されたのは一九世紀後半ですが、今日に至るまでその領域は縮んだり大きくふくらんだりしてきました。二一世紀の今日、日本の抱えている領土問題を考える時に、国際法や社会科の教科書を見てもいつも出てくるのは北方領土、韓国との境界にある竹島の問題、そして中国との境界にある尖閣諸島、この三つです。しかし、この三つに加えて考えなければならないものの代表が、北海道と呼ばれている所であり、沖縄です。日本の領土問題として、北方領土や竹島、尖閣諸島以外に、北海道と琉球・沖縄の問題が語られてきていない。あたかもそこに支配――服従の関係が無かったかのようされているところに、「隠された人種主義」、もっと言えば「形を変えた植民地主義」の形を見て取れます。

人種主義は歴史を背負って生まれてきます。マジョリティとマイノリティの関係は突然出てくるのではなく、歴史的な背景をもって常に出てきます。それを覆い隠そうとしながら、しかし実際にはマイノリティの側に不利な状況がずっと続いていく事態を、「人種主義的な現象」と言いますが、これは歴史の問題と不可分ですので、過去の不正にいかに向き合えるかによってしかこの人種主義的な問題を解消することはできません。アイヌ、そして琉球・沖縄の問題に関しても、きちんとした歴史、過去の不正と向き合うことによってしか、人種主義的な法の問題も解消できません。きちんと歴史を認識することこそが法のあり方を正していくことに繋がっていくのです。

二　変革の方法

では、法の世界でこうした人種主義的な考え方を無くしていくには具体的にはどうしたらいいのか。法は人間の経験によって作られるわけですから、誰の経験が法を作っているのかに着目し、法の担い手を変えていく必要があります。

アメリカでは黒人に不利に法が運用されてきました。そうした中で、アメリカの法をどうしたら変えていけるかという研究が長年にわたって続けられてきました。その代表的な研究者であるマリ・マツダさんは、「物質的富も政治的な力も持たない人びとにも思考と言語への権利があり、彼らがそうした道具を開発した場合、それらはより特権的な人びとの思考や言語とは異なるものとなるであろう」と言っています。つまり、別の価値観を持った人たち、別の経験をした人たちを法の世界にたくさん送り込んでいくことによって、法のあり方を変えていかなければならない、ということなんです。そして黒人の人たちを高等教育、大学教育や法の世界に送り込んでいくことが積極的に行われるようになっていきます。

法の担い手を変えていくためには、マイノリティの側から多くの担い手を出していくことが必要になってきます。現時点の日本の法の教育は、マジョリティの側がこれを担い続ける体制が続いているので、人種主義的な日本の法のあり方を法の内側から変えていくのはなかなか難しい状況が続いています。それは憲法も同じで、憲法をいったい誰が担っているのかを考えた場合、その担い手は日本のマジョリティである場合が圧倒的ですので、やはり憲法にも人種主義的な運用の仕方がでてきてしまう。従って、法の担い手を変えていくためには教育が非常に重要になってきます。

同時に、日本の中の状況を変えていくために、グローバルな潮流にこれを連動させていく、つまり国際法のシステムを使って日本の内側の法のあり方、状況を変容させていくことが、可能性として考えられます。私は八〇年代前半から研究してきましたが、どうやって変えていくかを考えた場合、国際的な仕組みが一つの可能性としてそこにそびえ立っていたという実状があります。

国連を中心とする国際的な人権保障の潮流は、日本の国内で考える以上にダイナミックであり、リベラルで進歩的です。日本の国内で閉塞的な状況が続いていくなかでは、日本もその一員である

「国際社会」全体のなかで、日本の状況を捉え直すことで事態を変えていく切り口を見つけられるのではないか。それを可能にする状況が国際社会では拡がっており、今後ますます拡がるだろうと思っています。

日本の国内の人権を実現することが難しい場合に、国際的な人権保障の潮流を踏まえて、それを日本の国内に流し込んでいく営みがとても意味あるように感じることがあります。特に難民や外国人の権利、そして戦後補償、特に日本軍性奴隷制つまり「従軍慰安婦」といった、日本国内の論理だけではどうにもうまくいかないときに、国際的な仕組みに問題を結びつけることで多くが救われることを少なからず経験してきました。

国際人権法は、社会的に不利益を被っている側が社会を変革していくために、あるいは不正義に抗するために活用されてきました。人々の抵抗を正しいものであると刻印するのです。国際人権法は、強者・統治者の論理ではなく、人権を真に必要としている人たちの権利を実現するために作り上げられてきており、官僚や統治者の論理とはほど遠い。ですから、国際人権法の論理を大いに活用していくのは、閉ざされがちな日本の法のあり方、人権状況を変えていく上で、とても有用なことと思います。

三　国際法における脱人種主義の相貌——抵抗の拠点としての国際人権法

国際人権法は、つい最近になって力を持ち始めたものです。実際には、国際法もまたひじょうに人種主義的であり、国際社会で優位な立場にある人びとに有利に作用する状況が長きにわたって続いてきました。

国際法は世界全体の法ですが、きちんとした形に整備されたのは一九世紀になってからです。当時の国際的な状況は、まさに強者の支配であり、差別と暴力にまみれたものでした。植民地支配、植民地主義を正当化することが国際法の使命だったのです。三つのCと呼ばれる「キリスト教Christianity」「商業Commerce」「文明化Civilization」を世界に押し広げていく、そうした営みを正当化する役割を担っていました。力による征服は国際法により正当化されていた。力の行使を行ってきたのは西洋人であり、アジアやアフリカ、ラテンアメリカに住む人びとは、西洋の植民地として支配される。もともとそこには大勢の人々が住んでいるのですが、その「先住民族」を屈服させることを正当化する法として国際法が形を整えられたのが一九世紀のことでした。その「西洋」に、日本も一九世紀の終わりには加わることになりました。そうした強者の論理を支えるのが国際法であり、そこには人権を保障するなどという考えはありませんでした。

国際法は植民地支配を認めており、人間が平等であるという考え方には基づいていませんでした。「文明」を持っている人と持っていない人のあいだで人間は区別される。文明を持っていない人に文明をほどこすのは良いことであり、それを国際法はサポートするという考え方を持っていたわけです。そういう意味で国際法は人間を平等に考えておらず、当然そこには「人権」という考え方はなかったわけです。文明を持つ側の価値を推進していくのが国際法であり、そこには「全ての人間は人として平等である」という人権の考え方が入る余地はありません。実際には人間がさまざまなところで不利益を被っていましたが、それはそれぞれの国のなかの国内問題ということで国際法はあずかり知らないという立場を貫いていました。これを「国内問題不干渉原則」と言います。そして、一旦出来上がった国境は変更できない。つまり国家は一旦できあがればそのままであり新しい国ができることはない。国家を担う人びと、国家の政策決定エリートの立場を、国際法は連綿とサポートしてきたのであり、ひじょうに暴力的で強者の論理を湛えているのが国際法であったわけです。

国際法のなかから人権を主張する立場が出てきたのは二〇世紀に入ってからで、特に二〇世紀中頃、第二次世界大戦を経て後に、人権を保障する考えが国際法の中に入ってくることになりました。「人権」とは文字通り「人の権利」であり、人が人であることを理由として全ての人が持つ権利です。人間には人類が発祥してからの何万年という歴史があります。しかしこの人類の長い歴史のなかで、「全ての人が人権を持つ」という考え方がこの地球上に生み出されたのは一八世紀の後半になってからです。そして、全ての人間は人権を持つという考え方が本当の意味で世界に行きわたるようになったのは二〇世紀の後半になってからと言っていい。日本でも、「日本国憲法」を通じて「基本的人権」という考え方を初めて公式に持つようになったわけです。昔から「人権」という考え方があったわけではなく、「人権」は人類の歴史のなかでは本当に最後の瞬間に近いところで生み出されたものであり、文明人／野蛮人と人間を区分するものではなく、地球上どこに住んでいても同じ価値を持つという考え方がはっきりとこの地球上で認められるようになったのは、たかだか六、七〇年の歴史しかないのです。

四　変革への規範的潮流 ── 多元的価値の制度的是認

第二次世界大戦を機に国際連合（国連）が作られ、国連の最も大切な目的のひとつに「人権擁護」が挙げられました。同時に国連は、もう一つのとても大切な価値を国際的に拡げていく役割を果たしてきました。その価値とは「力によって支配することは認めない」ということです。つまり、暴力によって支配を拡げていく植民地主義的考え方を認めない、というスタンスを国連は打ち出しました。具体的には、武力行使、武力による威嚇を認めない、という考え方を「国連憲章」によってはっきりと打ち出しました。

一九二〇年代にいたるまで戦争は認められていましたし、力によって支配することが国際法によって認められていた。それが二〇年代頃から少しずつ変化して、一九四五年の「国連憲章」では、脱暴力の考えがはっきり打ち出されるようになりました。暴力によって支配することを認めていた国際法が劇的に変化していく象徴が、「脱暴力」を示す「武力行使、武力による威嚇の禁止」に現れ出たわけです。武力によって支配されていた側、武力による威嚇を受けていた側の声が大きくなってきたことが、その背景に見て取れます。

力による支配を認めないということの結果、植民地主義も国際世界からは正当性を失うことになります。一九六〇年に「植民地独立付与宣言」が国連で作られますが、それが典型的に示しているとおり、植民地支配は違法という考え方が国連のもとで明確にされていくわけです。

植民地独立付与宣言（一九六〇年採択）

一条　外国による人民の征服、支配および搾取は、基本的人権を否認し、国際連合憲章に違反し、世界の平和および協力の促進に障害となっている。
二条　すべての人民は、自決の権利を有する。この権利に基づき、すべての人民は、その政治的地位を自由に決定し、並びにその経済的、社会的地位及び文化的発展を自由に追及する。
五条　信託統治地域及び非自治地域はまだ独立を達成していない他のすべての地域において、これらの地域の住民が独立及び自由を享受しうるようにするため、なんらかの条件又は留保もつけず、その自由に表明する意識及び希望に従い、人種、信条又は皮膚の色による差別がなく、すべての権利を彼らに委譲するため、速やかな措置を講じる。

これは、武力行使を認めない、力による支配を認めないという考え方と密接に関係を持った出来事です。そして、植民地支配を認めないということは、「人間は平等である」という考えに裏付けられていますから、当然に人種差別も認めないということになります。それが「人種差別撤廃条約」という形で一九六五年にはっきりと謳われることになりました。

植民地主義や人種差別を認めないという考え方を強く押し進めたのは、植民地として支配されていた側です。今で言う「発展途上国」の側から、これを国際法のルールとしようと打ち出されてきた考え方です。暴力による支配を認めない、植民地支配を認めない、そして、全ての人間は平等であり人種差別は認めない。これは今ではあまりにも当たり前に思えるかもしれませんが、人類の歴史、国際法の歴史を見ても、斬新なことだったわけです。

こうした流れの中で、それまでは国際法は国家、もっと言えば各国の政策決定エリートたちの談合のような形で作られてきたわけですが、そうではなく、国家や政府ではなくて、各国の中で生きている人間を中心にした人間の利益を守る法として、国際法を根本から書き換えていくべきだという考えが、国連憲章のもとでどんどん大きくなってきました。人間の中に文明人と野蛮人という価値の優劣がつけられる存在はない。人間は多様であり多面的な存在だけれども、その間に優劣があるわけではない。価値的に人間は平等であるという考え方が、国連憲章のもとで様々な条約をとおして具体化されていくことになります。そうしたものの総体として、つまり国際法のなかで人権を守ろうとする条約や制度の総体として呼ばれるようになったのが「国際人権法」です。国際人権法は、長い歴史を持つ国際法のなかでも二〇世紀後半以降になってようやく生み出され、一九八〇年代以降に名前が定着するようになった、本当に新しいものなのです。

武力を用いて屈服させ領土に編入しても構わなくて、植民地支配を認め、人間は平等ではない、という伝統的な国際法はもうやめよう、人間は平等であり力を用いた支配はもうやめよう、植民地支配は違法だ、ということで国際人権法は作り出されてきたわけですが、しかし、国際人権法が優先的に守ろうとしている「人間」とはいったい誰なのかを見た場合、そこにもまだ人種主義的な考え方が潜んでいました。国際法が劇的に変化したと言いましたが、そこで守られる「人間」モデルに、ひじょうに偏りがあったことがわかってくるのです。特に一九四八年にできた「世界人権宣言」は、二〇世紀の人類が誇る遺産の一つだと思いますが、ここで言う「人」「人間」という言葉がいったい誰を指しているのか。もちろん、世界中に生きている「人」すべてであると言えばそれまでですが、しかし、法の生命線は人間の経験だと言いましたが、誰の経験が「世界人権宣言」の中に映し出されているのか、誰の利益を優先的に写し出すものとして作り出されたのかを見ると、大きな偏りがあることがわかってくるわけです。

人間モデルとして想定されていたもの、つまり、「こういう人の生活を保障するために国際人権法を運用していくべきだ」とされた、その「人」とは誰か。それは端的に言って「西洋社会に生きる人間」、そして「健常な人」、「大人」であり「男性」の標準的な生き方が、世界人権宣言をはじめとして国際人権法が生み出された当初に多くの条約が想定していた「人間」像でした。このモデルに当てはまらない人は、なかなか人権法の利益を享受することができない。西洋以外で生きている人たち、健常でない人、大人でない人、男性ではない性を持った人、そういう「人間」モデルから外れてくると、世界人権宣言や人権条約の利益を享受できないという状況が生まれたわけです。

このため、二〇世紀の終わりが近づくと、この「人間」モデルから外れた人たちが人権の利益を求めるたたかいを国境を越えて始めることになります。このモデルから漏れた人たちのなかで最も劇的に効果を上げていくのが女性運動でした。一九七〇年代から顕在化していきますが、「人」と言ってもそれは「男」を指しているのではないかということを、具体的な事例を挙げながら強く告発し、法の変更を求めていきます。ジェンダーという形で、性別による偏りがあることを、特に国際社会では女性運動を担う人たちが中心になって問題提起していきます。法は男性中心に営まれている、国際人権法は男の経験を映し出しているのではないか、という告発です。西洋の健常な大人の男性モデルから漏れ落ちる多くの人びとの声が二〇世紀終盤の国際社会で強くなり、その代表的な運動を担った女性たちを中心にして、非常に偏りのあった「人間」モデルが是正されていくことになります。

いまは、「人間」モデルは多元的であるという考え方が、国際人権法の中心をなすようになっています。ある特定のモデルから外れているからといって不利益を受けない。西洋社会に生きている人間でなくても、障がいを持っている人であっても、子どもであっても、男性でなくても、人間として生きていく上で同じ価値を持ち、同時に人間として同じ社会のなかで生きていくことができる、そのような社会を作り上げていくべきである、ということが国際人権法のいまの考え方になっています。

五　国家の権力行使を制御する国際立憲主義の顕現

二〇世紀後半は、国際人権法が生み出されると同時に、ひじょうに短期間のあいだに国際人権法そのものが姿を変えていく時期でもありました。そして、さらに二〇世紀終わりから二一世紀にかけて、歴史的な不正義、過去の問題をどう扱うかに問題が拡がっていきます。特に、西洋中心の国際秩序を変えていく時どうしても、西洋が世界で行ってきた様々な不正義、植民地支配の問題、そしてそれが今日まで引きずっている様々な問題がありますが、それとどう向き合うかが避けて通れないわけです。過去をどうやって現在の問題として扱うか。そして過去と現在を結びつけて、より良き未来をどうやって作り上げていくのか。そういう歴史的不正義との対峙が、国際人権法の世界ではとても大きな課題として浮上してくることになりました。二〇〇一年の「ダーバン宣言」は、植民地支配責任を追及することから、とても政治化された会議になりましたが、過去の不正義を是正しなければ未来はない、という法のあり方を明確に謳いあげたのが、ダーバン宣言です。これをひとつのきっかけにして、過去の不正義を謝罪することによって未来を作っていくという、謝罪の時代が訪れることになります。しかし、この時代の潮流に日本はなかなか乗り切れていません。

多文化社会を作るということも、いまの国際人権法の明確な考え方です。多文化社会を作る上で最も大切なのは、少数者の権利です。少数者は積極的に擁護しないと簡単に多数者に飲み込まれてしまう。だから多文化社会を築くには、少数者、マイノリティの利益や権利を優先的に保護することが大切なのだということが国際人権法の基本的な考え方です。

こうした国際的な潮流は、各国の法のあり方、国内における政府の権力行使のあり方を構成していく考え方でもあります。つまり、暴力を用いて支配することは駄目であり、植民地支配もいけない、人権を保障する、その場合の人権は特定の人間モデルではなく、ジェンダーをきちんと考慮し、障がい者の権利をきちんと守ること。そしてマイノリティの利益を優先的に守ることを国際人権法は推進することによって、世界を構成している各国の制度、権力の行使のあり方を法として制御していく。国家の権力行使をコントロールするあり方を「立憲主義」と言いますが、それを一つの国の中だけで完結させるのではなく、グローバルな、国際的な潮流の中で、各国の権力行使を人権を実現するようにコントロールしていく。これを「国際立憲主義」と言います。まさに国際人権法は、国際立憲主義の担い手になっているのです。それを多くの国際人権機関が実践しています。

人種差別撤廃委員会、女性差別撤廃委員会といった多くの国際人権機関が、各国の権力行使のあり方をチェックする役割を具体的に担っています。いろいろな人権機関はもちろん人間によって構成されているわけですが、そうした国際人権機関のメンバーを見ると、驚くほど進歩的な人びとが集まっています。そうした人たちの本当に献身的な動きがあって、日本の国内ではおよそ想像できないくらい進歩的な判断が下されるのです。各国の政府から独立した国際人権機関の判断は、「人間の利益を実現する」という上でかなり期待できます。ですから、それぞれの国の中で利益を実現できない集団は、時には国内機関を飛び越えて直接国際人権機関に訴える状況が、二〇世紀後半から二一世紀にかけて拡がったのです。特に、先住民族の人たちは、国際人権機関を上手に活用し、国際人権機関から国家のあり方をコントロールするような判断を導き、それによって国のあり方を変えていこうとしています。

先住民族とは、西洋によって支配され、西洋の領域に編入されていった人たちです。そうした人たちが権利を主張する時には、いままでのように個人として一人ひとりが主張するのではなく、集団として、「人びと」「人民」としてこれを行う流れを明確にしています。集団の権利、とりわけその中でも自分たちの政治的・経済的・社会的・文化的あり方は、自分たちが決める権利を持っているという「自決権」あるいは「自己決定権」と呼ばれているものを、先住民族は前面に掲げて、国際人権機関に訴えを行っています。今日、国際人権法のなかで最も先端的な主張であり、最も輝きを持っているものとして、この自決権・自己決定権があると思います。

国際人権規約（一九六六年採択）

一条　すべての人民は自由にその政治的地位を決定し並びにその経済的、社会的及び文化的発展を追及することができる。

二七条　種族的、宗教的又は言語的少数者が存在する国において、当該少数者に属する者は、その集団の他の構成員とともに自己の文化を享有し、自己の宗教を信仰しかつ実践し又は自己の言語を使用する権利を否定されない。

これを沖縄の状況に引きつけて、次に述べたいと思います。

六　人民の自決権（自己決定権）の諸相

自決権・自己決定権というのは、すべての人民が、自分たちの政治的あり方、経済のあり方、社会や文化のあり方を、自分たちで決めることができる、という権利です。この自決権・自己決定権は、対外的な側面と対内的な側面という二つの側面を持っています。マイノリティ、少数者、先住民族は、どこかの国の中に編入されており、どこかの国の中で生活しているわけですが、たとえば中央政府が自分たち「民族」あるいは「人民」の政治的・経済的・社会的・文化的あり方に直接に関わるような政策決定をする時には、その意思決定過程に参加することを、この自決権によって保障されている。これは「内的自決権」と呼ばれています。

この内的自決権もまた理論的にどんどん進化していますが、当初は協議に「参加する」というところまでしか保障されておらず、最終的に自分たちの意に反するような決定が行われた場合にそれを受け入れざるを得ないという限界がありました。しかし二一世紀に入り、とりわけ近年、この内的自決権に関していろいろなところで争われて多くの判断が下されています。アメリカ大陸にある米州人権裁判所では、先住民族の人たちが、大企業による経済開発、土地の収用の時に、協議に参加しただけで結局土地が奪われてしまった、そのことによって自分たちの伝統的儀式等が営めなくなってしまう、これは自決権の侵害である、と訴えた裁判がありました。その際に争われたのは、意思決定過程に「参加する」というのはどこまでを意味しているのか、ということでしたが、米州人権裁判所は最終的に「その集団の同意がなければ開発は行えない」という判断を下しました。参加することを保障するだけでなく、その集団の同意がなければ開発はできないというのです。〇七年には国連で「先住民族権利宣言」が採択されますが、そこでも、「自由で事前に十分な説明を受けての同意がなければ、その先住民族に関わりがあることについての決定はできない」と言っています。

そして自由権規約委員会も〇九年に考え方を少し変えて、それまでは「参加」をしていればいいという考え方でしたが、やはり単なる協議だけでは駄目で、自由で事前の十分な説明を受けた上での同意がなければ、その民族・集団の生き方に直接関わるような計画は実施できない、ということをはっきりと認めるようになっています。つまり、内的自決権とは、ある集団の政治的・経済的・社会的・文化的なあり方に影響を与えるような政策を中央政府が行う場合に、その過程に参加する権利を保障し、その「参加」とは、協議だけでなく同意までを求める、ということになってきています。

自決権は、「外的自決権」というもう一つの側面を持ています。これは一つの国の中で留まるのではなく、最終的にその国を超え出て行く権利を保障するものです。全てのマイノリティや先住民族は内的自決権を保障されていますが、「独立」をするという外的自決権まで保障されている集団は少し限定されていて、三種類の集団とされています。一つは植民地として支配されている集団。二つめは植民地そのものではないけれども植民地的な支配をされている、たとえば外国に支配されている集団。そして三つめは、内的自決権の保障を否定されている、つまり重大な人権侵害を継続的に受けている集団。こういうような集団であれば、分離を権利として主張することができるというのが、外的自決権です。

このように、二一世紀になって集団の権利を主張する考え方が強くなってきているわけですが、こうした考え方は国際法のあり方に大きな影響を与えるようになってきています。いままでが国家中心の世界のあり方だとしたら、国家だけが世界を担っているのではない、個人も世界の担い手であり、同時に集団もまた世界の担い手である、国際社会はいろいろな行為主体、アクターによって担われている、という時代に入っているわけです。

国家も大切なアクターであり、個人も、そして集団も、というように、いろんな存在が、国際法の世界では、権利を持つものとして認められてきています。世界の状況を見ると、先住民族の人たちや多くのマイノリティは、独立を求めているというよりは、一つの国のなかで自分たちのあり方を自分たちで決めるシステムをきちんと作り上げてもらいたいという主張を強く展開しているようです。土地のあり方、資源の処分の仕方、文化のあり方に関しては、自分たちが自分たちのやり方で決める、それを中央政府がきちんと保障するように、内的自決権という考え方を使って保障させるという動きが世界的に拡がっています。

七　国際人権法を用いる意味

これまで述べてきたのは、国際的な人権保障の展開の大きな現状ですが、これを日本に当てはめた場合、どういう意味を持っているのか。国際的な潮流は、多元的な人間の権利を守る、そして集団の権利、とりわけマイノリティの自決権として、意思決定過程への効果的な参加と同意無くして土地を奪われることがないことを保障するようになってきている。これを日本の国内に当てはめたら、どういう事が言えるのか。

まず、日本国憲法は、平和主義・基本的人権の尊重・国民主権の三つを原理としていますが、もう一つ大切なのは「国際協調主義」です。日本は世界の一員として生きていくことをはっきり宣言しています。そして、そのために国際法を守ると明言しています。国際法を守ることは憲法上の義務であり、国際法が当然に各国に課している義務でもあります。

人権についての条約は日本を拘束しているわけです。そして憲法を通じてこの人権条約は、日本の国内の法にもなっています。つまり、私たちがいまいるこの場にも人権条約はそのまま及んでいるわけです。憲法が国際協調主義を用いて、グローバルな法をそのまま日本国内に導き入れているのです。人権条約は日本の国内の法にもなっています。そして様々な法律よりも大切なものだといううことを、日本国憲法は謳いあげています。日本の国内法に導き入れられる国際法がどのような姿を持っているかは、先ほどから申し上げてきた通りで、現在の国際人権法は、価値の多元性を認めています。ジェンダー平等を求め、歴史的不正義の是正を求め、少数者の真正な保護を求めています。こういう国際法を日本の国内に導き入れることによって、人種主義的な日本の法のあり方を脱却していく。そして何より、日本国憲法の立憲主義的理念の具体化を促していくことができると思います。国際立憲主義の考え方をもって、日本国憲法を本来の力をもった憲法として蘇生させていく、そうした形で利用できるようにも思えます。

国際人権法の考え方は、おそらく、沖縄のなかで近年展開されている主張が実は普遍的妥当性をもつものであることを確認するものになると思います。たとえば、琉球・沖縄の人たちは、国際人権法の下にあっては、文化や伝統によって結びつき、自らをマジョリティとは違う集団として認識する限りにおいて、人民という単位を構成することになります。琉球・沖縄の人たちは、そういう集団として自決権を持っているのです。

自決権は、国に与えて貰う権利ではありません。集団に当然に、つまり国際法によって直接に与えられている権利です。ですので、少なくとも内的自決権については、これを当然に行使することができます。内的自決権とは、集団の政治的・経済的・社会的・文化的あり方に対して影響を与えるような政策がとられる場合にその意思決定過程への参加を保障する権利であり、それも、単なる協議や交渉に留まるのではなく、同意までを求めるものになっています。

そうすると、自らの居住地の中で大規模に土地が収用されたり、あるいは基地の建設等が行われる時には、その意思決定過程に参加するのみならず、集団の同意なくしてそれが行われてならないことを国際法を用いて主張することができます。同意がなければこれはできない。それは国際人権法が求めている、ということになります。自分たちが住んでいる土地や資源というのは自分たち集団のものであり人民のものであるというのが、自決権の考え方です。

そして日常的に生命や身体を脅かされる事態に関しては、日本国は様々な人権条約によってそこに住んでいる人たちの生命や身体を保障する義務を負っています。そうした義務をきちんと履行しているかどうかという点で、人権条約上の問題にもなってきます。その際、実際に生命・身体を脅かしているのが日本政府というだけでなく、米国ということであれば、米国に対しても人権条約に基づいた主張が可能になっていくわけです。

ここで一つ、二〇〇四年にオランダのハーグにある国際司法裁判所において示された勧告を紹介したいと思います。

イスラエルは二〇〇二年から、パレスチナの占領地、とりわけヨルダン川西岸に長く巨大な壁を建設していきます。イスラエルにとってパレスチナ人は脅威だということで、イスラエルの安全保障上の理由からでした。しかし壁が建設されるのはパレスチナ人が生活を営んでいた場で、壁の建設によって、パレスチナ人には多大な影響が及びました。果たしてこのような壁の建設が国際法上許されるのかどうか国際司法裁判所の意見を問うたのです。これを受けて〇四年に出された勧告的意見のなかで国際司法裁判所は、イスラエルによるヨルダン川西岸の壁建設によってパレスチナ人の生活に甚大な影響が生じている、学校に通学するにも壁によって遮られてしまう。買い物に行くのも職場に行くのも壁に遮られてしまう。場合によっては病院に行くのも壁に遮られてしまう。様々な権利が侵害されてしまうことになった。何より、土地のあり方はパレスチナ人が決めることなのに、何ゆえイスラエルがそこに壁を建設することができるのか。その合理的理由は無いということで、自決権を侵害するものだという判断を示しました。その勧告的意見は、イスラエルに壁を撤去するように命じます。つまり、パレスチナ人という集団が住んでいる土地のなかに壁が建設されることは、政治的・経済的・社会的・文化的に多大な影響をパレスチナ人に与えるもので、パレスチナ人の同意が無く壁が建設されることは、自決権・自己決定権の侵害になる。個別具体的に見ても、移動ができない、労働が難しくなる、健康が損なわれる、教育が難しくなる、そういう個別具体的権利の侵害にあたる。このような内容の意見でした。

こうした国際条約上の考え方は、沖縄における基地の問題を考える上でも参考になると思います。少なくとも国際人権法の規範は、自分たちのあり方は自分たちが決めるという自決権を損なってはいけない、というところまで来ています。

八　東アジアにおける歴史的不正義との対峙の潮流

最後に一、二点申し上げます。冒頭で、戦後補償問題にずっと関わってきたと申しましたが、最近韓国で、日本の裁判所では考えられないような判断が断続的に下されています。韓国には、日本にない裁判所として「憲法裁判所」があります。二〇一一年八月、韓国の憲法裁判所は、一九六五年に日本と韓国が結んだ「請求権協定」によって「慰安婦」問題は決着していない、韓国政府は日本に対してきちんと協議をするように、という内容の判決を出しました。それを受けて韓国政府は日本に対し、「慰安婦」問題を解決するための協議を数度にわたって申し入れています。しかし日本は、六五年の日韓協定によって「慰安婦」問題は解決したという立場を崩さず、協議に応じていません。

もう一つ、二〇一二年に、韓国大法院（日本の最高裁判所にあたる）で、もっと踏み込んだ判決が出されました。日本の朝鮮半島支配が違法であったと明言する判決でした。日韓請求権協議は「慰安婦」問題を解決していないどころか、それよりもさらに遡って、朝鮮半島支配それ自体が違法であったということを、韓国の最高レベルの裁判所が下すような状況になってきています。歴史的不正義を直視するような判決が出てきているわけです。これは国際人権法の大きな潮流、過去の不正義を是正していく流れと密接な関わりを持っています。それが韓国の二つの裁判所の判決の中に端的に現れ出ていると思います。

歴史の不正義を是正していくという潮流が、東アジアにも及んできています。韓国では一九六五年の日韓体制がもう崩れ落ちる直前にある、という認識も見られます。もういちど関係をやり直す、そういう議論をすべきではないかというところまで来ている。日本側が全くそれに応じない対応をとっているので、余りにもギャップが大きすぎるわけですが、グローバルな潮流は、明らかに韓国の主張に理があることを指し示していると思います。

こうした東アジアに及んできている「歴史的不正義との対峙」を考えれば、やはり、日本と琉球・沖縄の関係性をきちんと見つめ直すこと、一九世紀（琉球処分）、さらには一七世紀（薩摩の侵略）に遡ってきちんと整理し直す、その上で、改めて日本と沖縄・琉球の関係を再構築する。そういう時代状況に、歴史的な段階として立ち至ってきているようにも思えます。どうして琉球が一九世紀後半に日本の領土に編入され得たのかを、日本政府はまだ一度も説明していません。曖昧なままでは済まないような歴史的段階に来ているだろうと思います。

第二次大戦後、一九五二年には「潜在主権」という形で主権が日本に戻されますが、アメリカが占領していた五二年までの不正義と、五二年から七二年の施政権返還までの不正義を、政府として正していく、これをきちんと法の観点から行っていくという時代状況に、立ち至っていると思います。つまり、自決権の名のもとに先住民族を中心として各国で不正義を受けてきた集団が、自分たちのあり方は自分たちで決められるのだということを明言していくことは、同時に歴史の認識を変えていくのです。それが東アジアにも及びつつあり、日本と沖縄・琉球の関係においてもきちんと考えなければいけないことを伝えている。

九　国家（主権）免除への国際人権法の挑戦

国際人権法はいま、過去をどう扱うかということと、軍隊や外交官が侵した犯罪行為についてどのようにきちんと責任を取らせるか、というところに大きく議論が展開してきています。国家中心、政府中心の法のあり方を根本から変えていく、人間中心のシステムに変えていく潮流がどんどん深まっています。軍隊による人権侵害は、かつてのように免除という法理で簡単に責任を免れられる状況ではなくなりつつあるのです。

歴史的不正義を是正していく、そして集団の権利、自決権をもって自らの運命を決めるという、新しい規範の潮流、あるいは国家のあり方をコントロールしようとする国際立憲主義のあり方をもって日本の憲法を鍛え直していく。そのことによって、国内の様々な不正義、特に沖縄に集中している多くの不正義がありますが、その不正義の解消を少しずつでも促していくことができるのではないか。それが、沖縄から基本的人権を考える、国際人権法と沖縄の未来を考える一つの拠り所となると思います。

14 歴史、国際法、人権保障

沖縄の現在を描き出すうえでいまや欠かせぬ言葉となった「自己決定権」は、歴史的にも実定法上も、人権の根幹をなす概念としてある。自らのあり方は自らが決めるという当然たる思念を規範化したこの権利は、西洋による「新大陸」征服への抵抗の理路として出来し、現代国際法にあっては、世界人権宣言を条約化した国際人権規約の劈頭を飾る最重要規範として成文化されている。

むろん、いずれの地にあっても変わらぬように、人権とは抑圧や差別に抗う当事者の個々の闘いを通じて顕現する。沖縄における自己決定権も、日本「本土」と米国よる植民地主義／軍事主義的支配に抗う文脈の中で生成されているものにほかならない。練磨されるその相貌は、だが、現代国際法の基本原則たる自己決定権（自決権）を具象化するものに相違なく、その射程と通用力にはまぎれもなく普遍的な広がりと深みが備わっている。

自己決定権という言葉は、往々にして、歴史的な不正義を後背に据えて召喚される。現に、外国による支配・征服・占領、あるいは植民地支配といった文脈のなかにこそ、この言葉は最もよく着床する。沖縄にあっても、時間的範囲を近代に限定するのなら、一八七九年の日本による強圧的な琉球併合がこの概念を手繰り寄せる歴史的な起点となっていることはいうまでもない。爾来、日本「本土」と米国にとって、沖縄は一貫して国の安全保障に引きつけて処せられてきた。別して言えば、日本の安全保障・日米同盟のために捧げられる「供儀」としての役割が構造的に沖縄に押し付けられてきたということである。

だが、米軍基地を沖縄に設ける特段の軍事的必要がないことはいまや公知の事実といってよい。そしてとりわけて重要なことに、軍事基地の存在は、今日、沖縄の人々の自己決定権（地方の自律）を阻害する要因として、新たな認識枠組みの下に定式化されるようになっている。司法官僚を含む日本の政策決定者たちが国の安全保障という旧来の言草に藉口して沖縄の声を力で押ししだくことは、事の本質的転回を取り違えた政治的暴戻というべきものでしかない。

「非武」の文化に支えられた沖縄の闘いは、戦力を放棄した日本国憲法の理念にこよなくなじむ。暴力に訴えることを慎む非武の思想は、敵をつくらぬ関係性の構築を前提としている点において、敵味方関係に立脚した集団的自衛権の行使容認に踏み切った安倍政権の非立憲的な振る舞いと強度のコントラストをなすものでもある。

誇るべきその非武の思想を基盤に、「自己決定権」を通じて引き寄せた国際人権保障の枠組みに沖縄がさらに主体的に関与していってはどうかと私は考えている。その含意は、日本「本土」に対する異議申立ての国際的正統性を強めるということにとどまらない。むしろそれ以上に、国際人権保障の枠組みを用いて東アジアとのつながりを強化し、域内における人権保障のかなめとして、沖縄の存在感をさらに高めていくことができるのではないかという思いをもつ。武力に依拠した安全保障の要石ではなく、人間の尊厳に支えられた人権保障の基点になるということである。

存外知られていないことに、東アジアには、国際人権保障とのかかわりで実に興味深い事象が生じている。たとえば、前出の国際人権規約は主権国家のみを締約国として想定しているところ、現在の国連秩序内にあって中国を代表しているのは中華人民共和国政府であるため、台湾（中華民国）は国際人権規約の正式の締約国に名を連ねることはできない。だが、その台湾は、国際人権規約上の義務を自ら引き受けることを宣言し、人権義務の履行状況を国際人権法の専門家たちに審査してもらう体制を整えている。

また、香港とマカオは、それぞれ英国とポルトガルの統治から切り離されたにもかかわらず、両国が国際人権規約の締約国であったことから、中国復帰後も国際人権保障の枠内にとどまっている。より正確に言えば、国際人権規約の一翼をなす自由権規約（市民的及び政治的権利に関する国際規約）を中華人民共和国が締結していないにもかかわらず、香港とマカオには同規約の保障が厳然と及び続けているのである。

このように、東アジアには、台湾や香港、マカオといった必ずしも主権国家ならざる政治的実体が国際人権保障と密接に結びついている現実がある。その中に沖縄も自らを組み入れて、東アジアに国境を超えた独自の人権保障の制度的潮流を作り上げていってはどうなのか。

沖縄との対比で議論の俎上にのぼることが多いスコットランドも、主権国家ではないにもかかわらず、自由権規約に照らして自らの人権状況に関する報告書を作成し、それを英国の定期報告審査の際に人権条約機関に提出している。同じように、沖縄も、国際人権規約に照らして県内の人権施策・状況を精査し、日本の定期報告審査の際に自主的に人権条約機関に提出するとともに、台湾などと歩調をあわせて、域内で共同の人権状況審査の枠組みを構築してはどうだろう。

自己決定権にもとづく沖縄の自律は、日本「本土」との政治的関係の組み替えにとどまらず、沖縄自身の内なる変革と「非武」の思想に依拠した東アジア域内の連携につながっていくことでその意義をいやましていこう。人間の尊厳に基づく国際人権保障への自発的な関与は、その歩みを促進しうる重要な政策的選択肢に違いない。

15 国際人権法から見た日の丸・君が代起立斉唱拒否

本章では、日の丸・君が代起立斉唱の強制にあらがう教員たちの行動を、国際社会の法である国際法、なかでも人間の尊厳を最も大切な法益とする国際人権法の観点から論じます（以下では、元教員の人たちも含めて教員と言います）。

一　信念の絶対的保障

国際人権法の実質的な出発点と言うべき世界人権宣言は、第一八条で「すべての者は、思想、良心及び宗教の自由についての権利を有する」と定めています。これを受けて、日本も当事国である自由権規約（市民的及び政治的権利に関する国際規約）は、第一八条一項に同じ文言の規定をおくとともに、第二項で「何人も、自ら選択する宗教又は信念を受け入れ又は有する自由を侵害するおそれのある強制を受けない」と定めています。

同条は続けて第三項で、「宗教又は信念を表明する自由」については一定の制限を受ける場合があるとして、制限を認める事由を限定列挙しているのですが、これらの規定ぶりが伝えるように、信念（思想・良心）を有する自由それ自体はいかなる制限にも服しません。制限が許されるのは、信念を「表明する」場合に限られます。

思想・良心の自由には積極的な側面と消極的な側面があります。積極的な側面が外部への行動を通じて自らの信念を示す自由であるのに対して、消極的側面とは自らの信念に反する行動を強いられないことです。自らの信念を示す積極的な行動は、自由権規約一八条三項が定めるように、時と場合によって制限されることもあり得ます。それに対して、消極的な側面はいかなる制限にも服さない絶対的なものです。〈善をなす〉外部への行動は他者との関係で制限されることがあり得ても、〈悪の強要〉すなわち信念を曲げるよう強いられることは、程度や回数のいかんにかかわらず、いっさい認められないということです。

善行は「程度」の問題ですが、悪の強要は「原則」に関わる問題なので、譲ることがあってはなりません。自らの信念に反する行為にあらがうことが制限されるとなると、信念そのものが制限されることになってしまいます。信念に反する行為を多少であれ受け入れることは、信念それ自体の損傷を受け入れることになってしまうので、これを容認することはできないのです。その際、信念にもとづく拒否は、「拒否を理由に制裁を受けない権利」[(1)]であることにも留意しておく必要があります。

日の丸・君が代起立斉唱の強制にあらがう教員たちの行動は、こうした格別の保護を受けるべきものにほかなりません。自らの信念に反する行為を強いられることはあってはならず、そうした行為を拒否したために制裁を受けることもあってはならないのです。自由権規約一八条一項および二項により、教員たちの思想・良心の自由は、本来、絶対的に保障されており、信念にもとづく抵抗に対し制裁が科せられてはなりません。

二　CEARTと自由権規約委員会の勧告

日本の裁判所で必要な救済を得られない教員たちは国際的な機関に訴え出ます。そして、とても重要な判断を引き出すことになりました。

訴え出た先の一つは、ILO／ユネスコ教職員勧告適用合同専門家委員会（CEART）です。一九六六年にユネスコで採択された「教員の地位に関する勧告」の侵害を訴える教職員組合からの申立てについて検討する権限をもっているところです。教員たちの訴えを受けたCEARTは二〇一八年に勧告を出すのですが、その中の大切な部分を摘出すると、次のようになります。

一九六六年の勧告のパラグラフ八〇（「教員は、市民が一般に享受している市民としてのすべての権利を行使する自由を有し」、と定めているところ）は、世界人権宣言や自由権規約などの示す原則の枠内で理解することができ、「教員は、公務員に課せられた誠実に行動する義務に沿った行為であることを条件に、国旗掲揚儀式に同意せず、意見を表明し、および、それを変更するための営みに参加する一般的権利を有している」。

起立斉唱は、「旗または歌に込められている理念もしくは政治的観念の受諾を意味することがある。起立斉唱が規則によって求められる場合、その拒否は秩序を乱さぬ不服従（non-disruptive disobedience）と見ることができ、当該規則は個人的な価値観と意見の侵害とみなし得る」。「起立斉唱の静かな拒否は、…個人の領域を保つ個々の教員の権利の範囲内にある」ので、「愛国的な式典が滞りなく進行する一方で、それに従う行動をとることに違和感を覚える教員について配慮できる解決策を探るよう勧告する」。

世界人権宣言などに言及しながら教員たちの不服従行為に対する配慮を求めたCEARTの見解は、国際人権法の趣旨を踏まえたものと言えますが、これをさらに明確にしたのが自由権規約委員会の総括所見です。

自由権規約は、国際人権法を構成する諸条約のなかでも中心的な位置にあります。この条約の履行状況を監視する役割を担っているのは自由権規約委員会（一八人の専門家によって構成される国際機関）です。当事国は、この委員会に定期的に報告書を提出し、審査・勧告を受けなくてはならないところ、日本は、二〇二二年一〇月に第七回目の定期報告審査を受けることになりました。日の丸・君が代起立斉唱の問題は、教員たちからの精力的な働きかけ（ロビー活動）の結果、その審査の時に人権問題の一つとして取り上げられたのです。そして、自由権規約委員会は、審査結果（「総括所見」と呼ばれる）の中で、日本政府に向けて次のような懸念と勧告を発出することになりました。

委員会は、締約国［＝日本］において思想及び良心の自由が制限されているとの報告に懸念をもって留意する。学校の式典で国旗に向かって起立し、国歌を斉唱することに従わない、教員の消極的で秩序を乱さぬ行為の結果として、最長六ヵ月の職務停止の処分を受けた者がいることを懸念する。さらに、委員会は、式典中に児童・生徒に起立を強制するため有形力が行使されたとの申立てを懸念する。

締約国は、思想及び良心の自由の効果的な行使を保障し、規約一八条により許容される狭義の制限を超えて当該自由を制限することがあるいかなる行動も慎むべきである。締約国は、その法令と実務を規約一八条に適合させるべきである。

少し整理すると、先に紹介したCEARTの勧告は、教員たちの行為を実は「意見・表現の自由」の問題と捉えていたのですが、この行為は、むしろ「思想・良心の自由」になじむものであり、自由権規約委員会もそのように考えていることがわかります。ただ、総括所見が伝えるように、自由権規約委員会は、日の丸・君が代起立斉唱拒否という行為を信念の「表明」と捉えており、だからこそ、それを制限するのであれば、規約一八条三項の定める制限事由を超えることがあってはならない、と釘を刺しているのです。

総括所見には「〜を懸念する」という表現が多用されるのが常です。締約国が違反をおかしているかどうかを個別に認定するのではなく、自由権規約全般の実施を促すのが定期報告審査の趣旨なので、あまり断定調にはならず、「〜を懸念する」というマイルドな表現にとどめられるのです。懸念の対象となる締約国の振る舞いは、委員会の真意としては、自由権規約に反するもの、という評価に違いありません。

自由権規約委員会は、懸念を表明した直後のパラグラフで、締約国たる日本（政府）に対して勧告を発しています。懸念を払拭するため（＝真意としては、自由権規約違反を是正するため）、何をすべきかが勧告という形で示されています。「締約国は、その法令と実務を規約一八条に適合させるべきである」という箇所には、当然ながら、日の丸・君が代起立斉唱を求める日本の現行法令・実務が自由権規約一八条を逸脱しているという評価が伴っています。

こうした自由権規約委員会の認識は、国際人権法の要請を体現するものに相違ありません。ただし、私自身は、先に論じたように、日の丸・君が代起立斉唱拒否を、信念の積極的表明（一八条三項により保障され得るもの）というより、信念の表明を強いられることへの抵抗（一八条一・二項により保障されるもの）と捉えるのが適切と考えています。その保障は、それゆえ、制限事由によって正当化されるかどうかを問うまでもなく、絶対的なものと捉えるべきであり、自由権規約委員会の認識も今後その方向で深化していくことを期待しています。

三　〈良心的不服従〉としての起立斉唱拒否

日の丸・君が代起立斉唱強制にあらがう教員たちの行動は、公的な目的のために特定の命令を非暴力的な手段で拒否するものにほかならず、寺島俊穂先生は、これを〈市民的不服従（civil disobedience）〉の一つに類型化しています。寺島先生は、こう述べています。「市民的不服従とは、特定の法律や政府の政策に対して自覚的に従わない行為であり、非暴力でなされる。それは、抵抗権行使の現代的形態でもあり、国旗国歌法への不服従や兵役拒否から戦争阻止のための非暴力直接行動にいたるまで多様な形態をとっている。市民的不服従は、個人で行うこともできれば、運動として集団的に取り組む場合もある」(2)。

もっとも、学問的に少し細かく言うと、教員たちの行動は、どうしても従うことができない命令などに対する個人的な抵抗に焦点を当てた〈良心的拒否（conscientious objection）〉という概念により馴染むものと考えることもできるかもしれません。しかしこの分野の碩学である寺島先生は〈市民的不服従〉という概念の中にそれを含ませており、また、実際のところ、良心的拒否と市民的不服従の区別は、理論上はともかくも、往々にして判然としなくなるのが実情です。そこで、ここでは、両者を包み込む〈良心的不服従（conscientious disobedience）〉(3)という言葉を用いて説明していくことにします。

良心的不服従は、国際法上、重大な不正義を強いる上官命令に抵抗する「義務」として現われ出てきました。たとえば、アジア太平洋戦争時における重大な国際犯罪を裁くための一九四六年・極東国際軍事裁判所憲章（六条）は、次のように定めています。「何時たるとを問はず被告人が保有せる公務上の地位、若は被告人が自己の政府又は上司の命令に従ひ行動せる事実は、何も夫れ自体当該被告人をして其の間擬せられたる犯罪に対する責任を免れしむるに足らざるものとす」。

要するに、上官の命令に従ったことを理由に国際犯罪についての刑事責任を免れられるわけではない、と定めているのですが、その旨は、二〇〇二年に発効した国際刑事裁判所規程三三条にも引き継がれています。ヨーロッパ人権裁判所の判例にも、かつての共産主義体制下において、上司の命に従って重大な不正義に加担した公務員の行為を厳しく裁断するものが見られます。理性と良心を有する人間として命令を拒否する義務があったのに、その命令に抗しなかったことを難じる司法判断です。

教員たちが、日の丸・君が代起立斉唱を求める職務命令に背馳する理由・動機の一つは教育者としての信念にあります。教育職員だからこそ職責として起立できないということであり、そこでは良心に基づく義務としての拒否・不服従が意識されていることがうかがえます。

しかし、先述のとおり、現在の国際人権法は、良心的不服従を、個人の義務にとどまらず、権利（基本的人権）として擁護する段階に立ち至っています。義務の意識にも後押しされた良心的不服従の行為は、思想・良心の自由という基本的人権の一部として明確に保護される対象に昇華しているのです。

一九九九年に国旗・国歌法が制定された際、内閣は諸外国の国旗・国歌の取り扱いに関する調査結果を明らかにしましたが、学校において国歌の一律斉唱を求めているところは欧米諸国（英米独仏伊加）にはありませんでした。斉唱を義務づけていると記載されていたのは中華人民共和国だけです。その後の各国の取り扱いについてはつまびらかでありませんが、国際人権法にもとづけば、自らの信念に反する起立斉唱命令にあらがう良心的不服従の行為は、現在では紛れもなく基本的人権として保護されるべきものであることに違いありません。

政府や自治体などの公的機関には、国際社会の規範的要請をきちんと踏まえた取り扱いを行う法的義務が課せられています。その義務をしっかり果たしてもらうよう、私たち市民は粘り強く求め続けていかなくてはなりません。

（1）　Grégor Puppinck, Conscientious Objection and Human Rights: A Systematic Analysis (Brill, 2017), p.20.
（2）　寺島俊穂『市民的不服従』（風行社、二〇〇四年）五頁。
（3）　William Smith and Kimberly Brownlee, "Civil Disobedience and Conscientious Objection", Oxford Research Encyclopedia, published online 24May 2017.

Ⅳ

「慰安婦」問題と民衆法廷

16 日本軍「慰安婦」問題の法的責任

――日韓「合意」が置き去りにしたもの

責任の中にあって「法的責任」とは、違法行為（義務違反）に対する否定的反応あるいは反作用の一つとしてある。法違反によって生じた法的不正常をどのように解消して法適合状態を回復するのかが問われることになる。

やや没歴史的で平板になってしまうが、国際法における責任は、一般に、次の三つの次元に分けて考えることができる。第一が「責任の成立」、第二が「責任の解除」、第三が「責任の追及」である。第一は誰がなにをすると責任が発生するのかということ、第二は誰がなにをすると責任が果たされたといえるのかということ、そして第三は責任をとるよう求めることができるのは誰かということ、である。日本軍「慰安婦」問題にかかる「法的責任」を国際法の観点から問題にする場合にも、この三つの次元を念頭においておく必要がある。

一

まず責任の成立についてだが、二〇世紀に入ってとりわけ第二次世界大戦後になると個人の法的責任（個人の国際犯罪）を問う潮流が大きくなったとはいえ、国際法上の責任については、国家の責任を問うのが今でも一般的である。

国家責任は、国家に帰属する行為、つまり国家の行為から生じる。実際のところ、国家責任は、国家に帰属する行為からしか生じない。その典型が、国家機関（軍隊構成員、警察官、公務員、裁判官など）による行為であることはいうまでもない。もっとも、私人の行った行為であっても国家の行為とみなされる場合がある。

第一に、国家が「相当の注意 due diligence」をもって私人の行為を規制しなかった場合に、その不作為が国家の行為とみなされる。第二に、国家の命令・指揮の下になされた私人の行為も国家の行為とみなされる。第三に、支配・命令の関係にない私人の行為であっても、その行為を国家が是認（確認）すると、その瞬間に当該私人の行為は国家の行為に変換される。国際法的には、いずれであっても国家の行為に変わりない。軍という国家機関が直接に行った行為、業者を指揮・命令して行わせた行為、業者の行為を是認した行為、業者の行為を相当の注意をもって規制しなかった国家の不作為、そのどれもが国家に帰属する。

ただし、国家に帰属する行為がすべからく国家責任を生じさせるわけではない。責任が成立するには、国家の行為が国際義務に違反するもの（＝違法行為）でなければならない。どのような国家の行為が国際義務の違反になるのかは、その行為が行われた時点において国を拘束していた条約規定や慣習法規則に照らして決まる。多くの報告書や学術論文が明らかにしているように、日本軍「慰安婦」問題の場合には、人身売買の規制を求める諸条約、強制労働条約、奴隷制禁止規範（そして、占領地の場合にはハーグ陸戦規則）との適合性がまっさきに問われるべきものとなる。（人道に対する犯罪は「個人」の国際犯罪として問題化される。）

もう一つ忘れてならないのが自由権規約など人権諸条約上の義務である。過去に発生した問題であっても、締約国によって解決されることなく現在まで継続している場合には、それを人権条約の義務に引きつけて、現在の問題として扱うことができる。また、拷問や奴隷制のような重大な人権侵害については、原因行為が過去に発生した場合であっても、その真相を調査し、被害者を救済する現在の義務が人権条約によって締約国に課せられるようになっている。時の壁を超えて過去と現在を結び付けようとする最先端の実務的営みである。（私は、これを「トランス・テンポラル trans-temporal な正義の追求」と表している。）

二

次に、国家の行為が条約や慣習法規則に違反することによって成立する国家責任は、どのようにすれば解除されるのか。国際法は、加害国が国家責任を果たすためにどのような被害回復 reparation の措置をとらなければならないのかについても明示している。「義務の違反が被害回復の義務を伴うことは国際法の原則である。その被害回復は、可能なかぎり違法行為のすべての結果を除去し、その行為がなかったならばおそらく存在したであろう状態を回復するものでなければならない」（常設国際司法裁判所・一九二七年ホルジョウ工場事件判決）。

この先例的判決を受けて、国際法は、被害回復措置として、大きく分けると「原状回復 restitution」、「金銭賠償 compensation」、「サティスファクション satisfaction」という三つの形態を命じている。このうち金銭賠償は、直接の損害だけでなく、相当因果関係が立証される逸失利益もその対象とする。サティスファクションは事案に応じて具体的内容を異にするとはいえ、違反の承認、公式の陳謝、真相究明・責任者の処罰など再発防止の保証を含む。このような被害回復措置によって法の不正常が是正されることになるのだが、被害回復措置をとるのは加害国の義務である。加害国が被害回復措置をとらないと、義務違反が続き、国家責任は解除されずにいつまでも残ることになる。

問題は、国家責任を追及する資格を誰がもつのか、ということである。戦後補償裁判における最大の争点の一つはここにあった。法違反への否定的反応は多様であり得るが、オーソドックスな立場に立っていうと、国際法は一九世紀以来、国家間関係を規律する法として機能してきたので、国家責任を追及できるのも、まずは被害を受けた国ということになる。前述した人身売買を規制する諸条約などの違反についても、理論的には被害国が国家責任を追及する主体として想定し得る。

もっとも、日本政府の立場は、国際義務の違反をそもそもおかしていない、との前提に立ち、そのうえで、サンフランシスコ平和条約や日中共同声明、日韓請求権協定などによって、第二次世界大戦期の国際法違反にかかる請求権の問題はすべからく解決済みである、というものである。「解決済み」というのは、国家責任を追及しないという誓約を被害国から得ているということも意味する。

そうしてすべての問題を終らせている、ということなのだろうが、国際人権諸機関や国際人権NGO、国際人権法研究者、さらに韓国の司法府はそうは考えておらず、日韓請求権協定などによっても重大な人権・人道法違反にかかる日本の国家責任を追及する法的回路は遮断されていない、という解釈を展開している。このため、日韓請求権協定をめぐる「紛争」が日韓間で生じ、その解決のために同協定の定める「協議」が求められることになったのでもある。

他方で、自由権規約など人権諸条約との関連でいえば、これらの条約は人間個々人を権利の主体としている。このゆえに、人権条約の下にあって国家は、被害を受けた個人との関係で第一義的に義務を履行する責任を負う。個人のこうした資格は、請求権放棄を約束する国家間の合意によっていささかも毀損されることはない。なぜなら、その資格は国家の一存では処分できない生来の権利として、人権条約によって直接に保障されているからである。

三

今般の日韓「合意」には、日本の国家責任にかかる議論をきちんと考慮した形跡がほとんど見受けられない。そもそも、日韓政府がこの「合意」によって日本軍「慰安婦」問題の「最終的かつ不可逆的な解決」を確認したところで、日本の国家責任の問題に両政府がケリをつけることは本来的に不可能である。

厳密にいうと、日本軍「慰安婦」問題が生じた時点において、人身売買・強制労働・奴隷制などにかかる国際法上の権利義務関係は日本と韓国との間で成立していたわけではない（当時、韓国は日本に「併合」あるいは「強占」された状態にあったため、両国間に国際法上の権利義務関係は成立しようがなかった）。人権諸条約上の義務にしても、第一義的には被害者個人との関係で生じており、日韓両政府がいくら「最終的かつ不可逆的な解決」を強調しようとも、国家に対して人権義務の履行を求める個人の権利・資格はなんら影響を受けるものではない。

つまり、今般の「合意」は、国際法的にいえば、「最終的かつ不可逆的な解決」になりようがないのである。なにより、アジア各地に大きく広がった日本軍「慰安婦」問題を、日本と韓国という二つの国のみの合意によって「最終的かつ不可逆的」に解決するなどということはありえまい。日韓「合意」のいう「最終的かつ不可逆的な解決」は、国際法の基本的理解に照らしてみても、日本軍「慰安婦」問題の広がりからいっても、およそ「最終的かつ不可逆的な解決」にはなりえないというしかない。

ここで、日本軍「慰安婦」問題を改めて国際法、とくに人身売買を規制する諸条約・強制労働条約・奴隷制禁止などにかかる国際法規の観点から整理しておくと、次のような理解が可能となろう。まず第一に日本による国際義務の違反が問われるところ（前述した意味での「国家の行為」があったことについて異論はあるまい）、日本政府は義務違反を否定するが、国連人権委員会（現・人権理事会）および同小委員会の特別報告者たちや国際法律家委員会、アムネスティ・インターナショナル、女性国際戦犯法廷などの見解は、国際義務の違反があり、この違反は現在に引き続いているというものである。（個人によって人道に対する犯罪が実行されたにもかかわらず、現在まで訴追・処罰がなされていないことも強調される。）

第二に、上記特別報告者らは（そして、当然ながら当事者も）国際法に従った被害回復措置を求めている。これに対して日本政府は、そもそも義務違反がないのだから被害回復措置も必要ないという認識を示しつつ、アジア女性基金により人道的な措置をとっているという見解である。第三に、日本政府は請求権放棄により他国から責任を追及されることはなくなっており、さらに今般の日韓「合意」により「最終的かつ不可逆的な解決」が確認されたという。これに対して上記特別報告者らは、依然として国家責任追及はできるという認識である。韓国大法院もこの認識を先鋭的に打ち出している。

四

ついで、自由権規約など人権諸条約との関わりで国際法的な整理をすると、日本軍「慰安婦」問題が定期報告審査の際に問題視されるようになって以降、日本政府は一貫して、発効前の出来事に人権諸条約は適用されないと主張してきている。にもかかわらず、人権諸条約機関が何度となく日本政府に事態を改善するよう勧告を発してきていることはよく知られているとおりである。ただ、それらの勧告がいずれの法的根拠に基づくものであるのかは必ずしも判然としなかった。二〇〇八年の第五回定期報告審査の際に自由権規約委員会が「法的責任」という言葉を用いたときも、いかなる法的規準をどのように解釈して導かれた法的責任なのか、なお不明確なところがあった。

だが二〇〇七年と二〇一三年の拷問禁止委員会の総括所見（最終見解）では、拷問禁止条約の違反への明示の言及がなされ、とりわけ二〇一三年の総括所見では、その点を踏まえて、賠償・リハビリテーション、訴追・処罰、情報の開示、歴史教育、高官の発言の規制等が勧告された。また、二〇一四年の自由権規約委員会第六回定期報告審査の際にも、救済を受ける権利（第二条）、拷問（第七条）、奴隷制（第八条）にかかわって、自由権規約上の現在の義務として日本への勧告が組み立てられていることがうかがえる。

さらに本年三月の女性差別撤廃委員会の総括所見は、条約不遡及原則に基づき同委員会の権限を否認する日本政府の認識を明瞭に否定したうえで、より精細な勧告を発するものとなった。同委員会は次のようにいう「「慰安婦」問題は、被害者に対する効果的な救済が欠如していることから、第二次世界大戦中に［日本］の軍隊によってなされた侵害行為の被害者／サバイバーの諸権利に継続的な効果を及ぼす重大な違反を引き起こしている。したがって、当委員会は、そのような違反を扱うことを時間的管轄により妨げられないと考える」。同委員会は、こうした基本認識を示したうえで、日本政府に対し、効果的な被害回復措置をとるよう勧告するに及んだ。ここでも、日本軍「慰安婦」問題を条約上の現在の義務に引き付けて扱っていることが分かる。

当該総括所見では、また、「真実・正義・被害回復への権利」が明記されていることも見落としてはならない。真実への権利は、過去の重大な人権侵害に対して、（原因行為から分離された）現在の救済義務を具現化する観点からもいっそう重要性をましていくことになろう。過去の不正義について真実を知る当事者の権利、そしてこれに対応する国家の真相究明（調査）義務は、まさしく現時点において顕現する権利であり義務というべきものである。

こうした人権諸条約機関の営みを通じ、日本軍「慰安婦」問題にかかる人権条約上の義務の内容は漸進的に明確になってきている。人権侵害の時間的継続性が認められるとともに、国家義務の時間的射程が拡張されることによって、過去の侵害について調査し、訴追・処罰する現在の義務が認められるようになっている。日本軍「慰安婦」問題のように通常の違法行為を大きく超え出るような重大な侵害行為の場合には、なおのことそうである。発効前の出来事に条約は適用されない、として時の壁を主張する日本政府の見解は、権利義務の時間軸を過去に延伸し、現在と過去を結びつける国際人権法の規範的趨勢と、あきらかに相容れなくなっている。

五

自由権規約など人権条約の下で義務違反を問われる直接の契機になっているのは、過去になされた重大な人権侵害に対して救済を拒否する現在の国家機関の行為である。日本の裁判所による度重なる請求棄却判断や行政府・立法府による被害回復措置の拒絶は、過去に生起した人権問題に現在の位相（人権条約義務の現在の違反）を装着させる決定的な契機になったといってよい。

今後とも、国家が救済を拒絶すればするほど、人権諸条約の下での違反が積み重ねられていくことになっていこう。日韓「合意」もその一つになりかねない。この「合意」に対して、女性差別撤廃委員会のみならず、国連人権理事会特別手続任務保持者たちや国連人権高等弁務官が続けて懸念を表明したのも、日本軍「慰安婦」問題が、現在進行形の重大な人権問題と認識されているからにほかならない。

もとより、日本軍「慰安婦」問題は西洋・男性エリート主導の一九世紀型国家間外交の枠内で解決できるようなものではない。なぜなら、西洋・男性エリート主導の一九世紀型国家間外交の構造こそが日本軍「慰安婦」問題の解決を阻む温床でもあったからである。この問題への取り組みは、人間の尊厳に根ざす普遍的で脱植民地主義的な理念を反映させた二一世紀型の人権保障の枠内ではじめて有意に成し得るものとなろう。現代国際法を導くその規範的潮流に背馳した国家間の「合意」には、およそ国際的正統性は認められない。

第二次世界大戦期に適用されていた諸条約・規則はもとより、自由権規約や女性差別撤廃条約など人権諸条約の規範的要請に従い、被害回復の措置を誠実に実施することなくして、日本軍「慰安婦」問題の真正な解決を図ることはあり得まい。その可能性に強引に蓋をするかのような今般の日韓「合意」は、なんとも大きな禍根を残すものであったというしかない。

17 《平和の少女像》の設置と国際法

一 ウィーン条約違反なのか？

在韓日本大使館と在釜山《プサン》日本総領事館前の《平和の少女像》設置について、日本政府は、外交関係に関するウィーン条約二二条および領事関係に関するウィーン条約三一条に定める公館の不可侵との関連で問題があるとの見解を公にしている。《平和の少女像》の設置により公館の安寧が妨害されまたは威厳が侵害されるという主張である。二〇一六年末にも、日本の外務省事務次官が駐日韓国大使に、釜山での《平和の少女像》設置を受けて「領事関係のウィーン条約に規定する領事機関の安寧を妨害し、威厳を侵害するものだ」と抗議した旨が伝えられている。

もっとも、何をもって公館の安寧・威厳の侵害というのかについては一義的に定まっているわけではない。各国の判例等を見るに、たとえば、米国連邦最高裁は「大使館の通常の業務が妨げられているか、または妨げられようとしているかによって、禁止される妨害の程度を決定する」と判じている(1)。また、オーストラリア連邦裁は、公館前での派遣国国旗の焼却、指導者の模擬処刑、不快な物質の投棄といった攻撃的で侮辱的な行動が公館の威厳を侵害し得ると指摘しつつ、安寧・威厳という概念が明確な定義にはなじまないという認識を示す。[2] この事件では、一人の裁判官が、自由権規約による保障が公館前での行動に及んでいることに着目した評価を行なっていることが特記される。

英国の一九八四年の裁判例[3]では、罵倒もしくは侮辱的行動または実際の暴力行為が生じた場合にかぎって公館の安寧・威厳が損なわれるとの判断が示されている。同国外交問題委員会も、「外交特権及び免除の濫用に関する報告書」において、それ以上の公館の保護は英国民の政治的自由を損なうことになるとの見解を示す。同委員会によれば、公館の安寧の保護は、「接受国の世論の表出から使節団を隔離することを求めるほど広範なものと解釈することはできない」という。英国政府も、「使節団の任務遂行が妨げられず、使節団の職員が公館・職員への損傷の怖れを抱かず、職員と訪問者が公館に自由に出入りできること」が基本的な判断要件になるという認識である。[4]

各国の実務が示唆しているのは、公館の安寧・威厳にかかる問題は、使節団／領事機関の任務遂行が妨害されているか、公館に向けられた行動が攻撃的で侮蔑的なものか、さらに、表現・集会等の自由が適切に保障されているか、といった事柄を十分に考慮に入れて判断すべきということである。韓国憲法裁判所も、二〇〇〇年および二〇〇三年に示した判断で、使節団の任務と表現の自由とを比較考量する枠組みを提示している。[5]

《平和の少女像》の設置を外交・領事関係条約に照らして判断するにあたり、国際法の観点から特に重要なのは、現在の国際法体系全体に照らした視点を導入することである。国際司法裁判所が判ずるように、「国際文書は、解釈の時点において支配的な法体系全体の枠内で解釈適用されなければならない」(6)。このゆえに、両条約は、韓日双方を拘束している国際人権諸条約に抵触しないよう解釈適用される必要がある。

また、ウィーラマントリー(元)国際司法裁判所裁判官の次の指摘もあわせて想起しておくべきだろう。「人権に影響を与える条約は、その適用の時点において人権を否認するようには適用できない。裁判所は、適用時の基準により人権侵害になる行為を、[たとえ]当該行為が人権侵害にあたらなかった時期に遡る条約に基づいているという理由によっても、是認することはできない」(7)。この指摘は外交・領事関係条約の適用にあたっても当然に妥当する。

二　記念碑設置の意味

米国カリフォルニア州グレンデール市の市立公園内での《平和の少女像》設置の合憲性を認めた裁判において、第九巡回区控訴裁判所は、被害者の「記憶」を保存し、同様の人権侵害が繰り返されない希望を表明する記念碑の設置は、市民に対してその価値を伝える地方自治体の伝統的な役目であると明言している(8)。これは米国内の法認識を表したものではあるが、国際人権法の観点からも、記念碑の設置は人権侵害の被害回復措置の一つとして位置づけられており、また、過去に向き合い、過去について知る市民の権利を実現することとも密接に関わっている。公館の安寧・威厳の侵害を判断するにあたっては、記念碑のもつこうした法的意義についても精確に認識しておく必要がある。

三　二一世紀の国際法に照らして

《平和の少女像》をめぐる問題は国家間外交の枠内でのみ捉えられるべきものではない。日韓請求権協定が締結された時点で優勢であった伝統的な国際法の枠組みにおいて仮にそれが可能だったとしても、二一世紀の国際法にあっては、国家の利益ではなく人間の尊厳を最重視する要請が確固たる地歩を占めるようになっている。不可視の存在（法の他者）として法の利益を享受し得なかった人間たちに向けて、国際法はその射程を急速に伸長しつつある。人権諸条約機関からの度重なる「慰安婦」問題にかかる勧告はその証左にほかならない。

そうした一連の勧告が伝えるように、《平和の少女像》には、重層的な人権侵害の確認とともに、歴史的真実を知り被害回復に向けた措置をとるよう求める声が象徴的に込められている。暴力と差別のない平和な秩序構築への願いであり、それは現代の国際法が追求する理念そのものでもある。こうしたメッセージが込められた記念碑的造形物の設置を自治体や国が支援することは国際法によって禁じられているどころか、むしろその規範的要請に沿ったものとすらいえる。

他方で、《平和の少女像》の設置によって大使館・総領事館の任務の遂行が妨げられているわけではなく、公館が損傷したり使節団の職員に危険が及ぶわけでもない。公館への出入りに支障が生じていることもない。なにより、この記念碑の発するメッセージは攻撃的で侮蔑的なものとはおよそ対極に位置するものである。

こうした諸事隋を総合的に勘案するに、《平和の少女像》の設置は日本政府が断じるように公館の安寧・威厳を侵害しているとはどうにも評しがたい。にもかかわらずその撤去を求めるのでは、国際人権諸条約の要請（表現の自由や被害回復の促進など）に背馳する事態を招き、「解釈の時点において支配的な法体系全体の枠内で解釈適用されなければならない」外交・領事関係条約の存在意義をかえって貶めることにもなりかねない。公館の安寧・威厳を侵害していない造形物の撤去を両条約に基づかせることは、端的にいって、いかにも牽強付会な物言いというしかない。

それにしても、性奴隷制という言葉への反発といい、《平和の少女像》への強硬な向き合い方といい、日本政府には、古色蒼然たる国際法観を脱し、人間の尊厳に根ざす今日の国際法の姿を成熟した態度でしっかりと見つめ直してもらいたいとの思いにかられるばかりである。

（1） Boots et. al. v. Barry, 485 US 312 (1988).
（2） Minister for Foreign Affairs and Trade and Others v. Magno and Others, (1992-3) 112 ALR 529.
（3） R v. Roques, unreported cited in Eileen Denza, Diplomatic Law: Commentary on the Vienna Convention on Diplomatic Relations (4th ed., Oxford University Press, 2014), p.144.
（4） Ibid.
（5） 〈http://www.law.go.kr/detcInfoP.do?mode=1&detcSeq=58285〉

〈http://www.law.go.kr/detcInfoP.do?mode=1&detcSeq =14492〉.

（6）Advisory Opinion, ICJ Reports 1971, p.16, para.53.

（7）Gabcikovo-Nagymaros Project, Judgment, ICJ Reports 1997, p.114. 8
Gingery v. City of Glendale, No. 14-56440 D.C. No. 2:14-cv-01291-PA-AJW, pp.14-15.（『ｗａｍだより』
(三六)、〔女たちの戦争と平和資料館発行、二〇一七年〕より再録）

18

人間の尊厳重視する現代国際法の潮流映す

―― 主権絶対免除主義はいまや過去の遺物
（ソウル中央地裁「慰安婦」判決を読み解く）

「慰安婦」にさせられた一二人の女性たちへの損害賠償を日本国に命じた二〇二一年一月八日のソウル中央地方裁判所判決には、人間の尊厳を重視する現代国際法の潮流が鮮明に映し出されている。

この裁判で最大の争点となったのが「主権免除」適用の可否であることは、山本晴太氏が『週刊金曜日』一三一六号で詳論したとおりだ。国家は主権を有し、互いに対等な存在であるので、原則として外国の裁判権に服することはない、と定める法理である。その適用を粛然と否定した今回の判決を日本政府は激しく論難し、「断じて受け入れられない」という。

だが、難じられるべきは、日本政府の古色蒼然たる認識である。国際法は国家ではなく、人間の利益を実現する方向にダイナミックに舵を切っている。今回の判決を支えているのも、そうしたグローバルな規範的潮流にほかならない。

主権免除の法理が立ち上がったのは一九世紀のことである。海難を理由に米国内寄港中だった仏軍艦への裁判権行使を控えた一八一二年の米連邦最高裁の判断が最初とされる。以来、主権免除は各国に伝播し、国際慣習法としての地位を獲得するに至る。

主権免除は当初「絶対免除主義」として出現し、国家は他国の裁判に服することはなかった。だが国境を越える通商活動が増大するにつれ、国家といえども商業活動については私人と同様に処せられるべきとの認識が広がっていく。

こうして、国家の活動を公的・主権的なものと、商取引のような私的・業務管理的なものとに分け、後者を免除の例外とする「制限免除主義」の実務が第二次世界大戦後に支配的となる。日本でも、二〇〇六年の最高裁貸金請求事件判決により、ようやく制限免除主義への転換が明確にされた。

主権免除の例外は、商取引や雇用契約のみならず、他国領域内での不法行為（交通事故等）にも拡張されていく。〇四年の国及びその財産の裁判権からの免除に関する国際連合条約（国連国家免除条約）が端的に伝えるように絶対免除主義は今や完全に過去の遺物であり、「主権国家は他国の裁判権に服さない。これは決まりだ」と断じた菅義偉首相の発言は明白な誤りだ。

一　人権という国際社会の利益

主権免除の議論において絶えず発せられるのは、免除の例外はどこまで及ぶのかという問いだ。この問いへの解は国際社会のあり方を色濃く反映する。たとえば、商取引が免除例外となった背景には、国際通商の安定化（企業の利益確保）を求める市場経済の要請があった。一九九〇年代以降は、世界に浸透した人権理念が免除例外のさらなる広がりに勢いをつけている。

国際法は長く、国家間の「水平」な関係を規律する法として機能してきた。だが人権の理念は、国際社会と個人が直接に結びつく「垂直」の関係に国際法の姿を変容させている。主権免除の適用にあたっても、国家の利益だけでなく、人権という国際社会全体の利益が考慮されなくてはならない。この観点から、重大な人権侵害を免除例外に加える学説がさまざまに提示されるようになっている。裁判でのチャレンジも、前号の山本論文が伝えるとおり連綿と続いている。

二　人間中心の国際法をたぐる

その中で、二〇一二年の国際司法裁判所（ＩＣＪ）判決は、今回のソウル中央地裁判決を論難する日本政府が特に頼りとするものである。ＩＣＪの判決は、強制連行・労働にかかるナチスドイツの非人道的行為を裁いたイタリア裁判所の行為が主権免除の原則に反すると説くものであった。

ＩＣＪは、他国領域において武力紛争中の軍隊の行為を免除例外とする慣習法は成立していない、司法的救済が最終手段であっても免除例外を認める慣習法はない、実体規則である強行規範に反しても手続規則である主権免除の適用には影響がない、などとしてドイツに軍配をあげた。

この判断に対し、人間の価値を前面に掲げるカンサード・トリンダージ判事は一〇〇頁を超える長大な異論を呈し、他の二人の裁判官も反対意見を著した。多数意見も、免除法理の揺らぎを否定せず、自らの判断で司法的救済が妨げられることへの弁明からか、政治的解決への期待を表明してもいた。ＩＣＪの判断についての評価は論者により異なろうが、学説や司法判断全般を概観すると、重大人権侵害をめぐる法状況は流動的であり、それだけに、人間中心の国際法を積極的にたぐり寄せようとする今回の判決が、主権免除のあり方をめぐる法実務の世界に重みある一石を投じたことは疑いない。

三　正義を実現する司法救済

今回の判決には、国際法学が培ってきた先進的な知見がふんだんに映し出されている。人権の普遍的実現をめざす裁判所の思考態度は、日本に身を置く者にはまぶしいほどである。

第一に、裁判を受ける権利を判断の礎におくとともに、主権免除が変動する規範である旨を精確に説示している。

第二に、いかなる逸脱も許さぬ国際法の強行規範の絶対性と上位規範性が正しく強調されている。第三に、国際法の基本的価値である正義・人権の重みを適切に捉えている。ＩＣＪの上記判断を意識しながら、裁判所は「反人権的行為により被害者らに激甚な被害を与えた場合にまで、これに対する最終的手段として選択した民事訴訟において裁判権が免除されると解釈することは……不合理で不当な結果が導かれる」と判じ、正義を実現する司法的救済の意義を力説している。

第四に、主権免除は個人の損害回復を妨げる法制度として存するわけではないと、その適用範囲を構造的に絞り込んだ。

第五に、ＩＣＪの上記判決の射程が武力紛争下の軍隊の行為に限定されると指摘する一方で、手続規則（主権免除）によって実体法上の権利の実現（人権侵害の回復）が阻害されてはならないとして、ＩＣＪの形式主義的解釈を批判的に乗り越えている。

四　外交課題ではなく人権問題

「慰安婦」問題は第二次世界大戦期に生じたのだから主権免除も当時の水準で理解されるべきだとの主張もあるかもしれない。が、ＩＣＪの言葉を借りるなら、「国際文書は、解釈の時点で有効な法体系全体の枠内で解釈・適用されなければならない」。国際法は発展する。免除例外の適否を現在の水準で解釈した今回の判決に瑕疵はない。

日本では判決の内容に否定的な声が多いが、この司法判断を素材に、国際社会の規範現況を謙虚に見つめ直してみるとよい。「慰安婦」問題への取り組みは、国家間の外交課題としてではなく、人権の視点に立って行なわれなくてはならない。人間の尊厳の回復のためにこそ、日本政府は力を注ぐべきである。

（判決文は山本晴太氏訳による）

19 いま、「女性国際戦犯法廷」の最終判決をどう読むか
――国際法の視点から

一　物狂おしき独善性と国際法の根源的変容

国際規格に合わないものが日本だけで発達している現象を刑事司法制度の「ガラパゴス的状況」と形容した刑事訴訟法学者・松尾浩也氏の言を、高山佳奈子氏が法律時報誌に寄せた論考の中で紹介していることに本書第10章で言及した。そこでも記したように、その状況は刑事手続に限局されるものではなく、ジェンダーや人種差別、難民認定などがかかわる局面でもなんら変わることがない。これは〈他者性の欠如〉＝〈国際的視点の排斥〉というべき病理に相違なく、「性奴隷」という表現に国際人権機関の場で傲岸に異議を唱える姿勢には、その病弊がとりわけ強く現れ出ている。

もとより、日本政府も国際法の存在をまったく無視しているわけではない。ただ、政府の打ち出す国際法観は現代的な射程を顧慮せぬ古色蒼然たるもので、国際性＝他者性を忌避する心根が影絵

のように浮かび上がってくる。その要諦は次の三点に集約できる。第一、「慰安婦」制度は当時の国際法に違反していたわけではない。第二、「慰安婦」問題は日韓請求権協定、サンフランシスコ平和条約、日中共同声明などで法的にすべて解決済みである。第三、アジア女性基金により法を超えた人道的な措置をとっている。

そこに滲み出た因循姑息な思想を約言すれば、国際法のあり方を決めるのは国家（政府）であり、より直截には、強度の男性性を仮託された「私たち（支配エリート）」だけだということである。帝国主義の旧套にこよなくなずむこの想念は、しかし、前世紀最終盤に本格化したグローバルな知の枠組みの転換と法規範環境の根源的な変容にまったく呼応できぬ代物である。

規範環境変容の相を象徴的に伝えるのは、国際法のあり方を支配エリートの独占的所有から解き放つ法言説の台頭である。なかでも、過去から現在にかかる国際法のあり方について〈法の他者〉からの介入の契機が格段に広がっていることは特筆される。意思をもたぬ「客体」としてその存在を不可視化されてきた〈法の他者〉には、先住民族やマイノリティ、子ども、女性、障害者、移民、文民などが含まれる。けっして視られ／聴かれることのなかったその姿・声が法の前に正式に召喚されることで、国際法の再解釈が促され、真に公正で包摂的な国際法制度の構築が断続的に推進されるようにもなっている。

むろん、帝国主義的な秩序を恃みとする旧来型の国際法観は頑迷固陋であって一朝に葬り去られるような柔なものではない。とはいえ、国家・男性・エリート、さらにいえば〈西洋〉を基軸に植民地／人種主義の腐臭を充満させる法のあり方から、国際的正統性の外装がしおたれるように剥がれ落ちつつあることはまぎれもない。日本・東アジアをとりまく直近の事態を思い起こしてみても、「琉球処分」（琉球王国併合）や韓国併合の国際法的評価を根本的に見直そうとする法言説の台頭にその一断面が現れ出ているといってよい。

二　「法廷」が映し出す地平

二〇〇〇年一二月の「日本軍性奴隷制を裁く女性国際戦犯法廷」（以下、「法廷」）は、こうした法的文脈を後背にすえて招集されたのであり、さらに、その営みによって国際法の根源的変容をいっそう促進する成果を生み出すことになった。「法廷」の思想は、その権威の源を「グローバルな市民社会の声」に設定した点に集約的に表されている。「国際法は市民のもの」であることを高らかに宣言した「法廷」の判決は、さらに、長く強いられてきた「沈黙」のジェンダー／人種差別的位相を公然と告発し、その「沈黙」を聴くことに注力する姿勢を明示的に打ち出してもいる。

古典的で帝国主義的な国際法観を排するこの斬新な思想は、手法においてはきわめて堅実なことに、既存の国際法規範の解釈を通して具現化される。他者に「沈黙」を強いる政治力学は支配エリートが作出した国際法を直接の発出点ともしていた。「法廷」はその法の枠内に自らを入れ込んで、法の内側から、法解釈という手法によって、既存の法制度に市民のための法としての息吹を吹き込んだのである。「沈黙」を強いる国際法を、「沈黙」を聴く国際法に創りかえる理路を示したといってよい。

行為が行われた時点で有効であった国際法規（ハーグ条約、婦女子売買禁止条約、一九二一年ジュネーブ条約、強制労働条約、奴隷禁止規範、差別禁止規範等）の解釈適用、個人の国際犯罪・国家責任の成立の可否、国家責任の解除の仕方、にかかる問題を主要争点として取り上げた点において「法廷」の営為は国際法上なんら特異なものではなかった。だが、適用可能な規範を同定し、解釈するという、定型的かつ常套的な手法の中に他者の声を組み入れたことにより、まったく違った国際法の形姿が浮き立ってくることになった。「法廷」の前後で国際法の規定自体になんら変わりはないものの、その現実的射程・効能は大きく拡幅されたといってよい。まさしく国際法の脱構築とよぶべき営みであった。

三　人権条約への接続

「法廷」の判決にあって特に刮目すべきなのは、「継続的義務と国家責任」に言及した箇所である。国際法違反により国家責任を解除する義務が必然的に生じる。この義務は解除されないかぎり継続する。このゆえに、その責任は現在の国際法規範にも照らして検証されなくてはならない。日本国による責任の否定や問題の隠蔽・歪曲、不訴追、被害回復措置の不履行がもつ継続的かつ現在的性格を、「法廷」は截然と言語化して提示した。

のみならず、「法廷」が刻印した現在に引き続く義務・責任の側面は、人権条約上の義務としていっそう明確にされ始めている。「法廷」では、旧ユーゴスラビアやルワンダ国際刑事法廷の法的知見は積極的に参照されたものの、自由権規約、女性差別撤廃条約、拷問等禁止条約といった人権諸条約が前景化されることはなかった。しかし、「法廷」の判決が言及した継続的義務は、人権諸条約機関における定期報告審査を通じて、着実に明晰化されている。

日本政府は第二次世界大戦期に起きた「慰安婦」問題に人権条約が遡求して適用されることはないという立場であるが、人権諸条約機関はこの問題を現在進行中のものとして定式化している。その際、力点がおかれるのは被害の継続性の側面である。「法廷」の判決がいう否定・隠蔽、歪曲、不訴追、被害回復措置の不履行が人権条約上の現在の義務に直接に関わっているという認識がはっきりと打ち出されている。冒頭でも触れた女性差別撤廃委員会の直近の定期報告審査では、日本政府の旧態依然の法認識を斥け、侵害の継続的性格が明示的に肯認されたうえで、「真実・正義・被害回復」の権利の保障が勧告されるようにもなっている。

独善性に覆われた政府の国際法観が、国内を越え出たグローバルな文脈にあって通用力をもちえなくなっていることをひたぶる痛感せずにはいないのだが、いずれにせよ、二つの世紀を架橋して刻まれた「法廷」の判決は、このように、今世紀に入ってダイナミックに深化する人権諸条約機関の判断にそのままに連結されてもいる。「法廷」の判決に端然と宿る先端的相貌を、そこにも感知できるのではないかという思いである。

20　女性国際戦犯法廷の地平 —— 民衆法廷という司法プロジェクト

国家が正義を保証する義務を履行しない場合、市民社会は介入することができるし、介入すべきである。……正式な国際的司法手続の機会は限られており、国際市民社会の声をもっとも強く届けることができるのは民衆法廷を通してである[1]。

戦争と暴力にまみれた二〇世紀最後の年の一二月、四日間にわたり東京で開かれた「日本軍性奴隷制を裁く女性国際戦犯法廷」（以下、「法廷」）は、半世紀に及ぶ沈黙を経て公的アリーナに登場したサバイバーたちと連帯する人々（女性たち）が生み出した歴史的な民衆法廷（peoples' tribunal）であった。

二〇〇一年一二月四日にオランダ・ハーグで示された判決の中で、「法廷」は自らの存立基盤に言及して、次のようにいう。「本法廷は、民衆法廷であり、グローバルな市民社会の声によって発案され、設立された法廷である。本法廷の権威は、国家や政府間組織によって生じるものではなく、アジア太平洋地域の人々、もっと正確に言うなら、日本が国際法のもとで説明する義務を負っている世界中の人々に由来するものである。」（パラグラフ八）

小論では、民衆法廷として設置された「法廷」の国際法的な意義について思惟を巡らせてみる。まずは民衆法廷そのものについての考察から論を始めることにしたい。

一　民衆法廷の実践

(1)　陸続たる設置

公権力から独立して民衆／市民が直接に立ち上げる民衆法廷の先駆けとしてよく知られているのは、バートランド・ラッセルやジャン―ポール・サルトルらが主導したラッセル法廷（Russell Tribunal）であろう(2)。ベトナム戦争における米国とその同盟国（日本を含む。）の帝国主義的行状を国際法を用いて激しく告発した同法廷は、一九六七年にストックホルムとロスキルド（デンマーク）で開催された。これに範をとり、同法廷はその後もバートランド・ラッセル平和財団によって断続的に組織され、ラテン・アメリカやパレスチナの問題にも関心の射程を延伸している(3)。

ラッセル法廷の伝統を引き継ぎつつ、制度的な礎を持って多彩なテーマの審理を手がけてきたのは常設民衆法廷（Permanent Peoples' Tribunal）である。学際的な知見を反映させるこの法廷は、一九七九年にローマで設置されて以降、二〇一六年八月に南アフリカにおける多国籍企業の責任を追及した一件まで、合計四三回にわたって招集されている(4)。同法廷規程第二条が明記するように、その任務は「諸人民の基本的権利の普遍的かつ効果的な尊重を促進すること」にあり、人権侵害を認定し、その原因を検討し、責任者を非難することに力が注がれる。

同法廷は一九九二年に「ラテン・アメリカの征服と国際法」についても扱っているが、こうした歴史的不正義を裁く営みは世界各地で行われており、一九九三年にはハワイ民衆国際法廷（Peoples'International Tribunal Hawai'i）も招集されている。(5) その一方で、大国による軍事力行使は二一世紀に入りますます烈度をまし、それに呼応するかのように民衆法廷も続々と組織されている。世界各地で二〇の聴聞を重ねた後、二〇〇五年六月にイスタンブールに結集した世界イラク法廷（World Tribunal on Iraq）はその代表例といってよい。

同法廷調整委員会によって二〇〇三年一〇月に作成された「イスタンブール綱領」によれば、同法廷の目的は次の四つとされる。第一、事実の確定と戦争に関する情報の提供、第二、反戦運動の継続的喚起、第三、国際的制度の沈黙に異議を唱えることで真実を回復し集合的記憶を保全すること、第四、絶えざる戦争をその手段とする恒久的な「例外状態」としての新たな帝国主義的世界秩序の構築を阻止する運動の一部となること。同法廷は、米英の軍事行動を、侵略戦争および国際人道・人権法違反と認定する「良心の陪審員の宣言」をもって閉廷した。(6)

他方で、イラク戦争における国際法違反については、日本・フィリピンでもイラク国際戦犯民衆法廷公聴会が一四回にわたって開かれ、二〇〇五年三月の判決に帰結しているほか、二〇一二年から一三年にかけて、クアラルンプール戦争犯罪法廷（Kuala Lumpur War Crimes Tribunal）も普遍

的管轄権に基づく構成によって米英の政治指導者の国際法上の責任を認定している。(7)

二〇一四年に刊行されたある論考によれば、ラッセル法廷が招集された一九六〇年代以降、八〇以上の民衆法廷が開かれてきたという。(8) 実際にはさらに多いのではないかと思われるが、(9) いずれにせよ、イラク戦争についてそうであったように、民衆法廷の実践例はアジアでも相応に見られるようになっている。(10) 表現や身体の自由等への直接的な脅威があるところで法廷を開くのが困難なこともあってか、日本はアジアにおいて民衆法廷開催に好適な条件を備えた国の一つになっている。二〇〇七年の原爆投下を裁く国際民衆法廷・広島（International Peoples' Tribunal on the Dropping of the Atomic Bombs on Hiroshima and Nagasaki）(11) なども、記憶にまだ新しいところではないか。

(2)　民衆法廷を貫くもの

様々な不正義に多彩な手法で接近する民衆法廷を一つの鋳型に入れ込んで整序するのは困難というしかないが、とはいえ、そこにはいくつかの共通の要素を見て取ることもできる。

第一は、国際法制度の実情に対する批判的な姿勢である。民衆法廷は、裁かれるべき不正義が裁かれない現実への対応として市民によって立ち上げられるのが通例である。不正義が裁かれないのは、国家間合意に依拠する国際法制度の限界の現れといってもよい。そこには、国際仲裁・司法的解決制度を発動させる管轄権設定の限界や、非司法的紛争解決手続きに附随する政治的裁量の壁が映し出される。こうして、大国による軍事活動や歴史的不正義などの重大な人権侵害が構造的に放置されることになる。人々を民衆法廷に駆り立てる最大の契機はここにある。

第二に、民衆法廷は、法廷の構成や質によって趣を異にするところがあるとはいえ、根底において、国際法を排除するのではなく、むしろその本来的理念を蘇生させることに向けられている。人間の良心や人道の精神、道義といった非法的な要素に支えられながらも、平和・人権・公正な秩序を希求する国際法への厚い信頼が表出している。民衆法廷には国際法の訴求力が浸潤しているといって過言でない。

第三に、民衆法廷は、不十分な国家間メカニズムを代替／補充し、場合によってはその変革を促す動因となっている。現行制度によって視られ／聴かれることのない被害者の声・姿を公の場に引き入れる営みを通じて、不正義と被害の公的承認がなされる。また、公権力を背景に設置される裁判とは違って法的拘束力・強制力ある判断を下すわけではないものの、国際的連帯とネットワークを構築する重要な起点・基点ともなっている。

第四に、上記三点を支える認識として、民衆法廷は、国際法が政策決定エリートたちのものではなく「私たち市民」のものであるという確信を共通の礎にしている。本稿冒頭で紹介した「法廷」の判決と同様に、世界イラク法廷の冒頭で発言したリチャード・フォークも次のように述べている。「当法廷は執行権限を備えた通常の法廷を装うつもりはない。だが同時に、当法廷は、国際法の尊重を維持するため、世界の人々のために行動している。各国政府も国連も沈黙し、侵略の被害者を保護しようとしないとき、関心を有する市民によって構成される法廷が法を定立する権限を有するのである。そのユニークな貢献は、可能な限りの力をもって真実を語り、その真実性によって人類の抵抗への良心を活性化させることにある。」[12]

(3)　批判と応答

他方で、民衆法廷には多くの批判も向けられている。現に、民衆法廷は結論ありきの「吊るし上げ裁判」であるとか、模擬法廷に過ぎない、あるいは、強制力なき判断は無意味だ、などといった理由で難じられることが少なくない。民衆法廷を擁護する側は、こうした批判が根本において現行の国家間システムだけが国際法を担うという国家中心思考に基づいていると応答し、現行制度により放置される不正義は脱国家中心思考によってのみ対応可能であると反論する。ラッセル法廷に絡めて、フォークは次のようにいう。

「ラッセル法廷はこれまでの政府的な視点に立った理解からすると『合法的』ではなかったかもしれない。けれども、同法廷は、大規模な犯罪や罪を問われぬままにいた危険な犯罪者たちに対する関心を喚起することによって、そして、社会全体と無数の人々の生活を破壊し遮断する犯罪的なパターンの不法行為について信頼できる包括的な叙述を提供することにより、二重基準［＝勝者の裁き］に対応する『正統』なものであった。こうした社会的な発議は大変な労力を必要とするのであり、その犯罪性が重大かつ極端な場合であって、かつ、地政学的な理由によって既存の法制度による捜査・調査が阻まれる場合に初めて実現するものである。」[13]

民衆法廷を擁護する論者は、また、司法機能の多面性に注意を喚起し、強制力がなくとも、法を確認し、被害を承認し、国際的連帯と秩序変革を推進する民衆法廷の機能を強調する。「法廷」がそうであったように、適正手続についても近年は相当の配慮が払われつつあることにも留意しておくべきである。

二　「法廷」の営み

(1)　概観と判決

民衆法廷として組織された「法廷」は、日本、フィリピン、韓国の女性三名を共同代表とする国際実行委員会によって構想されたものであり、その設立文書として法廷憲章が作成されている。「検事団およびアジア太平洋地域の民衆対昭和天皇裕仁、安藤利吉［……ほか八名］ならびに日本政府」という事件名の下に、一〇名の被告人の刑事責任と日本国の法的責任が追及された。

四名の判事団、二名の首席検事、九か国の国別検事団、「法廷助言者」、（専門家）証人らによって構成された「法廷」の際立った特徴は、司法的形式とジェンダーの視座を徹底したところにある。前者については、不出廷だった「被告」に代わり法廷助言者が適正手続き保障にかかる意見陳述を行っており、後者については、判決も「過去の民衆法廷は……著名人に依存したが、女性の声は反映されなかった」（パラグラフ七二）と明記し、その意義を特に確認している。また、人種／植民地主義の視点が意識的に前景化されたことも特筆される。

「法廷」の判決は、大別すると、詳細な事実認定（被害の承認・記憶化）と法的評価、勧告からなる。法的評価に関しては、国際刑事法の最新の実務・理論水準を踏まえて昭和天皇を含む個人の責任が明らかにされ、日本国の国際法違反も認定された。司法形式を重視する「法廷」は、国際法の適用に関する基本姿勢を次のように明示している。「民衆法廷は国際法の空白部分を埋め、人道と正義の原則に基づく『民衆法』をつくり出して国際法の発展に新たな地歩を築くことができる。……私たちは民衆法廷として『民衆法』をつくり出す権限を認めているものの、本法廷の管轄権は、本件で訴追された違反行為が行われた当時の国際法、および国家責任に関して発展してきた国際法の制約を受けると考える」（パラグラフ六八、六九）。

「法廷」はこのように、まずは問題となる行為が行われた時点で有効であった国際法規範に注意深く限定してその解釈・適用を行なった。国家の責任との関わりでいえば、具体的には、ハーグ陸戦条約、婦女子売買禁止諸条約、一九二九年ジュネーブ条約、強制労働条約、奴隷制禁止規範、差別禁止規範といったものの違反が認定されている。日本国内で論争的な性奴隷制について、「法廷」は「個人を性的に支配するか性的自律性を個人から奪うことによって、所有権に伴う権能の一部または全部を、その個人に対して行使すること」と定義し、「本法廷は、『性奴隷制』の罪は、……当時の国際法上で犯罪であったと認定する」（パラグラフ六二一）と判じている。

法的評価についてさらに特記されるのは、「当初の違法行為から引き続き生じる継続する違反と義務を構成する日本国の作為と不作為」についても言及していることである。原因行為の法違反が治癒されないことによって現在に引き続く法違反が生じているという考え方である。事実の否定、隠蔽、歪曲、不訴追、被害回復措置（謝罪・損害賠償）の不履行、裁判での抵抗（請求棄却等）、

ILO・国連特別報告者への反対、強制を否定する公人の発言の放置、再発防止措置の懈怠（歴史教科書への不記載等）が継続的違反を構成する要素として名指しされている。

「法廷」の判決は、ジェンダーの視座を打ち出しながら平和条約等によって個人の請求権は放棄されていないとも判じ、日本政府への一二の具体的勧告に加え、旧連合国および国連（加盟国）にも必要な勧告を行うものとなった。

(2) 国際法の脱構築

日本軍「慰安婦」問題を長く封印してきた国際法制度は、国家（エリート）・男性・欧米・現在を中心に据えた濃厚な政治的価値を投射する一方で、民衆・女性・非欧米・過去を法の「他者」に追いやる暴力的な装置として機能してきた。過去の不正義にひたすら沈黙を決め込む国際法／学のあり方を支えてきたのはこうした価値的文脈である。その中にあって「現在」を中心におく思考とは、国際法の進歩史観に深く共鳴するものであり、現在と過去を截然と分断し、過去の不正義を「遅れた時代のやむを得ぬ所業」として葬り去ることを正当化するものにほかならない。

今や古典的ともいうべきこうした国際法のあり様に親和的な認識を日本政府は示してきた。国際法のあり様を決めるのは強度の男性性を仮託された国家＝支配エリートだけだという、帝国主義の旧套にこよなくなずむ想念が、「慰安婦」問題に対する日本政府の頑迷な法的態度の後背に見て取れる。

「法廷」は、日本政府のこうした姿勢を視野に入れつつ、民衆法という別個の法源に頼るのではなく、既存の国際法の内に自らを入れ込んで、法の内側から実定法の法解釈という手法によって既存の法制度に「他者」の声を吹き込む判決を開陳した。沈黙を強いる国際法を、沈黙を聴く国際法に創りかえる理路を示したといえる。適用可能な法規範を同定し、解釈するという定型的かつ常套的な法的営みの中に「他者」の視座を組み入れたことにより、まったく違った国際法の形姿が浮き立ってくることになった。

「法廷」の前後で国際法の規定自体になんら変わりはなかったものの、その現実的射程・効能は大きく拡幅されたといってよい。国際法の脱構築を促す「法廷」の営みは、総じて、日本政府の法解釈の偏波性を照射するとともに、不正義と向き合うために動員し得る国際法の豊かな可能性を指し示すものになった(14)。被害の承認・記憶化も含め、現行制度下で放置されてきた重大な不正義を国際法の地平を押し広げることによって是正しようとする民衆法廷の典型的な姿が映し出されていたと評価できる。学術的にも、数ある民衆法廷の代表格の一つとして位置付けられてきている(15)。

三　国際法の「変革」へ――「法廷」判決の発展

(1)　「継続的違反」の深化

「法廷」が示した判断の中にあって、現在に継続する義務・責任の側面は、二一世紀に入りますます拡充される人権条約上の義務にも転化して、いっそう明確化されつつある。「法廷」では、旧ユーゴスラビアやルワンダ国際刑事法廷の法的知見は積極的に参照されたものの、自由権規約、女性差別撤廃条約、拷問等禁止条約といった人権諸条約が主要に引証されることはなかった。しかし、「法廷」の判決が言及した継続的義務・責任は、人権諸条約機関における定期報告審査を通じ、人権条約上の義務としても着実に深められるようになっている。

日本政府は第二次世界大戦期に起きた「慰安婦」問題に人権条約が遡求して適用されることはないという立場であるが、人権諸条約機関はこの問題を現在進行中のものとして定式化している。その際、力点がおかれるのは被害の継続性の側面である。「法廷」の判決がいう否定・隠蔽、歪曲、不訴追、被害回復措置の不履行が人権条約上の現在の義務に直接に関わっているという認識がはっきりと打ち出されている。直近のものとして、拷問禁止委員会（二〇一三年六月の第二回定期報告審査）や自由権規約委員会（二〇一四年八月の第六回定期報告審査）の総括所見もさることながら、女性差別撤廃委員会による二〇一六年三月の第七・八回定期報告審査後の総括所見が規範的深化の位相を鮮明に示しており、特に印象深い。

二〇一五年暮れに忽然と表明された日韓「合意」の後に発せられた同委員会の総括所見は、パラグラフ二八において、「『慰安婦』問題は『最終的かつ不可逆的に解決される』とする韓国との合意の発表が被害者中心アプローチを十分に取らなかったこと」に遺憾の意を表した後、直後のパラグラフで、「『慰安婦』問題は、被害者のために効果的な救済策が引き続き取られていないことを考えると、第二次世界大戦中に締約国の軍隊によって行われた侵害の被害者／サバイバーの権利に継続的な影響を及ぼす深刻な侵害を引き起こしていると見ている。委員会は、したがって、このような人権侵害への対処が時間的管轄権によって妨げられることはない」と明言する。

そして「法廷」の判示と重なり合う被害回復措置を縷々指示するのだが、注目すべきことに、同委員会は、被害者／サバイバーが「真実・正義・被害回復の権利」を有していることを明文で記し、次回報告での情報提供を求めるに及んでいる。移行期正義の過程で醸成され、二〇一二年五月以来、国連人権理事会特別手続きの下でも検討対象になっている当該権利が「慰安婦」問題の文脈でも適用される旨を明示したことは、この問題が法的にも解決済みでないことをはっきりと指し示すものといわなくてはならない。

そのさらなる証左というべきか、二〇一六年三月には、国連人権理事会の女性差別問題作業部会議長、真実・正義・被害回復等特別報告者、拷問等特別報告者も、連名で女性差別撤廃委員会の上記認識を支持する見解を表明している(16)。

⑵　変革の相貌

国際人権保障メカニズムが切り拓く法認識は、「法廷」の判決が映し出した国際法の地平を進みゆくものである。すなわち、そこにはジェンダーの視座が打ち出されており、また被害者中心アプローチ（victim-centered approach）には脱国家＝エリートの思想が疑いなく投影されている。そして何より着目すべきことに、継続侵害あるいは真実・正義・被害回復といった諸概念の導入により、国際法に内蔵された欧米・現在中心主義からの脱却が厳然と促されてもいる。

国際法のあり様を支配してきた欧米・現在中心主義が正統性を剥落させつつあるのは、人権言説が深化していることの思われざる、しかし必然的な帰結でもある。普遍性を本来的に希求する人権の射程は、しだいに場所や人種、国籍、性別等の壁だけでなく、時の壁をも超えつつある。別言すれば、人権は「時」の面においても普遍化への道をたどり始め、その射程を過去にも延伸しつつあるというである。これは、現在の法的基準を遡求して適用するということなのではなく、「被害回復（reparation）という儀式化された手段によって、正統な法の支配が崩壊した縮図と見られる行為や出来事を非難することに力を合わせる、あらゆる当事者を包摂した包括的な規範秩序を構築しまたは回復する過程と捉えるべきもの」[17]である。

現在と過去を接続する正義のことを私は「トランス・テンポラルな正義（trans-temporal justice）」と称してきたが[18]、法を通じてそれを具現化する際に提起されるのは、時をどこまで遡り、被害の人的・物的範囲をどのように確定するかという問題であり、不正義を違法と判ずるために欠かすことができない適用法規をいかに解釈適用するか、という問いである。

この難題については近年、様々な議論が提示されるようになっているが、とりわけ適用法規に関しては、女性差別撤廃委員会の上記総括所見が示す継続侵害の法理以外にも、効果的な救済を受ける現在の権利を過去の原因行為から切り離して自立的に解釈適用したり、あるいは、過去の人権侵害に対する現在の手続的権利（国家の調査義務）の所在に焦点を当てる法理等が提示されるようになっている。また、当時の法規が著しく正統性を欠く場合には法の遡求的適用そのものを求める理路も提唱されている。

ちなみに、条約発効前の事件が審理の俎上に上る欧州人権裁判所では、事件発生時と欧州人権条約発効日との間に「真正な連結（genuine connection）」が必要との判断が示されている。この真正な連結は時間的に一〇年を超えるものではないとされるものの、条約の基底となる価値が否定される場合はこのかぎりでない。ただし、欧州人権条約の署名日（一九五〇年一一月四日）より前の事件までは遡らないという抑制的な判断が示されてもいる(19)。

いずれにせよ、実定法の中にトランス・テンポラルな視点を入れ込む作業は端緒についたばかりであり、欧米・現在中心主義の克服に向けた法的議論は、今後さらに練磨されていくに違いない。

四　「国際法による支配」と民衆法廷

「法廷」を始めとする民衆法廷が陸続と設置され、国際法の変革が進められる現下の時代状況は、相反する政治力学が複雑に交錯する時でもある。一つには、冷戦終結後に急速に高まった自由主義国際法学のうねりがある。法の支配つまりはユルゲン・ハバーマスの言葉を借りるなら「法によって国家権力を飼いならすこと」こそ自由主義法学者の願望であり、このゆえに、国際刑事裁判所など一九九〇年代以降の国際刑事司法の進展は、主流国際法学によって圧倒的なまでの賛辞を持って迎え入れられることになった。旧ユーゴスラビア国際刑事法廷の所長も務めたアントニオ・カッセーゼによれば、分権的国際社会を統合に導く集権的な国際刑事司法の拡充は「国際法の支配（rule of international law）に基づく新しき世界秩序」の誕生にほかならなかった。

だが、そういった多幸感は二一世紀に入って一瀉千里のごとく浸潤した安全保障化の力学の作用を受けて舞台の後景へと後ずさりしていく。セキュリタイゼーションの発出点となった9・11の事件が導いたものは、正義ではなく力を恃みとする帝国主義的国際法言説の台頭である。この言説の広まりにより、「国際法の支配」は「国際法による支配（rule by international law）」に簒奪・横領された観すらある。タガが外れたようなむき出しの軍事力行使の頻発はいうまでもなく、国際刑事司法制度自体も帝国主義的国際法の波濤を浴びて揺動し、国際法秩序は甚だしい不安定化の内に引き入れられている。

「国際法による支配」は価値のグローバルな一元化に親和性をもち、「人権・民主主義・市場経済・法の支配」という四点セットからなる米国（欧米）型政治経済システムの世界化を推進する形で顕現している。国際法秩序の不安定化は、こうした政治力学への直截的な反発の現れでもある。

人権諸条約に連なる「法廷」が体現する民衆法廷の営為は、これとは対照的に、国家間システムが作り出す法の「他者」に寄り添うものであり、むしろ多元的な価値あるいは多様な人間存在が並存し共存し得る国際法秩序のビジョンに馴染む。「国際法による支配」が傲岸に推し進められる時代状況であればこそ、民衆法廷を求める声が増幅されているのでもある。現行制度を補完するとともにその変革への道を指し示す民衆法廷は、激しく軋む国際社会の中で、国際法の本来的理念に未来を重ね合わせる多くの民衆により、世界各地でますます実践を重ね、精錬されていくことになるのだろう。その動態を、学術的にも精確に捕捉する作業を続けていかなくてはならない。

（1） Judgment on the Common Indictment and the Application for Restitution and Reparation, paras. 65, 66. 「法廷」の判決文の翻訳は、VAWW-NETJapan編『日本軍性奴隷制を裁く二〇〇〇年女性国際戦犯法廷の全記録Ⅱ』（緑風出版、二〇〇二年）一〇五-四四三頁。本文でこの判決を引用する場合には、パラグラフの番号のみを括弧で記す。

（2） Arthur Jay Klinghoffer and Judith Apter Klinghoffer, International Citizens'Tribunals (Palgrave, 2002), pp.103-162.

（3） http://russfoun.org/defaulg.html. なお、本稿で引用するURLは、すべて二〇一七年二月末時点で確認したものである。

（4） http://permanentpeoplestribunal.org/?lang=en.

（5） http://www.hawaiianvoice.com/products-page/history-transcript/ka-hookolokolonui-kanaka-maoli-peoples-international-tribunal-hawaii-1993-transcript-of-proceedings-island-of-oahu/.

（6） Muge Gursoy Sokmen (ed.), World Tribunal On Iraq: Making the Case against War (Olive Branch Press, 2008); Andrew Byrnes and Gabrielle Simm, "Peoples'Tribunals, International Law and the Use of Force", UNSW Law Journal, Vol.36 (2012), p.737.

（7） Id., pp.738-740;『ブッシュ、小泉　有罪！イラク国際戦犯民衆法廷判決』（イラク国際戦犯民衆法廷実行委員会、二〇〇五年）参照。

（8） Gabrielle Simm and Andrew Byrnes, "International Peoples'Tribunals in Asia: Political Theatre, Juridical Farce, or Meaningful Intervention?", Asian Journal of International Law, Vol.4 (2014), p.104.

（9） 最新の民衆法廷として、二〇一六年一〇月にハーグで開かれた国際モンサント法廷（International Monsanto Tribunal）がある。http://www.monsanto-tribunal.org.

（10） 注目を集めたものの一つに、二〇〇七年にニューデリーに招集された世界銀行に関する独立民衆法廷（Independent Peoples'Tribunal on the World Bank）がある。http://www.worldbanktribunal.org.

（11）http://www.k3.dion.ne.jp/~a-bomb/.

（12）Quoted in Byrnes and Simm, supra n.6, p.736.

（13）Richard Falk, "War, War Crimes, Power and Justice: Toward a Jurisprudence of Conscience", Asia Pacific Journal, Vol.10, Issue 4, No.3, January 16, 2012.

（14）和田春樹『アジア女性基金と慰安婦問題　回想と検証』（明石書店、二〇一六年）二七〇–二七六頁における「法廷」の評価・批判（「慰安婦」制度認識の一面性、個々の実行犯と国民の責任を問わぬ問題性等）は、二〇〇〇年一二月の審理と予備的認定（「認定の概要」）に依拠したものにとどまっていることから、最終判決を踏まえた評価を待ちたい。

（15）たとえば、Simm and Byrnes, supra n.8, pp.109-112; Christine Chinkin, "Women's International Tribunal on Japanese Military Sexual Slavery", American Journal of International Law, Vol. 95（2001）pp. 335-340; Karen Knop, "The Tokyo Women's Military Tribunal and the Turn to Fiction" in Fleur John et.al.（eds.）, Events: The Force of International Law（Routledge, 2011）, pp.145-164.

（16）http://www.ohchr.org/EN/NewsEvents/Pages/DisplayNews.aspx?News ID=17209&LangID=E.

（17）George Ulrich, "Introduction: Human Rights With a View to History", in Ulrich and Louis Krabbe Boserup（eds.）, Reparations: Redressing Past Wrongs（Kluwer Law International, 2003）, pp.5-6.

（18）Kohki Abe, "International Law as Memorial Sites: The 'Comfort Women' Lawsuits Revisited", Korean Journal of International and Comparative Law, Vol.1（2013）, pp.174-175.

（19）Applications Nos. 55508/07 and 29520/09［GC］, Judgment of 21 October 2013.

21 女性法廷から日本の植民地主義を問い直す

一 はじめに

日本にあって植民地主義を論ずる際に参照すべき書物の一つ『植民地責任論』の序章において、同書の編著者である永原陽子は次のような認識を示している。(1)

一九九〇年代以来、奴隷貿易や奴隷制、また植民地主義の過去に関する責任を問い、謝罪や償いを求める動きは世界の各地で顕著になってきている。(中略)

植民地主義の過去にかかわる謝罪や償いと言えば、我が国では第二次世界大戦中、日本軍によって「慰安婦」にさせられた女性たちに関する一連の議論や、強制労働に従事させられた朝鮮人や中国人による訴訟などがただちに想起される。それらは従来「戦争責任論」のなかで論じられてきたが、「慰安婦」制度が植民地支配(および占領支配)と密接不可分の関係にある性奴隷制であり、また植民地出身者の強制労働が奴隷労働であるという意味で、これらは植民地主義や奴隷制の過去に対する責任の問題とも重なっている。

宋連玉《ソンヨノク》も言うように、「植民地支配を受けた台湾や朝鮮からすると一五年戦争ではなく、日清戦争の始まった年から数えると五〇年戦争」であり、「国家権力（政府・軍・警察）が売春業者を使って兵士に買春を奨励・強要・保証するシステムは近代日本帝国とともに生まれ、帝国の膨張、軍備拡張とともに整備されていった(2)」ことは歴として疑いない。

金学順《キムハクスン》らを原告とするアジア・太平洋戦争韓国人犠牲者補償請求事件をはじめ、日本の加害責任を追求した一連の戦後補償裁判の訴状でも、個別の被害事実の前提として、侵略戦争をさらに遡る日本の植民地支配の責任がまずもって語られることが少なくなかった。「日本軍性奴隷制を裁く女性国際戦犯法廷」（以下、「法廷」）の共通起訴状も同様であり、「背景となる事実」に次のように認《したた》められている(3)。

一九世紀末から二〇世紀半ばまで、日本政府は北アジアと東南アジアで拡張主義政策を追求し、その結果、アジア・太平洋戦争と一九四五年の日本の無条件降伏をもたらした。日本は一八九五年に台湾を植民地とし、その後、一九〇五年に朝鮮を支配下に収めた。一九三一年に日本は満洲を侵略、一九三二年に上海、一九三七年に南京を攻略した。……一九三七年から一九四五年までの、この起訴状が扱う時期全般にわたって、日本が占領し植民地化し支配したアジアの国々から、推定何万人もの女性たちが、日本政府によって承認された「慰安所」において軍性奴隷として働くことを強制されたのである。

「法廷」は、判決文が記すように、(4)極東国際軍事裁判とそれに続くアジア太平洋各地で開廷された軍事裁判の「再開または継続」と位置付けられた。「慰安婦」制度について被告人の責任を追及しなかった裁判の審理を改めてやり直すということである。ただし、単なる延長というわけではない。植民地への関心を封じ込め、「慰安婦」制度について沈黙を強いた法の認識枠組み(国家中心主義、男性中心主義、植民地主義、人種主義等)が抜本的に紡ぎ直されてもいる。

実際のところ、裁き得る法的根拠がそこにあっても、裁くべき事実がそこにあっても、それらを可視化できる肝心の認識枠組みがなければ、法は看過され、事実も認定されぬままに放擲されてしまう。学問知や司法のあり方を支えてきた強者優先の構造を批判的に照射した「法廷」の営為は、日本軍性奴隷制に抜きがたく埋め込まれた日本の植民地主義／帝国主義の位相を抉出し、世界各地で本格的に告発され始めた植民地支配責任に法の射程を延伸する貴重な契機を押し広げるものともなった。

二 「文明化の使命」と二分法構造

一九世紀にその形姿を整えた国際法は、欧米なるものを「文明」の標準ととらえ、その世界化を使命としていた。「文明化の使命 civilizing mission」と呼ばれるものである。[5] アジア、アフリカにまたがる広大な植民地支配に「倫理の霧」を吹きかけたのも、文明化言説にほかならない。日本は、欧米発の国際法を東アジアにあっていち早く吸収し、この地域に行き渡っていた華夷秩序を内側から破砕する植民地主義／帝国主義的行動に突き進んでいった。植民地支配が近代化に資する善行であるとの認識（＝倫理の霧）は、一五年に及んだ日韓国交正常化過程における日本側の発言（「日本の三六年間の統治は朝鮮にとって恩恵であった」）に端的に表出していたことが想起されよう。

共通起訴状も判決も触れてはいないが、日本の植民地支配を論ずる場合には、一八七九年の琉球王国併合を欠かすことはできない。国際法上の国家としての要件を整え、欧米諸国と条約も締結していた同国を、日本は、「琉球処分 Ryukyu Disposition」という名の下、武力を背景に国際法上の根拠なく一方的に自国に編入した。一八九八年の米国による不法なハワイ王国併合と相似形をなす出来事であり、一九一〇年の韓国併合を彷彿させるものでもあった。琉球王国は以後沖縄県となり、北海道と改称されたアイヌモシリと並び、日本の内なる植民地となって今日に至るのだが、「慰安婦」問題に関わって沖縄にむき出しにされた差別意識は、浦崎成子「沖縄戦と軍「慰安婦」」に、次のように集約的に描き出されている。[6]

すでに、日本軍は、各部隊専用の「慰安婦団」「携行兵器」を、「兵站の一分隊」として中国から連行して軍慰安所をもってはいた。しかし、なお「不足」しているので、軍命で「慰安婦」徴発を迫ったのである。日本軍の人・物資の「現地自活」「現地調達」の徴発方式は、朝鮮、中国で成功しており、「沖縄防衛のために来た軍に対して、協力は当然だ」という現地皇軍の大儀名分が沖縄女性の徴発の強行を可能にした。占領地と同じ意識のもとに大量の慰安所が設置されたのである。

ここには、まぎれもない植民地主義と人種差別の位相が（性差別と複合して）浮き出ているのだが、国際法は強国に有利に作用する二分法構造を幾重にもはりめぐらせることにより、植民地主義の実情を法の暗渠にうずめてしまうものでもあった。それらを列挙すると次のようになる。

第一、国際／国内の二分。韓国の併合がそうであるように、植民地はいったん強国の領域に編入されるや、そこで生じる事態は国際問題ではなく国内問題となり、国際法の関心が及ばぬものとされた。植民地の人間（朝鮮人）は国民（日本人）となり、その処遇に国際法の適用はないとされたのである。

第二、本土／植民地の二分。一九二一年の「婦人及児童ノ売買禁止ニ関スル国際条約」がそうであるように、締約国（日本）には、条約の適用を本土に限り、植民地への適用を排除することが認められた。

第三、平時／戦時（緊急時）の二分。たとえば強制労働条約二条二には、戦争のような緊急事態の場合には強制労働の禁止は及ばない旨の規定がおかれている。また、戦時に被った個々人の被害については、平和条約という政策決定者間の合意により「一括処理」されてケリがつくとの了解も広められてきた。

第四、現在／過去の二分。過去の出来事は、いかに重大であれ、現在の基準をもって評価することは法の遡求適用であって許されないとされた。こうした二分法を支えているのが単線的・直線的に組み立てられる国際法の歴史叙述である。過去から未来に向けて国際法はたえざる進歩の軌跡を描いており、植民地支配は過去の一時期に出来した不幸な事象に過ぎず、現在はその歪みを正した公正な国際法秩序が築かれるに至っている、という認識が標準的な国際法学の叙述を通底している。

植民地支配にかかる問題は、重層的に連結されるこうした二分法構造により、国際法の暗渠に深くうずめられてきた。日本軍性奴隷制問題はその典型例でもあった。

三　予示的政治の実践

「法廷」の営みは、起訴状がそうであり判決がそうであるように、国際法を歪ませてきた偏頗な二分法構造を脱構築する認識を前面に押し出した。既存の支配的な国際法観を無批判に前提とするリアリズム的手法とは異なる一方で、法の新たな作出や遡求適用といった革命的営為を断行したわけでもない。そうではなくて、実際にあり得た法のありようを解釈規則に従って裁判の場に粛然と出来させる「予示的政治（prefigurative politics）」の実践と言うにふさわしいものであった(7)。

二分法構造により不可視の領域におかれていた植民地主義の実情に国際法の光を当てるべく、「法廷」は様々な法解釈を駆使するのだが、その中でとりわけて強い力を発揮したのが人道に対する犯罪と奴隷制という二つの法概念である。「法廷」は、これらの法概念の本来的可能性を意欲的に引き出し、日本（軍人）の法的責任を次のように認定する。(8)

日本は、国家責任の伝統的な原則は外国人に対する国際違法行為に基づくことを理由として、日本人、朝鮮人、台湾人女性についての責任を否定しようとしてきた。植民地の人間である朝鮮人や台湾人はこの保護の下には入らないというのである。

しかし、共通起訴状についての判決で検討したように、人道に対する罪の概念は、この基本原則を、その民間人が自国民であるか、まさに植民地の人間であるかを問わず、いかなる人間に対する損害にも拡大した。この責任の原則は従って、交戦国が自国民に対して行った人道に対する罪にも及ぶ。よって日本は、そうした国際違法行為が植民地の人間と自国民のいずれに対して行われたかを問わず、その責任を免れない。

加えて、国際犯罪としての奴隷制は、戦争法に基づくのみならず、起訴された犯罪が行われた時点の戦争とは独立に、国際違法行為を構成した。私たちは、日本は「加害行為が行われた当時の朝鮮半島［および台湾］の領土的地位のいかんにかかわらず」国際慣習法に違反し、「その結果これらの規範は、占領地の民間人であったか否かにかかわらず、朝鮮人［および台湾人］女性にも等しく適用される」という……結論に賛成する。

ここでは、侵略戦争中の行為と重なるとはいえ、戦争犯罪あるいは戦争責任を超え出た植民地支配下における犯罪行為への責任が同定されている。このように、国際法の二分法構造を超えて植民地支配下での個別の行為に法の射程を延伸する言説は近年になって世界各地で顕現しており（奴隷貿易等に対する法的責任の追及など）、植民地主義の清算に向けた現代的潮流の現れを見て取ることができる。[9]「法廷」の営みも、そこに連なるものであった。

他方で、植民地支配そのものについての責任に「法廷」の判断は踏み込んではいない。そもそも踏み込む必要がなかったからでもあるが、おそらく、現代社会が植民地主義と対峙する先には、植民地支配下で重ねられた個別の不正義に人道に対する犯罪や奴隷制といった法概念を延伸していくだけでなく、植民地支配そのものの法的責任を見定めることも欠かせなくなるに相違あるまい。

すでに一九四三年一一月のカイロ宣言において、米ソ中の「三大国は、朝鮮の人民の奴隷状態に留意し、やがて朝鮮を自由独立のものにする決意を有する」との見解を表明していたが、ここでは植民地支配それ自体が違法な奴隷状態になぞらえて捉えられている。また、国連国際法委員会でも、結局は潰えたとはいえ、「人類の平和と安全に対する犯罪法典草案」（一九九六年）を審議する過程で犯罪の一類型案に「植民地支配その他の形態の外国の支配」が含まれていた。[10]同草案の起草段階にあって植民地支配は人民の自決権に反するものとされていたのだが、この点に関連して、一八九八年の米国のハワイ王国併合が先住人民の自決権を侵害する国際法違反だったとして、一九九三年の米国両院合同決議により公式の謝罪表明がなされていることにも留意すべきである。[11] このように、植民地支配そのものを法的に評価し直す営為は世界のそこかしこで広がりつつある。

前述のとおり、直線的に進化する軌跡を描き出す支配的な国際法の歴史叙述は、現在と過去を二分する認識を前提にしてきた（その結果、過去の出来事は過去の中に葬られて終わってしまう）。だが、公的アリーナに召喚されるマイノリティ（歴史的弱者）の記憶は、人権言説を基軸に複線的な国際法の歴史叙述を促し、過去の被害を現在に連結させて定位する trans-temporal justice の射程を押し広げている。[12] 歴史の中に放置されてきた〈他者〉の記憶が現代社会のありようを漸進的に変え始めている中にあって、強者優先の下に免責されてきた植民地支配責任に法の関心が寄せられ始めているのは必然の成り行きと言うべき事象である。

四 日本の植民地主義の現在

東アジアにあってそれを象徴する司法判断が、二〇一二年五月二四日の韓国大法院判決であった。「日帝強占期の日本の韓半島支配は規範的観点から不法な強占に過ぎず、日本の不法な支配による法律関係のうち、大韓民国の憲法精神と両立しえないものはその効力が排斥されると解さなければならない」と判示した大法院[13]は、二〇一八年一〇月・一一月に示した二つの判決で、日本の企業に対し元徴用工への損害賠償を命じている。大法院は韓国憲法のみに依拠して植民地支配を違法と判じているが、国際法の観点からも韓国の併合過程、とりわけ一九〇五年の乙巳条約の締結過程に重大な瑕疵（国の代表者に対する強制、批准手続きの欠落）があったことが指摘されてきている。(14)

他方で、日韓基本条約・日韓請求権協定締結時における日本政府の認識は、植民地支配は合法かつ正当（＝近代化・文明化に資する）というものであった。だが一九九〇年代以降、所属政党のいかんを問わず、歴代首相は植民地支配の不当性を認める見解に転じた。その認識転換は、しかし、安倍晋三政権期に大きく動揺し、二〇一八年の大法院判決に対しても強硬な反発を示すに及んでいる（二〇一八年七月一九日外務大臣談話など）。日本軍性奴隷制についても、「法廷」が説示するような植民地支配下での重大な犯罪行為としての認識がどれほど共有されているのかますます疑わしくなっている。

植民地支配にかかる責任意識が政府にあって浮遊したままにあることもあずかって、日本では、朝鮮や中国、沖縄などに向けたむき出しの差別を扇動する言動が社会を覆うようになっている。国際人権諸機関からの度重なる警告や勧告も背景に、不十分ではあれヘイトスピーチを規制する法律が制定され、これを補完する地方自治体の取り組みも少しく進んではいる。だが看過できないのは、市民の言動を規制する一方で、国家による制度的差別そのものが放置されたままにあることである。具体的には、「高校授業料無償化」の対象から朝鮮学校が狙い撃ちされて排除されたままにあることが指摘される。法令のみならず裁判判決にあっても、朝鮮学校にかかる植民地支配責任への関心は著しく希薄なままに推移してきている。

内海愛子は、植民地犯罪、朝鮮・台湾の植民地支配といった「不問に付されてきた過去を問い直す可能性を、法廷は示した」と、「法廷」の意義を高く評価しているが[15]、日本軍性奴隷制問題と正面から対峙した「法廷」は、確かに、植民地支配下における重大な不正義を法的に追及する民衆の壮大なチャレンジであった。予示的政治としての「法廷」の思想と実践は、植民地主義に連なる人種差別が社会に蔓延する現在であればこそ、いっそう精細にその内実をたどり直してしかるべきものに相違ない。そしてこれに加うるに、判決から二〇年ほどを閲《けみ》した今、私たちは、日本の植民地支配それ自体の法的責任と正面から向き合う責務を強く自覚すべき時を迎えているようにも思う。

（1）　永原陽子「序　「植民地責任」論とは何か」永原編『「植民地責任」論――脱植民地化の比較史』（青木書店、二〇〇九年）所収、一一頁。
（2）　宋連玉「第一章　公娼制度から「慰安婦」制度への歴史的展開」VAWW-NET Japan 編『「慰安婦」・戦時性暴力の実態Ⅰ　日本・台湾・朝鮮編』（緑風出版、二〇〇〇年）所収、二六～二七頁。
（3）　VAWW-NET Japan 編『女性国際戦犯法廷の全記録Ⅱ』（緑風出版、二〇〇二年）一二～一三頁。
（4）　「検事団およびアジア太平洋地域の民衆対昭和天皇裕仁ほか　判決」第八一パラグラフ。判決文の日本語訳は『女性国際戦犯法廷の全記録Ⅱ』（前掲注（3））による。
（5）　阿部浩己『国際法を物語る1』（朝陽会、二〇一八年）第二、三章参照。
（6）　浦崎成子「沖縄戦と軍「慰安婦」」『「慰安婦」・戦時性暴力の実態Ⅰ』（前掲注（2））九七頁（傍線は筆者による）。
（7）　予示的政治とは、望ましい政治・社会を現実に出来させる積極的行動主義の一形態であり、その要諦は“Be

the change you want to see”というフレーズに集約的に表現されている。Hilary Charlesworth, “Prefiguring Feminist Judgment in International Law”, in Loved ay Hodson & Troy Lavers (eds.), *Feminist Judgments in International Law*（Hart Publishing, 2019）, pp. 479-480. 個々人（が被った危害）に焦点をあて、問題の交差性／複合性を踏まえたうえで、二分法構造を脱構築し、国際法の適用可能性を押し広げた「法廷」の営為には、とりわけてフェミニスト理論・手法の影響が現われている。See Zoi Al iozi, Berenice K. Shramm & Ekaterina Yahyaoui Krivenko, “Germany v. Italy”, in Hodson & Lavers (eds.), id., p.123.

（8）判決、第九一一～九一三パラグラフ。

（9）たとえば、永原編著（前掲注（1））所収の諸論文参照。See also, Stiina Löytömaki, *Law and the Politics of Memory: Confronting the Past*（Routledge, 2014）; Andreas Buster, “Colonial Injustices and the Law of State Responsibility: The CARICOM Claim to Compensate Slavery and the（Native）Genocide”, *Heidelberg Journal of International Law*, Vol.77（2017）p. 413.

（10）前田朗「植民地支配犯罪論の再検討 ── 国際法における議論と民衆の法形成」『法律時報』八七巻一〇号（二〇一五年）三五～三九頁。

（11）John Van Dyke, “Reconciliation between Korea and Japan”, Chinese Journal of International Law, Vol.5 (2006) pp. 223-225.

（12）Kohki Abe, “International Law as Memorial Sites: The ‘Comfort Women’ Lawsuits Revisited”, *Korean Journal of International and Comparative Law*, Vol.1（2013）, pp. 174-175. See also, Löytömaki, n 9, p.125.

（13）三菱事件大法院第一部判決、二〇一二年五月二四日判決宣告。日本弁護士連合会による日本語訳を参照。https://www.nichibenren.or.jp/library/ja/kokusai/humanrights_library/sengohosho/saibanrei_04_1.pdf.

（14）広瀬善男「国際法から見た日韓併合と竹島の領有権」『明治学院大学法学部四〇周年記念論文集』（二〇〇七年）二八六頁。ただし、広瀬は、乙巳条約の無効性を認めつつも、戦争自由の基本的国際法観念に支配されていた当時、韓国の植民地化を全体として無効であったとまでは言えないと結論している。

(15) 内海愛子「女性国際戦犯法廷は何を再審したのか——二つの「憲章」を読む」VAWW-NET Japan編『女性国際戦犯法廷の全記録Ⅰ』(緑風出版、二〇〇二年)所収、三三九頁。

V

国際規範・制度と向き合う

22 〔イスラエルのガザ侵攻再開〕集団殺害制止へ法的義務
――日本も可能な行動直ちに

つかの間の休戦を経て、イスラエルによる侵攻が再開した。「天井なき監獄」ガザに広がる惨状は、国際法上最も重大な犯罪であるジェノサイド（集団殺害）の様相を呈している。

ジェノサイドとは、国民的・民族的集団の全部または一部を破壊する意図をもってその構成員を殺したり、重大な肉体的・精神的危害などを加えたりする行為をいう。ナチスドイツによるホロコーストを機に作られたジェノサイド条約に、明文の定めがある。

ガザでは、すでに一万六千人以上（半数近くは子ども）が命を失い、負傷者も四万人を超えている。大規模な移動が強制され、生存に必要なあらゆるものが攻撃の標的と化している。イスラエル国防相はパレスチナ人を動物になぞらえ、全てを壊滅すると公言してはばからない。

一刻の猶予もなき極限状況を前に、国連人権機関の専門家や、国際法にたずさわる世界各地の学者・実務家たちがジェノサイドの危険性に繰り返し警鐘を鳴らしている。

イスラエルの武力攻撃を、自衛権によって正当化する見方がある。たしかに発端となったハマスの犯罪行為はあまりにひどいものであった。

しかしそうであっても、この権利は、自らが占領を続ける地に向けて、しかもハマスのような非国家主体を相手に発動することはできない。むろん、自国（民）防衛を理由にジェノサイドが許される余地はない。

イスラエルの軍事行動は自衛権のいかんにかかわらず、戦争の惨禍を最小限に抑えようとする国際人道法により厳しく制御されるべきものでもある。その柱の一つが「区別の原則」である。軍事目標と文民・民用物（住宅や学校、病院など）を区別できない攻撃は行ってはならず、地下に軍事施設があるからという理由で、病院を攻撃対象にすることは許されない。

また「均衡性の原則」は、文民や民用物への被害を過度に引きおこす攻撃を許容しないが、この原則はことごとに踏みにじられている。民間人を「人間の盾」にするハマスの行為が戦争犯罪にあたるにしても、文民への危害は可能な限り防がなければならず、軍事的利益をもって攻撃の全てが許されるわけではない。

言葉を失うような惨劇が重なり、ガザの地にジェノサイドの醜貌がさらに浮かび上がっている。驚くべきことに、日米など先進国政府の多くは、イスラエルの行動を擁護することでジェノサイドの実行を容認しているかのようである。

だが各国には、集団殺害を防止する明確な法的義務を負っていることを忘れてもらっては困る。この義務は、全ての国を拘束する慣習国際法に基づき、日本などジェノサイド条約未加入国にも及ぶ。現在のようにジェノサイドの重大な危険性が認識されるとき、各国はその防止に向けて合理的に利用可能なあらゆる手段をとらなければならない。

米国などイスラエルに強い影響力をもつ国の義務はとりわけて重い。その義務を政府が怠っているとして、米国では裁判も提起されている。

イスラエルとの友好的結びつきをもつ日本もまた、人間存在を破壊する集団殺害の制止に向けて、なし得る行動を直ちにとらなくてはならない。極めつきの暴力と毅然（きぜん）と対峙（たいじ）することが人道的にも法的にも、今ほど求められているときはない。

23 国際法はロヒンギャ問題を裁けるか？
── 国際刑事裁判所の苦悩と未来

二〇一八年九月六日、国際刑事裁判所（ＩＣＣ）第一予審裁判部は、「ＩＣＣ規程第一九条３に基づく検察官の管轄権に関する決定の請求」に応え、ミャンマーからバングラデシュへのロヒンギャの人々の追放について裁判所が管轄権を行使できる旨の決定を行った（判断にあたった三名の裁判官のうち一名は、裁判所の権限に関して部分的反対意見を付している）。

九月一八日には、国連人権理事会の下に設置されていた「ミャンマーに関する独立国際事実調査団」の報告書全文も公表された。同調査団は、重大な国際犯罪に相当する大規模な人権侵害が同国を覆っていることを詳細かつ仮借なく告発し、安保理などに対して具体的な行動の数々を勧告するに及んでいる。

ミャンマーの人権状況に対する国際的懸念は沸点に達しているといってよく、今般の決定も国連人権高等弁務官や人権ＮＧＯにとって待ち望まれていたものに相違ない。その一方で同国大統領府は、「誤った手続きの結果であり、疑わしい法的内容の決定を断固拒否する」との声明をただちに発し、強硬に反発している。

小論では、この決定のもつ意味合いをＩＣＣの行方に絡めて考察する。

一　検察官の請求

この請求の中で検察当局が焦点を当てたのは、合法的にミャンマーにいた六七万人以上のロヒンギャの人々が二〇一七年八月以降、国境を越えてバングラデシュに追放されているとされる事態であった。国連人権高等弁務官や国連人権理事会ミャンマー特別報告者が「教科書的な民族浄化例」あるいは「ジェノサイドの典型」と評する尋常ならざる事態である。

問題は、当のミャンマーがＩＣＣ規程を締結していないところにあった。同規程第一二条によれば、裁判所が管轄権を行使するには、「領域内において問題となる行為が発生した国」か「犯罪の被疑者の国籍国」が、規程の締約国であるかもしくは管轄権行使を別途受諾していなくてはならない。だが「問題となる行為」はミャンマーで発生し、被疑者とおぼしきものもミャンマー人であり、かつ、同国は本件についてＩＣＣの管轄権行使を受諾していない。

ただし、ＩＣＣ規程はもう一つ、国連安保理から事態の付託を受けた場合にも管轄権行使の道を開いている。この場合には対象が非締約国であってもかまわないのだが、肝心の安保理の側に必要な政治的意思の形成が困難な状況が続いていることは、広く知られているとおりである。

一条の希望は、隣国のバングラデシュがＩＣＣ規程の締約国であったことである。検察官は、人道に対する犯罪について定める同規程第七条(d)に着目した。そこには、当該犯罪に該当する行為の一つとして「住民の追放又は強制移送」が規定されている。検察当局は、同条項が「追放」と「強制移送」という二つの別個の犯罪を扱っており、追放は国境を越える場合に成立するのだから本件に適用され得ると考えた。

つまり、ロヒンギャを追放する行為はミャンマーで開始されたにしても、国境を越えてバングラデシュにおいて完成したのであり、したがって「問題となる行為」（の一部）は規程の締約国たるバングラデシュの領域内でも発生した、というのである。国家管轄権にかかる客観的属地主義の考え方だが、同条項をそう解釈できるのであれば、前例こそないものの、たしかに追放行為の実行者（ミャンマー人）をＩＣＣで裁く扉が開く。検察官の請求の帰趨（きすう）は、端的に、裁判所がこの点をどう評価するかにかかっていた。

二　裁判所の権限

判断を委ねられた第一予審裁判部は、その点にかかる判断に臨む前に、請求に応じる権限を自らが有しているのかという前提問題に向き合う必要があった。

本請求は、規程の想定外というべきことに、検察官が訴追はおろか捜査にも予備的な検討にも正式には着手していない段階でなされていた。部分的反対意見を付したドゥ・ブリシャンボー裁判官は、請求の根拠となるＩＣＣ規程第一九条には「事件」という語が用いられており、したがって逮捕状や召喚状の発付などを通じて「事件」となった段階で初めて管轄権に関する決定を求め出られるところ、本件はその段階に達していないので同条の適用はない、との見解を示す。

これに対し多数意見は論争的な同条の適用可否に関する判断を避け、本請求に応ずる根拠を職権で第一一九条1に移し替えた。「裁判所の司法上の任務に関する紛争については、裁判所の決定によって解決する」と定める最終規定である。ミャンマー政府と検察官との間には管轄権をめぐる「紛争」(法的見解の相違)があり、したがって第一一九条1に基づいて請求に応ずることができるのだという。

管轄権の決定については明文の規定が第一九条3にあり、しかも検察官の請求自体も同条に依拠してなされている。それなのに、わざわざ最終規定に権限根拠を移さなければならなかったところに問題の複雑さが滲み出ているのだが、部分的反対意見は、そもそも検察当局とミャンマー政府との間に「紛争」が存在するのかについても疑点を呈している。

多数意見は、「国際法廷はその管轄権の範囲を自ら決することができる」という国際法上確立した原則によっても検察官の請求に応ずることができると判ずるが、「事件」にすら至らぬ手続き段階で、しかもICC規程や規則に欠缺(けんけつ)がないのに他の法源に根拠を求めることについても部分的反対意見は強い疑念を差し向ける。たしかに、裁判所の権限に関する多数意見の論理には、総じて、請求に応ずることに向けて前のめりになっている感を禁じ得ないところがある。

三　追放にかかる管轄権

ミャンマー政府はＩＣＣ規程の非締約国に裁判所の管轄権は及ばないとの立場を明らかにしていた。この主張を受けて第一予審裁判部は、ＩＣＣが、一二〇以上の国々の支持を得ていることなどから締約国の範囲を超えた「客観的国際人格」をもつに至っているとの基本認識を示す。そのうえで、検察官の請求の核心部分についての評価に踏み入る。

注目された予審裁判部の裁定は、第七条(d)には二つの犯罪が規定されている、という検察当局の見解を支持するものとなった。それが用語の通常の意味に従った解釈であり、「犯罪の構成要件に関する文書」の指し示す帰結でもあり、さらに他の国際文書・判例にも適合するものとされた。とくに構成要件文書が、住民の行き先を「追放」の場合には「他の国」に、「強制移送」の場合には「(国内の)他の場所」にそれぞれ結びつけていることを踏まえ、追放の成立には国境を越えることが必須の要件とされた。追放を引き起こす行為は多様であり、基本的権利の剥奪、殺害、性暴力、拷問、強制失踪、破壊、略奪を含み得ることも確認されている。

もっとも、「追放又は強制移送」は二つの異なる形態ではあるものの一つの条項に定められた一つの犯罪にとどまる、という判断も理論的にはあり得ないではなかった(現に、そうした見解に親和的な判断が別の予審裁判部から示されたこともある)。この見解によれば、第七条(d)の本質は「移動を強制されること」であり、到達する先がどこになるのかは付随的に生じる結果に過ぎない。本件の場合、移動の強制という構成要件はミャンマー国内で完結しており、国境を越えるものではない、ということになる。

予審裁判部は、だがこの見解をとらず、強制移送と追放とを切り分け、越境が後者に必須の構成要件をなすことを繰り返し強調する。そして管轄権行使の前提条件について規定する第一二条に議論の土俵を進め、関連国際判例や各国の国内法の検討を経て、構成要件の一部が生じている（か、または犯罪の一部が実行されている）国がＩＣＣ規程の締約国であれば裁判所は管轄権を行使できる、との結論を導く。すなわち、ミャンマーからのロヒンギャの追放についての裁判は可能とされたのである。

予審裁判部は続けて、第七条(h)および(k)の定める迫害その他の同様の非人道的な行為についても同じように管轄権を行使できると判ずる。そして、検察官がすでに実質的に「予備的な検討」の段階に入っているとして、合理的な期間内にその検討を終えなければならないとの指摘をもって本決定を閉じている。

四　ＩＣＣの行方

ＩＣＣは「国際法の支配に基づく新しき世界秩序」（アントニオ・カッセーゼ）を牽引するものとして誕生した。犯罪行為地国が規程の締約国でさえあれば、規程に同意していない国の国民であっても被疑者として裁かれることがある。本決定も、国際法における伝統的な同意主義を超え出るその革新的な要素に根幹を支えられている。

ただ改めて惟（おもん）みるに、理屈の上ではそうであれ、ミャンマーの軍人らによるロヒンギャへの犯罪行為がバングラデシュで実行されているといわれても、さてと小首を傾（かし）げる向きも少なくないのではないか。そもそも安保理が事態をＩＣＣに付託すれば、ミャンマー内での重大な犯罪行為全般と正面から対峙することもできるのだが、本件は、政治的事情でそれがかなわぬゆえに出た検察官・予審裁判部の勇断だったというべきだろうか。

九月一八日、裁判所の決定を受けて検察官は正式に予備的な検討に入る旨を宣言した。だがその検討を終えて、捜査、訴追へと歩を進めたとしても、ミャンマー政府の協力を得られる見込みはおよそなく、国連人権理事会の支援があったところで手続きの行路に濃霧が立ち込めていることには変わりない。

本件の帰趨に限らず、ＩＣＣの営みはその礎（いしずえ）があまりにも脆弱である。二〇〇二年の法廷発足から二〇一八年八月までに、裁判手続きに付された事件数はわずか二六。そのうちの六件で八人が有罪判決を受けたに過ぎない。三二の逮捕状が発付された一方でほぼ半数は出廷すら確保できずにいる。活動の対象がアフリカに偏してきたことに加え二〇〇八年にスーダンの現職大統領を訴追するに及んだことから、アフリカ諸国の猛烈な意趣返しにあっていることは周知のとおりである。

二〇一二年に検察官に就任したファトゥ・ベンソーダは、パレスチナやイラク／英国、アフガニスタン、ジョージア、フィリピンの事態などにも捜査・予備的な検討の手を伸ばし始めている。だがその結果ボルトン米大統領補佐官から業務遂行を妨げるに等しい脅しを受けているほか、ロシアは規程を批准しない旨を公にし、フィリピンもＩＣＣからの脱退を通告するにまで至っている。揺動するＩＣＣの姿は、この裁判所を支える自由主義思想が国際社会で重石（おもし）を失いつつある様を映し出しているかのようでもある。

過日泉下の客となったコフィ・アナンは、ＩＣＣを「未来世代への希望の贈り物」と評していた。この裁判所がそうあり続けるには「幅広いコンセンサスに支えられた明確なビジョン」（ウィリアム・シャバス）の確立が欠かせない。規程採択から二〇年目を迎え、急速に変容する世界秩序の下でそれはいかにしてなし得るのか。波濤（はとう）にもまれる中での今般の決定は、ＩＣＣの未来にかかるこの根源的な問いを改めて私たちに突きつける。

24 〈解説〉ウイリアム・シャバス（鈴木直訳）『勝者の裁きか、正義の追求か』
（岩波書店、二〇一五年）

一 国際刑事法というプロジェクト

本書が考察の対象とする国際刑事法（international criminal law）は、国際法の現代的展開を先導する最先端の法領域のひとつである。国際刑事法を支える基本認識は、一九四七年に示されたニュルンベルク国際軍事法廷判決の次の一節に象徴的に表現されている――「国際法に対する犯罪は抽象的な実体ではなく人間によって実行されるのであり、そうした犯罪を実行する個人を処罰することによってはじめて国際法規の執行は可能になる」。

主権国家が並存する水平的な秩序に基づく国際法には、中央集権的な法執行機関が存しない。構造的な帰結というべき国際法のこの側面は、法制度としての未熟さの現れとして批判の対象になることが少なくない。むろん、法の実現の仕方は多様であり、なにより規範の遵守を促すメカニズムは国際法にも多岐にわたって存在している。前提となる社会基盤が異なる国内法と国際法とを同一の尺度で評することにはそもそも無理があるというしかないのだが、ただそうではあっても、大規模な武力衝突やジェノサイドといった暴力的状況が、何度となく国際法の脆弱性を浮き彫りにする凄惨な情景を押し広げてきたことも否定できぬ現実ではある。

深刻な人道的危機が起きるたび、国際社会では、国家間の信頼醸成や国際機構の制度改革などを通じて、国際法の正統性の回復が図られてきた。だが、社会の基本的価値が著しく損なわれた場合には処罰なくして法の支配は完結しない、と考える向きからすると、それだけでは不十分であり、国内法と同じように、刑事的規制を通じた「上からの法の執行」が不可欠とされる。法の存在を示し、秩序を回復するには、「悪人」をきちんと罰しなくてはならない、のである。もっとも、国際社会の構造上、主権国家自体に刑事制裁を科すことには難がある。このため、その矛先は、法を逸脱した個人に向かっていく。重大な犯罪を犯した個人を処罰することにより国際法が執行され、法制度としての有意性が刻印されることになる。

ニュルンベルク法廷の上記判示にはそうした法認識が投射されている。大規模な主権的暴力の発現を掣肘し、人権の実現に直接に資することで、国際法を再生し、未完の国際法を執行措置を備えた法として完結させる旗艦的役割が国際刑事法に託されているといってもよいかもしれない。

二　国際法の支配へ

犯罪の処罰は各国の国内法に基づいて行われるのが通例だが、国際法が直接に犯罪の構成要件を定めることもある。航空機の不法奪取や人質をとる行為、拷問、海賊、奴隷取引といった「諸国の共通利益を害する犯罪」あるいは「トランスナショナル犯罪」として類型化されるものがそうである。各国はこれらの犯罪を処罰するために必要な国内法を整備しなければならず、犯罪の容疑者は、所在する国で訴追されるか、そうでなければ、その犯罪行為と関連性をもつ国に引き渡されて刑事手続きに付されることになる。「引渡しか訴追か（aut dedere, aut judicare）」として知られる方式のことである（ちなみに、海賊については、世界のどの国が刑事管轄権を行使してもよい）。トランスナショナル犯罪は、その鎮圧が国家間の水平的な関係を前提にしており、義務も国家に課せられる。国際法の伝統的な構造に親和的なものといってよい。

これに対して、国際法の中には、犯罪の構成要件だけでなく、直接に国際裁判での訴追・処罰を可能とする犯罪類型も生成されてきている。「個人の国際犯罪」あるいは「国際法違反の犯罪」などと呼ばれるもののことである。この類型の犯罪は、国際法を個人に垂直的に結びつけ、個人に直接に義務を課す。現時点では、ジェノサイド、人道に対する犯罪、戦争犯罪、侵略犯罪の四つに限定されているものの、主権のヴェールを剝ぎ取り個人を国際法の舞台に直接に引き入れるこれらの犯罪は、国家に基軸をおく国際法の精神を根幹から変容させうる触媒に相違ない。国際刑事法はこうした類型の犯罪を基礎に据えて組み立てられており、本書で使用される国際刑事司法という概念も、これらの犯罪について管轄権を行使する国際裁判（および混合法廷）を念頭におくものである（なお、国際刑事法という語は多義的に用いられてきたが、近年では、個人の国際犯罪を扱う法領域を指す術語としての了解が深まっており、小論もそれにならう）。

一般に、刑事法が機能するには、基本的価値を共有する共同体の存在が前提になる。国際社会は、しかし、ヘドリー・ブルのいう「アナーキカルな社会」として現出し、共同体といえる社会的条件が長く不在であった。それだけに、第一次世界大戦後、ドイツ皇帝の戦争責任を国際刑事司法手続きによって追及しようとするヴェルサイユ条約の試みは、大国主導の下ではあれ「国際共同体」の構築に向けた営みが緒についたことを物語る重要な出来事にほかならなかった。結局は不首尾に終わったとはいえ、ヴェルサイユの野望は、その後、第二次世界大戦を経て、ニュルンベルクと東京における二つの国際軍事裁判所となって結実し、ここに国際刑事法の本格的な礎が築かれることになる。

だが、著者も回顧するように、ニュルンベルク裁判は――ましてや東京裁判も――冷戦期には、まるで過ぎ去った歴史の中の一断面にすぎないかのように処せられていった。常設の国際刑事裁判所設置構想も、一九五〇年代前半に早々と棚上げとあいなっている。国内司法のレベルでは、イスラエルのアイヒマン裁判や、フランスのバルビー裁判など、重大な刑事裁判が間欠的に成果を刻んでいたものの、国際刑事司法の潮流が息を吹き返すのは、ベルリンの壁が崩落してからのことであった。大規模な民族紛争・性暴力の事態を前に、国連安保理が国連憲章第七章に基づき旧ユーゴスラビア・ルワンダ国際刑事法廷を設置し、待望久しき国際刑事裁判所（ＩＣＣ）も二一世紀の幕開けを待っていたかのように二〇〇二年に発足する。このほか、シエラレオネ、東ティモール、コソボ、カンボジア、ボスニア、レバノンにも、国際的要素と国内的要素を接合させた混合法廷が陸続と設置された。

国際システムにおける法の役割に懐疑的なリアリストの立場からすれば、国際刑事司法の発展は、悪夢であり、愚かな幻想の表出と評されるのかもしれない。リアリストの言説は国際法と対立するようにいわれることもあるが、けっして国際法の外にあるわけではなく、むしろ国際法の構造を規定する重要な一因であり続けてきた。主権（国家）免除や外交関係の法理などに、現にその位相がくっきりと浮き出ている。外交や政治の手を縛る法を悪政とみなすリアリストの思考は、冷戦期に国際刑事法の法的展開を封じ込める力学として紛れもなく作用していた。だが、国際法学の主流を成すリベラリストたちが希求するのは、いうまでもなく法の支配、つまりは「法によって国家権力を飼いならすこと」（ユルゲン・ハバーマス）にほかならない。国際関係を国際法の支配に服させることこそ持続する平和に欠かせぬ条件であり、まさしくこのゆえに、九〇年代以降の国際刑事司法の進展は、国際法学にあって圧倒的なまでの賛辞をもって迎え入れられる事態となったのである。

実際のところ、国際刑事司法の拡充は「国際法の支配に基づく新しき世界秩序」を導くもの、と高らかに宣言したのは、旧ユーゴスラビア国際刑事法廷の所長を務めた、欧州を代表する国際法学者アントニオ・カッセーゼであった。また、国際刑事法の指導的存在として屹立するシェリフ・バシオーニも、正義が権力政治の祭壇に生贄として捧げられることはもはやなくなると、比喩を駆使してグローバルな法の支配の勝利宣言を行っている。[1] 私たちが目撃しているのは、「グローバルな関係の支配的原則が外交から正義に移行するミレニアム・シフト」なのであり、「冷淡なリバイアサンによる主権的無関心の道徳的克服」なのである、と評されもした。[2]

こうした言説は、眼前に広がる現実を静態的に描写するものである以上に、現実を構築する効果を生み出すものでもある。国際刑事司法は国際共同体を前提にしなければ機能しえない一方で、国際共同体は国際刑事司法にかかる言説実践の効果として構築されていくものとしてもある。そうした言説実践に国際法学は前のめりと思えるほどに力を注いでいる。国際裁判を通じた国際法の支配は、主流国際法学の宿願というべきものに相違ない。

国際刑事・人権法分野を世界的に領導する本書の著者も、リベラル・アプローチを基調に据えた第一級の国際法の専門家なのだが、ただし、「はじめに」において吐露するように、同時に「学際性を好み、因習打破への抑えがたい志向を持つ法律家」でもある。国際法学が熱情をもって歓迎する国際刑事法の深層には、実のところ、「いくつかの大問題が潜んでいる」と公言することを著者は躊躇しない。本書が照準を定めるのは、「法律家たちがしばしば尻込みし、できれば他の分野に任せたいと思っている」、その大問題である。著者はそれを「刑事司法につきまとう政治的次元」と表したうえで、具体的には、勝者の裁き、歴史と司法、正義と平和という三つのテーマを取り上げる。そのいずれもが私たちを知のラビリンスに惑い入れずにはいない大難問であるものの、しかし、そのゆえにこそ、国際刑事法にかかわる言説実践に深く思惟を経巡らす導きの糸として、これほどふさわしいものもない。

三　国際刑事司法の政治性

第一章が論及する「勝者の裁き」は、国際刑事司法に執拗にまとわりつく不祥の陰影というにふさわしい。ニュルンベルク国際軍事裁判所への批判にことのほか激しいものがあったことは、本書に示されているとおりである。勝者の裁きの相貌は、だが、「極東」の地においていっそう際立っていたというべきかもしれない。なにより想い起こすべきことに、ロンドンでニュルンベルク国際軍事裁判所憲章が生を享けたときとほぼ同時日に、極東には戦闘史上二発目の原子爆弾が投下され、七万四千もの人間の命が失われる惨状が現れ出た。その直前に、ヒロシマが酸鼻の極みの中にあったことはいうまでもない。正義、法の支配、普遍的人権といった新たな理念によって世界秩序を切り開く国際刑事司法は、けっして裁かれることのない勝者による極限の暴力を後背に湛えながらその歩みを始めていたわけである。

ニュルンベルク・東京裁判を覆った非対称性の問題は、国際刑事司法の航路に立ちふさがる重大な難題となっていく。冷戦終結後に国連安保理が創設したアドホック国際刑事裁判所はいずれも戦勝国ではなく「国際社会」の名の下に生み出されたものであり、構造的改善の跡は歴然としているように見える。だが著者は、これらの法廷もニュルンベルク法廷と内実において本質的な差異はない、と仮借ない。たしかに、常任理事国という大国群の一致した政治的意思が、かつての連合国の場合といっかな変わりなく法廷のあり方や活動の境界を画してきたことは紛れもない。

ならば、ＩＣＣはどうか。国連安保理決議ではなく条約に設置根拠を置き、職権による捜査権限をもつ独立した検察官を押し立てて、この裁判所は勝者の裁きを脱することに成功しているのだろうか。著者の言は、ここでも容赦ない。「ＩＣＣでわれわれが目にしているのは今なお政治的決定であり、ただ単にそれが以前より見えにくくなっているにすぎない」という。超越的な存在たりえぬ検察官が下しているのは政治的決定そのものであり、ＩＣＣのプロジェクトはこのゆえに未完成のままにとどまっている、と著者の舌鋒は鋭さをいや増すばかりである。

だが、誤解してはならぬことに、こうした批判をもって本書は国際刑事司法の価値を貶めるものではけっしてない。国内の刑事司法とは異なり、国際刑事司法は事の性質上、政治的次元をどうあっても回避することができない。ニュルンベルク以来、凝然と佇立するその現実に法律家が無関心を装ってはいけないことを、著者はただ廉直に訴えているのである。ここには、著者の重視する和解・真実の承認・被害者への正義といった諸考慮も輻輳し、政治的決定が必ずしも負の評価を受けるだけにとどまらない旨も示唆されていて、いっそう興味深い。

ＩＣＣが初の第一審判決を下したのは設置後一〇年を経てのことであり、その間の活動はお世辞にも活発だったとはいえない。ＩＣＣは今後も「よろけながらとぼとぼと前進していくことだろう」と著者は言葉を継ぐ。その反面で、ニュルンベルクから安保理の下に設置されたアドホック裁判所に至る司法実践には「成功」という評価が与えられる。両者の違いを生み出しているものとして名指しされるのは、「政治的支持」の有無である。実際に、旧ユーゴ法廷などは大国の明確な政治的支持があればこそ、スロボダン・ミロシェヴィッチら国家元首の訴追すら可能なのであった。

政治的支持のありようは、仔細に見ると、裁判所による法の解釈に少しく影響を与える要因でもあることがわかる。国際刑事司法の実践には当然ながら実定法の外観が装着されているとはいえ、ニュルンベルク法廷や安保理のアドホック裁判所等の行う法解釈には、時として、自然法的な色彩が色濃く現れ出ていた。その相がとりわけて強かったのは、旧ユーゴ法廷（ＩＣＴＹ）の代表的判断の一つとなったタジッチ事件である。「あらゆる法は人間の利益のために作られている（hominum causa omne jus constitutum est)」というローマ法の格言を援用しつつ、同法廷は非国際的武力紛争への国際刑事法の適用可能性を大きく押し広げる判断を示した。その解釈は確たる国家の実行に基づくものでも、国際法の伝統的法源によるものでもなく、醇乎たる理性によるものにほかならない。(3) ある論者の評言を再述すれば、「多くの事件は、あたかも、いまだ実定法には変じていないものの、刑事手続きにおいて発見し、援用しうる超越的な法が存在するかのように進行する」(4) のであった。

もとより、ＩＣＴＹの司法判断が自然法主義的な解釈によって支配されていたというわけではない。精確に記述すれば、同法廷のアプローチには一貫性が希薄であったというべきであろうし、依拠しうる先例が蓄積されるほどに自然法的推論が開陳される余地も減じられてはいった。ただそうとはいえ、留意すべきことに、自然法的色彩の解釈がもたらしたのは、犯罪行為を処罰する法的スペースの拡張であって、その制御だったのではない。ニュルンベルクや東京裁判がそうであったように、安保理のアドホック裁判所にあっても、国際刑事司法の矛先が向けられる標的は制度上、明確に定められている。「国際社会」によって撲滅されるべき悪の境界がはっきりしていればこそ、謙抑とはおよそ対極に位置する刑事法の解釈も政治的に受容され、あるいは歓迎すらされえたということなのだろう。

だがＩＣＣについては事情が根本的に異なっている。この裁判所が刑事罰を科しうる対象はあらかじめ定まっているわけではない。やや大げさにいえば、どの国の政治・軍事指導者であってもＩＣＣの法廷に引きずり出される潜在的な可能性がある。それだけに、主権国家（とりわけ大国）の側からすれば、ＩＣＣにおける法の解釈適用には格別の慎重さが求められる。厳格な実証主義的手法が要求されるということである。ＩＣＣ規程にそれは初手から明記されている。「法なくして犯罪なし」と定める第二二条や侵略犯罪について規定する第五条二項などに歴としていようが、第九条では、「犯罪の構成要件に関する文書」を新たに作成したうえで法解釈を行うよう、わざわざ念押しまでしている。裁判実務にあっても、少なくとも初期の判断についていえば、謙抑的なメッセージを主権国家に送ることに裁判所が腐心している様を看取することができる。(5)

四　平和と歴史・真実にどう向き合うのか

本書が雄弁に伝えるように、国際刑事司法にあって法を政治から截然と分離することは不可能に等しい。ハンス・ケルゼンが喝破していたとおり、そもそも、法は政治の定めた目的を達成するための特定の社会的テクニックであり、国際刑事裁判にしても司法的手段を通じて政治目的を追求するものに違いない。個人責任や法の支配を希求するリベラリストの思潮が国際刑事司法を引導する大きな力になっており、国際法学がこの理念の具現化に尽力していることはすでに記したとおりである。しかし、抽象的な理念についてはそうとしても、現実の文脈において、なかんずくＩＣＣがどのような政治目的に資することを求められているのかはけっして明らかでない。

著者が端的に記すように、ＩＣＣはむしろ「幅広いコンセンサスに支えられた明確なヴィジョンが存在しない」中に置かれているというべきなのだろう。そうした状況にあって、ひとり検察官にその対処を委ねるのでは国際刑事司法への信頼が損なわれる危険性が増大することにもなりかねない。現に、スーダン大統領の訴追決定が深刻な亀裂をアフリカ諸国との間に生み出したことは本書が伝えるとおりである（米国との関係は良好になったのだが……）。著者は、誰を訴追するかは、いっそのこと「正真正銘の政治的組織」に委ねてはどうかと提案する。その政治的組織は、むろん、大国の利益を体現するものなどであってはならない。「平等で、公正な正義を望む世界中の市民の信頼を勝ち取る」ことのできる組織でなくてはならない。だが、現下の国際社会にあって、それはいかにして可能なのか。

本書において著者が政治的次元にことのほか注意を喚起するのは、国際刑事司法に託された重要な役割のひとつが平和構築にあるからでもある。国際刑事司法を国内刑事司法の単なる補完物あるいはその延長線上にあるものと理解するのでは不精確なゆえんがここにある。誰を起訴するかという問いは、誰を起訴しないのか、つまり、誰を免責するかという問いと表裏一体であり、平和構築過程に必然的に甚大な影響を及ぼさずにはいない。正義と平和あるいは国際正義と現地正義をめぐる相克というべきものであり、具体的には恩赦の是非をめぐって生ずる深刻な問題でもある。

本書は、第三章でこの難問に正面から対峙している。著者自身が描き出すように、国際法の潮流は恩赦への道を遮断する方向にある。ＩＣＣもまた、「不処罰」を終わらせるために設置されたことを自らの規程に謳いあげている。著者は、しかし、恩赦を禁じてしまうことが真に平和をもたらすものなのか、という根源的な問いを発し、個別の事案や判例等を援用しながら、平和と正義の関係について柔軟な選択の余地を残そうとする。

「あまりにも多くの正義を求めることで、平和が死に絶えることもありうる」という一節が伝える著者の認識は、人権・刑事にかかわる西洋の国際法学者としては意想外なもののようにも感じられる。だが著者は、恩赦が無条件に望ましいものだなどとは一言もいっていない。むしろ、複雑な現実政治の中にあって、絶対的な善を仮想して思考を硬直化させてしまうことへの警鐘が発せられているというべきかもしれない。二〇〇二年から〇四年にかけて、著者はシエラレオネ真実和解委員会の国際メンバーの一人でもあった。本書で同国のことが多くとりあげられているのはそのためであろうし、なにより、その際の貴重な経験が正義と平和に対する著者の思考態度を支える重要な礎になっているのでもあろう。

恩赦の是非をめぐる難問について明快な解を出すことはもとより私の能力に余る。ただ国際法学の観点から接近するにあたっては、自らが置かれた位置性について敏感にならざるをえないところではある。大規模な安全保障上の危機と平和構築作業の舞台を提供するのはほぼ例外なく「国際社会の周縁」である。そこにあって国際刑事司法の果たすべき役割を考える際には、国際関係における知のあり方が、帝国主義的とまでは断じないまでも、少なくとも「北」の視線で組み立てられがちであることに十分に自覚的でなくてはなるまい。現地の声が常に正しいといっているのではない。現地の声といっても実に多様でありえよう。ここでもやはり、結局のところは、国際刑事司法に課せられた政治目的が奈辺にあるのかという根本の問いが浮上して来ざるをえない。

恩赦の受け入れ可能性を平和の観点から否定しない著者は、真実を明らかにする意義をことのほか大切にする論者でもある。裁判所が歴史を叙述することに対しては、本書でも引用されるハンナ・アーレントの批判がその典型なように、これまでなんどとなく疑念が呈されてきた。だがその一方で、ＩＣＴＹのカッセーゼなど国際刑事司法の担い手たちを通して、歴史的記録の確定が裁判の重要な目的のひとつであるという認識が直接に表明されることもある。ジェノサイドや人道に対する犯罪のような重大な国際犯罪は、一朝にして起こり得るものではない。法廷で裁かれるのが個人の犯罪行為であっても、事態の歴史的次元への言及を避けることはできない。ここに、歴史記述者としての国際刑事司法の位相が鮮明に出来する。著者は、裁判から漏れ落ちる諸側面に光を当てる真実和解委員会の機能にも言及しつつ、知識の保管庫として機能する国際刑事司法への強い賛意を示している。「国際刑事司法は真実と情報の開示を含めた権利と自由の促進のための有効なメカニズムとなっている」と。

国際刑事司法と、その不可欠の構成要素となりゆく真実和解委員会の営みは、折にふれて噴出する歴史修正主義の圧力に抗する強力な防壁に違いない。ニュルンベルク・東京国際軍事裁判が、歴史修正主義者たちの憎悪の的になってきたのは、とりもなおさず、そこに歴史の準拠点が提示されているからにほかならない。国際刑事法廷の歴史記述者としての役割が、歴史の真実を覆いかくそうとする者たちに対するたしかな対抗軸となりうることは、なにより近年の日本にあってとりわけて強く実感できるところなのではないか。

五　日本への含意、そして著者のこと

国際刑事司法と日本とのかかわりには、極東国際軍事裁判所を通じて、当初から密接なものがある。だがＩＣＣ規程についていえば、日本が加入を果たしたのはようやく二〇〇七年になってからのことであった。国際刑事法に通暁した日本の代表的な法律家である東澤靖によれば、本書にも記されているスーダンの事態を契機に米国がＩＣＣへの融和的な姿勢を示したことが、日本の加入を促した重大な要因であった。「日本政府は、ＩＣＣ加入に際してアメリカとの関係に相当の配慮をしていたことは疑いない」(6)。日本の外交のあり様に米国の息が濃密にかかっていることは、安全保障の領域はいわずもがなとして、人権・刑事の領域ですらその例に漏れないということである。

もっとも、ＩＣＣ体制に参加したにもかかわらず、この裁判所の対象犯罪を訴追するための特別法整備が行われることはついぞなかった。人権・刑事の領域において日本の国際的なかかわりはミニマリストというにふさわしいものに終始しており、とりわけ刑事の領域にあってそれはそれとしてかまわないとの評価もあるが、しかし、そうとしても、権勢を揮う政権の判断によって自衛隊が米国等の戦争に関わる機会が増えるのであれば、二一世紀初頭のイラク戦争時におけるブレアがそうであったように、日本の政治・軍事指導者もまた国際刑事司法の刃を突きつけられる可能性がありうることは知っておいてよい。

それ以上に銘記しておくべきなのは、日本国憲法下の現代日本が、極東国際軍事裁判とその判決を受諾したサンフランシスコ平和条約を起点に構築されてきたという歴史的事実である。当該裁判において、日本の政治・軍事指導者は、侵略戦争を引き起こしたことを理由に裁かれた。侵略に手を染めた日本の過去の司法的裁断を通じて、平和主義を掲げる現代日本の国際的正統性が刻印され、現在に至っているのである。むろん、軍事法廷の営みの中には、不備も少なからずあったことは否めない。だが、本書が描き出す国際刑事法の展開が指し示すのは、そうした不備に事寄せて過去を修正したり否認するのではなく、むしろ、錯綜した政治的現実の中でいかに正義を追求し得るのかについて果敢に思索と実践を重ねていくことの大切さである。過去を付会に糊塗し、日本国憲法の平和主義を根幹から破砕しようとする醜怪な底意が露わになる戦後七〇周年の時代状況にあって、そのことの重要性はどんなに強調しても強調しきれるものではない。

「国際刑事司法につきまとう政治的次元」を論争的に描き出す本書を貫いているのは、国際刑事法に正眼の構えで向き合う著者の犀利で透徹したまなざしである。鈴木直教授の卓越した日本語訳にも助けられて、著者がこの法領域といかに真摯に、かつ深く向き合う専門家であるのかがこのうえなくよく伝わってくる。

カナダ出身の著者の事績は輝かしく膨大であって、とても紹介しきれるものではないが、私が初めてウィリアム・シャバスという研究者を知ったのはInternational Human Rights Law and the Canadian Charterという書物を通してのことであった。一九九六年に刊行された同書の第二版に接し、カナダの裁判所における国際人権法の解釈適用実態に抗しきれぬ関心を掻き立てられたことを覚えている。一九九三年の初版以来、版を重ねているThe Abolition of the Death Penalty in International Lawと出会ったのもその頃である。精緻な調査とリベラルな法解釈を展開する気鋭の国際人権法学者という感をもった。

著者は二一世紀を迎える前後からジェノサイドやＩＣＣなどに関わる浩瀚な書物を断続的に江湖に問い、国際刑事法領域における世界有数の権威としての地位も確立した。二〇一一年に「Transitional Justice and the Norms of International Law」というタイトルで日本の国際法学会で報告を行っていることも想い起こされる。(7) シエラレオネ真実和解委員会での活動については前述したとおりだが、カナダからアイルランド、英国と研究拠点を移しながら、二〇一四年には、イスラエル占領地域（特にガザ地区）における国際人道・人権法侵害について精査する国連人権理事会調査委員会の委員長を務めるなど、国際実務との接点も少なくない。

著者は、米国や日本を含む諸国が強度の抵抗を示す「平和への権利 right to peace」の支持を公にしている国際法学者でもある。国際人権法が国際人道法と違って反戦思想を内在させたものであることを示唆しているところも印象に深く残る。二〇一〇年にウガンダの首都カンパラで開催されたＩＣＣ規程検討会議において、主要人権ＮＧＯが侵略犯罪の問題に無関心な態度をとったことを批判していることにも、ことのほか共感を覚えたしだいである。本書にも鮮明に見て取れることだが、平和に対する著者の思いには格別のものがある。著者の国際法研究に際立った存在感と魅力を覚えるのは、そうした想念の所在を別して感じ取れるからなのでもあろう。

（1） Antonio Cassese, "On the Current Trend towards Criminal Prosecution and Punishment of Breaches of International Humanitarian Law", European Journal of International Law, Vol. 9（1998）, p.8; M. Cherif Bassiouni, The Legislative History of the International Criminal Court（Transnational Publishers, Ardsley, 2005）, p.121.

（2） Geoffrey Robertson, Crimes against Humanity: The Struggle for Global Justice（Allen Lane, London, 1999）, p.374; Frédéric Mégret, "Three Dangers for the International Criminal Court: A Critical Look at a Consensual Project", Finnish Yearbook of International Law, Vol.12（2001）, p.204.

（3） Prosecutor v. Tadić, Decision on the Defence Motion for Interlocutory Appeal on Jurisdiction, IT-94-1-AR72, 2 October 1995.

（4） Beth van Schaack, "Crimen Sine Lege: Judicial Lawmaking at the Intersection of Law and Morals",

Georgetown Law Journal, Vol.97 (2008-2009), p.157.

（5） Judgement on the Prosecutor's Appeal against the Decision of Trial Chamber 1 entitled 'Decision on the Prosecutor's Application for Warrants of Arrest, Article 58', ICC-01-04, 13 July 2006.

（6） 東澤靖『国際刑事裁判所と人権保障』（信山社、二〇一三年）二四七頁。

（7）『国際法外交雑誌』一一〇巻四号（二〇一二年）一-二五頁。

25 恣意的拘禁作業部会 ── 身体の自由を守る国連の砦

一 特別手続としてのＷＧＡＤ

人権を擁護する国際的仕組みの中にあって際立った存在感を示してきているのが、国連の特別手続（Special Procedures）である。人権状況の監視や侵害防止などの任務・権限を与えられた専門家によって担われるこの手続きは、国連人権保障システムの「至宝（jewel in the crown）」と評されてもいる[1]。

特別手続の担い手には「特別報告者（Special Rapporteur）」という名称が与えられることが多いが、「独立専門家」や「国連事務総長代表」といった名称が用いられることもある。複数（通例五人）の専門家が任を担う場合には、「作業部会（Working Group）」と称されるのが一般的である。国連では、これらの専門家を総称して、「特別手続任務保持者（mandate holders）」と呼ぶ。

一九六七年に始動したこの手続は、まず特定の国を対象にする形で始まり、一九八〇年以降はさらに人権課題（テーマ）ごとにも任務が与えられることになった。二〇一九年五月の時点では、一二の国（カンボジア、コンゴ民主共和国、イラン、マリ、ミャンマー、パレスチナなど）と四四のテーマ（障害者の権利、表現の自由、発展の権利、教育権など）について人権状況の調査・監視活動が行われている。(2) 本稿で扱うＷＧＡＤは、「恣意的拘禁」という人権課題に焦点を当てて一九九一年に国連人権委員会により設置された、テーマ別手続の一つである。(3)

同委員会では一九六〇年代に恣意的拘禁等に関する研究が行われ、(4) 一九八〇年代に入ってからも不法な自由の剥奪に関するテーマ別手続の設置を求める声がＮＧＯからあがっていた。それを可能にする政治的条件が整わないまま時が過ぎていたのだが、(5) 同委員会の下部機関である差別防止・少数者保護小委員会で行政拘禁に関する研究・調査を進めていたルイ・ジョアネからの提案を受けて、一九九一年に同委員会でこの問題が本格的に検討される段となる。

イニシアチブをとったのはジョアネの母国フランスであった。同委員会議長であったペルーのエンリケ・ベルナージェスの支持表明により欧米色を薄められたこの発議は、精力的な外交を展開するフランス外交官の力もあいまってコンセンサスでの採択に至る。欧米諸国やＮＧＯは特別報告者の任命を提案していたものの、発展途上国の要請を汲んで世界の地理的バランスを反映する作業部会方式に落ち着いた。結果として、恣意的拘禁を扱うこの手続への政治的支持が広まり、多様な拘禁形態への対応が可能になったといってよい。(6)

二〇〇六年に国連総会は人権理事会を創設し、特別手続を含む人権委員会のすべての任務を引き継がせた。(7) ＷＧＡＤは以来三年ごとに同理事会で任期を更新され、今日に至っている。ルイ・ジョアネの果たした顕著な役割を引き受け、フランスがＷＧＡＤを財政的に支援する中核的な存在であり続けている。

二　恣意的な自由の剥奪と対峙する

ＷＧＡＤは、人権理事会の任命する五人の独立した専門家によって構成される。衡平は地理的配分の原則に基づき、アフリア、アジア、東欧、西欧その他、南米・カリブ海からそれぞれ一人が選ばれている。ちなみにアジアからは、二〇一四年以来、韓国・延世大学のホン・ソンビル教授がその任にあたってきた。通例、ジュネーブで、少なくとも年に三会期（四・八・一一月。各会期は五乃至八労働日）をもつ。

人権理事会（委員会）によって与えられたＷＧＡＤの任務・権限を要約すると、第一は恣意的な自由の剥奪にかかる個別事案の調査（investigation）、第二は現地訪問・調査（country visit）、第三は恣意的な自由の剥奪にかかる一般的な所見（deliberation）の提示、第四は人権理事会への年次報告である。(8)

こうした任務の推敲にあたり、強制失踪や拷問・非人道的処遇などに関する情報は権限外のものとして処理される。もっとも、自由の剥奪の恣意性が同時に問題になる場合はこの限りでない。また、一九四九年のジュネーブ四条約や一九七七年の二つのジュネーブ議定書が適用される武力紛争の事態はこれまでＷＧＡＤの権限外とされてきた。しかし、武力紛争下にあっても人権法の適用は停止されないという自由権規約（市民的及び政治的権利に関する国際規約）委員会や国際司法裁判所の見解も受けて、ＷＧＡＤはその立場を改め、現在ではこうした制約を廃している[9]。

自由の剥奪を表する術語は、国際人権文書にあって一様でない。日本においても、逮捕、留置、勾留、拘留、禁錮、懲役、抑留、収容、拘束といった様々な語が用いられているが、ＷＧＡＤはあらゆる形態の自由の剥奪を射程に入れていることから、これらすべてを含むものとして「自由の剥奪（deprivation of liberty）」・「拘禁（detention）」という用語を選択している。ＷＧＡＤの任務・権限は、裁判の前後、公判中あるいは裁判なき拘禁の場合はもとより、自宅軟禁や非自発的入院など、自らの意思でその場を離れることができないすべての場合に及ぶ[10]。

もとより、権限ある裁判所により適正手続きを経て宣告された刑罰としての懲役のように、自由の剥奪のすべてがただちに違法なわけではない。ＷＧＡＤの関心対象も、あくまで「恣意的」な自由の剥奪に限られている。問題は、何をもって恣意的というかである。この点につきＷＧＡＤの産みの親である人権委員会は、世界人権宣言と、当該国の締結している条約に反した自由の剥奪を恣意的としていた（CHR Res. 1997/50）。これに加え、恣意的とは単に「法律に違反している」ということにとどまらず、「より広く、不適切性、不正義、予見可能性および適正手続の欠如の要素を含む」ものと解釈しなくてはならないという自由権規約委員会の判断なども[11]、ＷＧＡＤに重要な指針を与えている。

ＷＧＡＤは、こうした認識を条約以外の国際文書[12]も用いて精緻化し、その規範的性質を次のように評する。「恣意的な自由の剥奪は、条約法、慣習国際法の一部をなし、強行規範（*jus cogens*）を構成する。この所見（deliberation）で示す具体的な内容は、あらゆる事態において十分に適用可能なものである」[13]。国内法令に違反した拘禁が恣意的となることはいうまでもないが、国内法令に適合しているからといって、ただちに恣意的でないとの判断が導かれるわけではない。国内法令（の運用）が国際法から逸脱している場合には、なおのことそうである。WGADの判断の重きは条約や慣習法との適合性におかれていることに留意する必要がある。

WGADは、任務遂行にあたり、現在、次の五つの類型に該当する自由の剥奪を恣意的と認めている[14]。第一類型：いかなる法的根拠もない自由の剥奪の場合。第二類型：世界人権宣言七、一三─一四、一八─二一条および（締約国については）自由権規約一二、一八─一九、二一─二二、二五─二七条に定める権利・自由を行使したことによる自由の剥奪の場合。第三類型：公正な裁判を受ける権利の不遵守が重大で、自由の剥奪が恣意的になる場合。第四類型：庇護希望者、移民または難民が行政・司法審査も救済措置もないまま長期間にわたり行政拘禁を受ける場合。第五類型：自由の剥奪が、出生、国民的、種族的もしくは社会的出身、言語、宗教、経済条件、政治的その他の意見、ジェンダー、性的指向、障害または他のいずれかの地位に基づく差別を理由とする国際法違反であって、人間の平等を否定し得るものである場合。これらの類型は相互に排他的ではなく、往々にして重なり合って現れ出ている。

三　諮問的／準司法的手続

前述したＷＧＡＤの任務は、性格の違いにより一方に個別事案に関する調査、他方に現地調査・所見（deliberation）の提示・年次報告と、さらに二つに大別して理解できる。前者が対審的な準司法的手続であるのに対して、後者は諮問・勧告的な性格をもつ。

まず後者から説明すると、現地調査は、政府や市民社会代表らとの直接対話の機会を提供するほか、訪問国の実情を深く知ることで、効果的な提言を行うことを可能にしている。国連人権高等弁務官事務所によると[15]、二〇一八年一一月までに、ＷＧＡＤは四五か国に五一回の現地調査（うちフォローアップが五回、予備訪問が一回）に赴いている。概ね年に二か国が対象になる。訪問後に公表される報告書はきわめて詳細であり、当該国の拘禁状況に関する有益な情報源ともなる。

所見は、拘禁にかかる原則的な問題について指針を示すものであり、人権条約機関が発出する一般的意見／勧告（General Comment/Recommendation）に準えられる。これまでに九の所見が採択されており[16]、扱われているトピックには、自宅軟禁、強制労働を伴奏う自由の剥奪、入移民・庇護希望者の処遇、精神医療拘禁、インターネットの使用かかる拘禁、慣習法上の恣意的拘禁の定義などがある。ＷＧＡＤはこのほか、薬物政策と拘禁にかかる評釈も示している[17]。

年次報告は、親機関である人権理事会に対して行われる。ＷＧＡＤの活動内容が記載されるほか、テーマ別課題[18]についての検討、さらに勧告（ＷＧＡＤへのいっそうの協力、国内法制の改善など）

が織り込まれている。

他方、調査は、[19] 特別手続制度にあってWGADの存在を際立たせる特徴的な任務にほかならない。[20] 調査手続は概ね次のように進んでいく。まず恣意的拘禁にかかる書面での通報を受けると、WGADは外交経路を通じて関係政府に六〇日以内（最長一か月の延長可）にコメントするよう要請する。政府からの反論が提出されると、通報者に追加コメントが求められる。こうした当事者対抗的なやりとりを経て収集された情報をもとに、WGADは「意見（Opinion）」を作成する。期限内に政府から応答がないときには、入手し得た情報により意見を作成できる。[21]

意見においては、前記五つの類型のいずれかに該当する恣意的拘禁かどうかの法的判断と、必要な勧告が提示される。被拘禁者が釈放された場合であっても、恣意的拘禁についての判断を示すことはできる。意見は、最初に政府、次いでその四八時間後に通報者に通知され、WGADのHPで公表されるほか、人権理事会への年次報告にも記載される。二〇一六年からフォローアップ手続が開始され、意見が送付された後六か月以内に勧告の実施状況を知らせるよう両当事者に要請されるようになっている。

通報を行う者は英語では単にsourceとだけ表記されるが、この中には被害者本人のほか家族や代理人さらにはNGOや政府間機関、政府なども含まれ得る。通報は拘禁されている間になされなくてはならず、国内救済手続を尽くしていることは求められない。[22] 適用される法も含め、手続は全体として柔軟に運用されているが、人権条約機関への個人通報に比べた場合の利点は、手続の迅速性にもある。現に調査手続について豊富な経験を有するジャレド・ジェンサーによれば、典型的には訴えがなされてから六か月乃至一年で判断が示されているという。政府からの反論も、全案件のうち約半数においてなされている(23)。意見に法的拘束力があるとの了解は必ずしも一般的ではないものの、「拘禁している政府に対し事案を解決するよう強力な政治的および広報的な圧力をかけるための扉を開く」ものとして、高い実践的価値が認められている(24)。

なお、ＷＧＡＤは、被拘禁者の生命や身体・精神の健康が重大な脅威にさらされているという十分に信頼できる情報があるときなどに、緊急行動（urgent action）をとることができる。緊急の要請は、ジュネーブの国連常駐代表部を通じ最も迅速な手段により当該国の外相に送付される。この要請はもっぱら人道的性格のものであり、ＷＧＡＤが示す意見に予断を与えるものではない(25)。ちなみに、ＷＧＡＤは二〇一八年に三四の政府に対し一八九人にかかる七五の緊急要請を発出している。その中には、日本に向けた一件も含まれている(26)。

四　先例瞥見――恣意的拘禁の実相

一九九二年から二〇一七年までの間にＷＧＡＤは調査手続の下で一二八か国について一二〇〇の意見を採択している。二〇一八年には、新たに九〇の意見がこれに加わった。この一〇年ほどの間はサウジアラビア、エジプト、キューバ、イラン、ベネズエラといった諸国の事案が特に多い(27)。

あまたある拘禁の中で最も明白に恣意的といえるのが、前記第一類型に該当するものであることはいうまでもない。現に、容疑も告げられないままの逮捕や権限のない機関による逮捕、裁判所による釈放命令後の拘禁、刑期終了後の拘禁、二重処罰による拘禁事案などがＷＧＡＤにより恣意的と判断されてきている。

第二類型では宗教・表現・政治的意見・集会・結社の自由を行使したことによる拘禁のケースが多いが、ＷＧＡＤは特に人権擁護者（human rights defender）の拘禁について厳格な基準を適用している[28]。民主化を求め、平和的な抗議を行う者の拘禁が恣意的と認められることは少なくない。

第三類型に該当するものとしては、秘密拘禁、長期の未決拘禁、拷問により得られた証拠による拘禁、刑法の遡及適用による拘禁などがある。米国グアンタナモ収容所での拘禁も厳しく難じられている[29]。

第四類型は二〇一一年に新たに加わったもので、庇護希望者らが救済もないまま長期にわたり行政拘禁されている事態を念頭において導入された。ＷＧＡＤは既に一九九九年に入移民・庇護申請者（immigrants and asylum-seekers）に関する意見第五号を示していたが、二〇一八年にこれを修正し、人的範囲も「移民（migrants）」全般に拡張している。その中には無国籍者も含まれ、身元を確認できないため八年近く続いた拘禁を恣意的と判断した事例もある[30]。ＷＧＡＤは、退去強制できないことを理由に適切な代替措置もなく引き続く拘禁について必要性と均衡性を欠き正当化できないとする認識を示してもいる[31]。適切な行政・司法審査の機会が保障されない拘禁や、自由を恣意的に剥奪された中での「自発的」な帰国の事案もこの類型に該当する。

差別による拘禁を扱った第五類型も二〇一一年に加えられたものである。この類型の事案は多岐にわたるが、保証金が多額なため拘禁に代わる措置の追求が困難になっている場合にも、WGADは経済状態を理由とした差別という認識を示して積極的に通報に応えていることが確認できる。[32]

WGADの調査は、時として、アウンサン・スーチーの自宅軟禁の事例[33]や、駐英エクアドル大使館の敷地から出られないままにおかれたジュリアン・アサンジの事例など[34]、大きな国際的関心呼ぶ意見に帰結することもある。その一方で、日本との関わりで恣意的拘禁の判断が示されたものとしては、①鯨肉横領にかかる実態を明るみにしようとして拘禁されたグリーン・ピース職員の事例[35]、②窃盗未遂により措置入院を強いられた者の事例[36]、③宿泊先のベッドを汚したとして措置入院を強いられた者の事例[37]、④疑わしき根拠により長期拘禁を強いられた沖縄の平和運動家の事例[38]がある。[39]

①では思想・良心、表現の自由の違反（第二類型）が、②と③では国内法令の違反（第一類型）と精神障害を理由とする差別（第五類型）が、④では表現・平和的集会の自由の違反（第二類型）と人権擁護者に対する差別（第五類型）がそれぞれ認定されている。

本年一〇月には、長期化・過酷化する入国管理施設での収容を扱った通報もなされている。[40]人権条約機関への個人通報の道が閉ざされている日本にあって、意欲的な判断を積み重ねるWGADの調査手続は、身体の自由を守る砦としてその存在意義をいやましていくに違いない。

（1）　Aoife Nolan et. al. (eds.), The United Nations Special Procedures System (Brill, 2017), p. 1.

（2） https://www.ohchr.org/EN/HRBodies/SP/Pages/Curretmandateholders.aspx; A/HRC/40/38, 12 March 2019, para. 2.

（3） 設置決議はCHR Res. 1991/42. ＷＧＡＤの概要について、Revised Fact Sheet No. 26, The Working Group on Arbitrary Detention, 8 February 2019. また、ＷＧＡＤの活動を分析する包括的で実務志向の文献として、Jared Genser, The UN Working Group on Arbitrary Detention: Commentary and Guide to Practice (Cambridge University Press, 2019).

（4） Study of the right of everyone to be free from arbitrary arrest, detention and exile, E/CN. 4/826/Rev. 1 (1964).

（5） 一九八九年に英国な政治囚の問題を検討する特別報告者の任命を提案したが、中国、インド、ソ連などの反対により、この提案は取り下げられている。Reed Brody, "The United Nations Creates a Working Group on Arbitrary Detention", American Journal of International Law, Vol. 85 (1991), p. 710, n. 5.

（6） 以上の経緯について、id., pp. 710-712.

（7） A/RES/60/251, 3 April 2006, para. 6.

（8） Revised Fact Sheet No. 26, supra note 3, III.

（9） Methods of Work in Annex IX, Fact Sheet No. 26, para. 14; Report of the Working Group on Arbitrary Detention, A/HRC/16/47, 19 January 2011, paras. 37-51; Methods of work of the Working Group on Arbitrary Detention, A/HRC/36/38, 13 July 2017.

（10） Revised Fact Sheet No. 26, supra note 3, IV A.

（11） Communication No. 458/1991, CCPR/C/51/D/458/1991, 21 July 1994, para. 9.8.

（12） あらゆる形態の抑留又は拘禁の下にあるすべての者の保護のための諸原則、国連被拘禁者処遇最低基準規則（マンデラ・ルールズ）、自由を奪われた少年のための国連規則、少年司法運営に関する国連最低規則（北京ルールズ）、自由を奪われた者が裁判所で手続をとる権利に基づく救済措置及び手続に関する国連基本原則及びガイドライン。Methods of work, supra note 9, para. 7.

(13) Deliberation No. 9 Concerning the Definition and Scope of Arbitrary Deprivation of Liberty under Customary International Law, Report of the Working Group on Arbitrary Detention, A/HRC/22/44, 24 December 2012, para. 51.

(14) Methods of work, supra note 9, para. 8.

(15) Country Visits- Working Group on Arbitrary Detention, available at https://www.ohchr.org/EN/Issues/Detention/Pages/Visits.aspx.

(16) Working Group on Arbitrary Detention, Compilation of Deliberations, available at https://www.ohchr.org/Documents/Issues/Detention/Compilation WGAD Deliberation.pdf. このうち、所見第五号は二〇一八年にバージョンアップされている。A/HRC/39/45, 2 July 2018, Annex.

(17) Report of the Working Group on Arbitrary Detention, A/HRC/30/436, 15 December 2015, paras. 57-62.

(18) 直近の報告書では、良心的兵役拒否の文脈での自由の剥奪などが取り上げられている。Report of the Working Group on Arbitrary Detention, A/HRC/42/39, 16 July 2019, III.

(19) Methods of work, supra note 9, paras. 9-20.

(20) 「個別事案を裁定する唯一のテーマ別手続として、ＷＧＡＤは中立を評価する明瞭な枠組みを定めなければならなかった」(Genser, supra note 3, p. 16)。もっとも、個別事案を調査する権限は、裁判官・法律家の独立に関する特別報告者と有害廃棄物に関する特別報告者にも与えられてはいる。Elvira Dominguez-Redondo, "The History of the Special Procedures: A 'Learning-by-Doing' Approach to Human Rights Implementation", in Nolan et. al., supra note 1, p. 44.

(21) この手続は、WGADの発議によって開始することもできる。

(22) Bayloz or Sledgehammer Cases v. Turkey, Opinion No. 6/2013, para. 69. とはいえ、必要な情報を収集するため、国内裁判の結果を待つこともある。

(23) Genser, supra note 3, pp. 9, 16.

(24) Id., p. 20.

(25) Methods of work, supra note 9, para. 23.

(26) Report of the Working Group, supra note 18, para. 29.

(27) Id., pp. 4-18; Genser, supra note 3, pp. 105, 106.

(28) David S. Weissbrodt & Brittany Mitchell, "The United Nations Working Group on Arbitrary Detention: Procedures and Summary of Jurisprudence", Human Rights Quarterly, Vol. 38 (2016), p. 682.

(29) たとえば、Mr. Obaidullah v. United States, Opinion No. 10/2013. いうまでもなく、グアンタナモでの拘禁は第1類型にも第五類型にも該当し、その恣意性は重層的である。See Ammar al-Baluchi v. United States, Opinion No. 89/2017.

(30) Said Imasi v. Australia, Opinion No. 71/2017.

(31) Michael Mvongo v. Canada, Opinion No. 14/2015.

(32) Marcos Antonio Aguilar-Rodorizuez v. United States, Opinion No. 72/2017.

(33) Aung San Suu Kyi v. Myanmar, Opinion Nos. 8/1992, 2/2002, 9/2004, 2/2007, 46/2008, 12/2010.

(34) Julian Assange v. Sweden and the United Kingdom, Opinion No. 54/2015.

(35) Junichi Sato and Toru Suzuki v. Japan, Opinion No. 9/2009.

(36) Mr. N v. Japan, Opinion No. 8/2018.

(37) Ms. H v. Japan, Opinion No. 70/2018.

(38) Yamashiro Hiroji v. Japan, Opinion No. 55/2018.

(39) このほか、拘禁の恣意性が認められなかったものとしてOpinion No. 42/2006、検討を終了したものとしてOpinion No. 6/2006.

(40) https://www.bengo4.com/c_16/n_10230/?fbclid=IwAR3uONj4GTaI3ABKcdbgCZPpa2O8eyNL3YyhK-

DWji6MxqTFRPXlyzRuVaYA.

＊本稿で引用したウェブサイトの情報は、二〇一九年一二月八日現在のものである。

26 踽蹐せぬ御仁たち ── 「共謀罪」法と国連人権保障システム

一

自由を切り裂く鋭利なやいばをうずめた改正組織犯罪処罰法（「共謀罪」法）が二〇一七年七月一一日に施行の段を迎えた。刑法の基幹を揺るがし、人の心に傲岸に踏み入る共謀罪の趣旨を全身にまとったこの法律は、「中間報告」という異例の手続きを恃みに生み落とされた不祥の産物というべきものに相違ない。

「共謀罪」法の適用がいよいよ現実のものとなった盛夏の昼下がり、蹌踉とたどりついた最寄りのターミナル駅を行き交う人々の面持ちに、だが、プライバシーや表現の自由を根底から揺さぶる重大な転機が訪れたことを兆す片影も感じ取ることができなかった。これほどの大事なのに、世の風景はなにもひしゃげておらず、たわんだわけでもなかった。昨日となにも変わらぬ日常が「禍ごとなどなにも起きていないのだ」と耳元で心地よく囁いてくる。

けれども、どれほど強力な日常の惰性によって世上の関心が抑え込まれようとも、あるいは、蟻の隊列よろしくエッセエッセと賛成票を投じ続けた与党の面々や、「こんな人たちに負けるわけにはいかない」と拳を空に突き出し都議選での歴史的惨敗を演出したこの国の宰相がいかに我存ぜぬの体を装い続けようとも、同法はこれまで以上に閉塞した社会の暗渠を面前に押し広げていくことになるのだろう。長いもの（お上）に好んで巻かれるこの国の政治文化を背景に、監視の目が影絵のように広がる胡乱な風景が私たちの日常を幾重にもおりなしていくことになるのかもしれない。

二

国権の最高機関でうじゃけた官製芝居を演じてみせた政府の御仁たちは、国際組織犯罪防止条約を締結するための国内法整備としてこの法律が必要なのだと長広舌をふるい続けた。そして現に、法律施行にあわせて条約の受諾書が国連事務総長に寄託されてもいる。

もともとテロ対策とは無縁の文脈で作成されたこの条約は、第五条で共謀罪か参加罪のいずれかを採用するよう締約国に求めている。法務省のHPによれば、現行法との整合性を考慮して共謀を犯罪とする法整備を行うことが適当と考えたのだという。だから今般の立法なのだ、という理屈である。

当該条文はしかし、その柱書きが記すとおり「必要な立法その他の措置」を求めているのであって、必要のない立法措置をとることなど要求してはいない。この条約の立法ガイドを執筆したニコス・パッサス氏が言明するように、「新たな法案などの導入を正当化するために条約が利用されてはならない」（東京新聞二〇一七年六月五日付け朝刊）のだ。この間に刑事法の専門家や実務家たちが精細に論じているように、改正組織犯罪処罰法の制定は、条約締結の要から出た政治の叡智というよりも、条約締結に藉口して手がけられた行政府／官僚たちの底意ある所業と評するのが精確な物言いであろう。

日本国憲法を傲然と踏みしだく安保関連法の定立のときもそうだった。国際法は悪法としかいいようのない法律を制定するための露払い役を強いられてきている。錦の御旗のごとく国際法が掲げられ、政府の欲する法の整備が正当化される。集団的自衛権を行使できなくては一人前の国家ではない、とか、国際組織犯罪防止条約を締結しないとテロを防ぐことはできない、といったように。

国際関係においても日本政府は自らの主張を国際法や国際社会という言葉を用いて強引に受け入れさせようとすることが少なくない。たとえば、韓国にある日本大使館・総領事館前の平和の碑／慰安婦少女像の撤去を求めて、政府は、その設置が外交・領事関係に関するウィーン条約に反するという理屈を持ち出している。二〇一五年暮れに忽然と出来した日韓「合意」なるものについても、いまだに「国際社会から評価されており、責任を持って実施していくことが重要だ」などと広言してはばかるところころがない（二〇一七年七月七日の日韓首脳会談）。

なんとも承服しがたいのは、政府の弁が牽強付会にすぎることである。その制度的起源からしていわくつきの集団的自衛権を行使せずとも国際法上はまったく問題なく、国際組織犯罪防止条約の締結に二七七もの犯罪を対象として共謀罪の網をかける必要はまったくない。安倍政権が突き進める安保・「共謀罪」法整備は、本質的な次元において国際法との真正な連関を欠いている。

平和の碑をめぐる議論にしても、大使館や総領事館前における記念碑の設置が派遣国の安寧や威厳を害するといった主張はひどくかいなでで、各国の判例や学術文献をきちんと参照しての公式見解なのか、疑念と疑点は募るばかりである。まして、二〇一五年の「合意」なるものは国際人権諸機関ではおしなべて不評であり、拷問禁止委員会からは「Revise」という仮借なき命令形をもってその修正・改正が要請されているほどである。

三

現政権の政策決定過程にあって、「国際法」や「国際社会」の像はひどく歪んだ自己陶酔的レンズを通じて偏頗に結ばれてしまっているのだろう。当然ながらそこには自らに都合が悪いものは無視ないし敵視するという態度も伴う。その伝でいえば、現政権が最も無視し、敵視してきているのは、国際人権法・国際人権保障システムといってよいのではないか。

むろん、いつも変わらずそうだというわけではない。実際に、朝鮮民主主義人民共和国に対して国連人権理事会が懸念・勧告をさしむけるとき、政府はこれを進んで支え動かそうとする。同国の人権状況を監視する特別報告者には、旭日重光章という国家的栄誉までもが授けられている。本年六月には、ハンセン病差別撤廃に関する特別報告者の設置を人権理事会で自ら主導してもいた。ところが、国連人権保障システムの至宝（crown jewel）と評される同じ特別報告者たちがいったん日本の人権状況に調査・分析の矛先を向けるや、安倍政権の対応はひどく狼狽した、未熟で生硬としかいいようのないものに様変わりし、たちどころに無視と拒絶の虫が顫動し始める。

五月一八日付けで、プライバシーの権利に関する特別報告者（ジョセフ・ケナタッチ氏）が「共謀罪」法と国際人権法の両立性に関わる情報提供を公開の書簡で首相に求め出た。この情報要請に対して当の首相は「著しくバランスを欠き、客観的である専門家の振る舞いとは言いがたく、信義則にも反する」と、対抗的な言辞を用いて不快感を表明するに及んだ（五月二九日、参院本会議）。内閣官房長官も記者会見の席で、特別報告者の見解は「個人の立場」によるもので「国連の立場を反映したものではない」と述べ、内容的にも不適切であると抗議の意を表している（五月二二日）。

政権の中枢を担うこの二人の応答には、どうにも困惑と違和を覚えずにはいられなかった。国連の誇る特別手続任務保持者に対する無理解と敵意が充満していたからである。ケナタッチ氏は国連人権理事会によってプライバシーに関わる世界各地の情報の収集と状況の監視を委託された専門家である。今般の書簡はその任務に従った活動の一環にすぎない。

特別報告者たちは、人権侵害を訴える信頼できる情報が寄せられたとき、外交経路を通じて関係政府に連絡をとることができる。国連の用語でこれを「通報 communication」という。個別の人権侵害事案だけでなく、ケナタッチ氏がそうしたように、作成中の法案の内容を通報の対象にすることもある。二〇一六年の実績で見ると、特別手続全体の下で合計五二六件の通報が一一九か国と二三の非国家主体に宛てて送付されているが、その中にあって六二件が法律・法案にかかわるものであった。こうした通報を通して、特別報告者たちは関係政府に説明を求め、事態の改善を図り、侵害の防止・終止を促している。この手続きは法違反の有無を判ずるものではない。その主要な目的は、関係政府等の注意を喚起することにより被害者の保護や人権状況の改善を促すところにある。

懸念を伝えられた政府としては、これに誠実に応答しなくてはならない。それをあろうことか、「著しくバランスを欠いている」とか「内容的に不適切」などといって切り捨ててしまうのは、まったくのお門違いというしかない。日本の記者クラブのような閉鎖的な空間内であれば格別、そうした場を一歩でも外に踏み出せば、「著しくバランスを欠」き、「内容的に不適切」なのは、それを発した当の御仁たちであることが、裸の王様のごとくたちどころに露呈してしまう。

特別報告者は「国連のための任務を遂行する専門家」として、日本も締結している国連特権免除条約第六条第二二項の適用を受ける。これにより、任務遂行にあたって逮捕・拘束、手荷物の押収を受けることはなく、任務遂行中に行った陳述・行動についてもあらゆる訴訟手続きを免除され、さらに、すべての書類・文書の不可侵が保障されている。一九八九年と一九九九年の二つの勧告的意見を通じて、国際司法裁判所もこの点を明瞭に確認している（I.C.J. Reports, 1989, p.177; Id., 1999, p.62）。

内閣官房長官が言及したように「個人の資格」で行動していることは間違いないが、その含意は、どの国の指示も受けない独立した専門家だということであり、個人＝私人ということではまったくない。特別報告者たちの活動には紛れもなく公的性格が備わっている。そしてその法的礎は、日本もその一員である国連人権理事会の授権決議にある。首相や官房長官には、そのことをきちんと学習しておいてもらわなければならない。

四

二〇一七年五月末から六月にかけて、特別報告者に関する新たな報道がさらに二つ加わった。その一つは、日本における表現の自由の現況を分析する調査報告書の公表であり、もう一つは、米軍基地の拡充に反対する沖縄平和運動センター議長（当時）山城博治氏の逮捕・長期拘束に対する緊急アピールにかかわるものであった。

前者の報告書は、表現の自由に関する特別報告者が、昨年四月に日本で実施した現地調査を踏まえて刊行したものである。メディアの独立、「慰安婦」問題にかかる教科書記述への介入、特定秘密保護法、ヘイトスピーチ、選挙運動の制限、デモの制限（特に、山城氏の逮捕・拘束）についての分析評価が記されるとともに、電波停止命令の根拠となる放送法四条を改正・廃止し、歴史教育への介入を政府が控えることなど、一七項目にわたる勧告が付されている。

国連人権理事会に提出されたこの報告書にも安倍政権は強硬な態度で反応した。政府の反論によれば、特別報告者の指摘する事実のほとんどは伝聞か憶測に拠っており、こうした情報に基づいて勧告が出されることで国連人権理事会の権威はひどく損なわれてしまうのだという。政府の意向に沿わない記載内容への抑えきれぬ苛立ちが表出しているように感じられる。

上記通報についてもそうだったが、表現の自由に関する報告への安倍政権の対応ぶりは、特別報告者が担う国連人権理事会特別手続きの存在意義を根こそぎ葬り去ろうとしてきた国々のそれと重なって映る。特別報告者の任にある専門家たちは国際人権基準に依拠して評価・行動することを恐れない。そのため、重大な人権侵害が広がっている国であるほど特別報告者の存在は疎ましいものになる。かくして、その声価を下げ、活動の自由に縛りをかけようとする企てが何度も繰り返されることになる。それをそのつど跳ね返してきたのはNGOや国連人権高等弁務官事務所、そしてなんといってもこの制度の価値を真に理解する一群の国々であった。日本もまたそうした良識ある国々の中に名を連ねてきたのではなかったか。

人権保障を通じ暴力のない平和な世界の構築を国連がめざし続けるのなら、特別報告者の独立性や権威は絶対的に保障されなくてはならない。日本が手がけるべきは、敵対的な態度をひけらかし特別報告者といたずらに対峙することではなく、むしろ、従容とした態度で、このかけがえのない国連人権理事会の制度と向き合い、そのさらなる強化に尽力していくことではないのか。よもや、大規模人権侵害国と内応し、主権国家の意向に付き従う従順なしもべに特別報告者を生まれ変わらせようとしているわけではあるまいに。

他方で、山城博治氏にかかる緊急アピールだが、これは表現の自由に関する特別報告者と集会の自由に関する特別報告者、人権擁護者に関する特別報告者、さらに恣意的拘禁作業部会（WGA

D）が連名で発出したものであり、山城氏の逮捕・拘束について懸念を伝え、関連情報の提供、事態の悪化を防ぐための暫定措置などを要請するものであった。緊急アピールは二月二八日付けのものであったが、関係法令に基づき適切に対応した旨の回答が四月一〇日に政府からなされていたことも明らかにされている。

こうした緊急アピールも政府への懸念の伝達であり、先述した「通報」に分類される特別手続きの下での活動にほかならない。もっとも、当該アピールを発出した中にWGADが含まれていることを見過ごしてはならない。特別報告者が一人で任を担うのに対して、WGADは五名の専門家がチームを組んで任務を遂行する。国連人権理事会の特別手続きを構成する点で両者に違いはないのだが、ただWGADには他には例のない特別の力が与えられている。伝家の宝刀・「調査 investigation」権限である。「調査」は、「通報」とは違って国際人権基準に反したかどうかを当事者対抗的な方式によって認定するところに手続き的特徴をもつ。

人権理事会の前身である人権委員会により一九九一年に設置されたこの作業部会は、国際人権基準に反する「恣意的」拘禁を五つのカテゴリーに分けて整序している。その中には「人権の行使から生じた自由の剥奪」と「公正な裁判を受ける権利の侵害から生じた自由の剥奪」が含まれており、山城氏の事案にはまさしくこれらが妥当する。

二月二八日付けの上記緊急アピールにはこう記されていた。「加えて、貴国政府にお伝えいたしますが、この緊急アピールを送付した後、恣意的拘禁作業部会は本件を通常の［調査］手続に付し、自由の剥奪が恣意的であったかどうかについての意見を示す場合があります。この緊急アピールは当作業部会が示すことのある意見についていかなる意味でも予断を与えるものではありません。貴国政府は緊急行動と通常手続について別個に応答するよう要請されております」。

山城氏の逮捕・長期拘禁が国際人権法に照らして適法だったといえるのかについて別途、調査のうえ判断を示す場合があるので、その折にはきちんと応答せよ、という予告ないしは念押しである。ＷＧＡＤのこれまでの際立ってプログレッシブな活動実績からするに、調査権限が行使されるのであれば、日本政府にとって厳しい（しかし当然の）「意見 Opinion」が示されることになるのではないかと思われる。もっとも山城氏は上記緊急アピール発出後の三月一八日に保釈されているので、同氏の身柄拘束が恣意的であったかどうかを判断するまでに至るかについては判然としないところがある。

ちなみに、これまで日本はＷＧＡＤの調査と無縁だったわけではなく、二〇〇九年には「人権の行使から生じた自由の剥奪」に該当する恣意的拘禁の認定を受けたこともある。捕鯨事業における不正を明るみにしようとしたグリーンピース日本の環境活動家二名が鯨肉約五〇ポンドの窃盗等の容疑で逮捕されたことの不当性が問われた事案である。ＷＧＡＤは両名の思想・良心、表現の自由が侵害されたと認め、公正な裁判手続きの保障を日本政府に要請する「意見」を示すに及んだ（OPINION No.9/2009）。また二〇〇六年には宮城北陵クリニック事件被告人の処遇について訴えが起こされたこともあるが、本件は恣意的拘禁にはあたらないとの判断に帰着している（OPINION

No.42/2006)。

ともあれ、今後とも日本はＷＧＡＤを含め様々な任務保持者からの働きかけを受けていくことは間違いない。国連人権理事会の一員にふさわしい責任ある態度で、「国際人権保障システムの至宝」とどう向き合うべきかについてしっかりと思惟を巡らせてもらいたいものである。

擱筆の前にもう一言。国連では特別報告者の活動に協力する者への監視や脅迫、報復が重大な関心事になって久しい。日本の中にもすでに忍び寄りつつある暗然たる事態でもあるが、「共謀罪」法は国連人権保障システムと市民の接触を阻害する法壁に容易に転じ得る代物でもあることを、意識の内にしかと刻みおくべきだろう。

Ⅵ

同時代の思索

27 過去の不正義と国際法――日韓国交正常化五〇周年に寄せて

一　遅れてきた正義

大韓民国との国交正常化から、ちょうど半世紀という節目の年を迎えている。「両国民間の関係の歴史的背景と、善隣関係及び主権の相互尊重の原則に基づく両国間の関係の正常化に対する相互の希望とを考慮し」て東京で署名された日韓基本条約が効力を生じたのは、いまから五〇年を遡る一九六五年一二月一八日のことであった。同日には、日韓請求権協定も、同条約に寄り添うように発効している。

サンフランシスコ平和条約の署名直後に開始された予備会談から一四年もの時を閲して産み落とされた日韓基本条約が、そののち紆余曲折を経ながらも相応に結びつきを深め行く両国（民）間の確たる法的礎になってきたことはまぎれもない。そのこと自体は言祝ぐべきことでもあろうが、その一方で、日韓関係のあり様には、朝鮮半島に現存するもう一つの主権国家・朝鮮民主主義人民共和国との関係にまとわる外交的陰影も絶えず随伴している。日韓国交正常化五〇年は、二〇〇二年の平壌宣言後もなお引き続く日朝間の非正常きわまる関係を反面において浮き立たせるものでもある。

もっともそれ以上に銘記しておくべきは、半世紀に及ぶ時の流れが、日韓間において、封印されたはずの過去の召喚をますます促していることの法的含意である。「慰安婦」問題はその代表例というべきものにほかならない。むろんそこに、特定の政治指導者らの挑発的な言動によって過度に政治化された側面があることはたしかである。だが、そうとしても、過去の想起それ自体は、国家主義的言説への表層的な応答にとどまるものではなく、より深い次元に根ざした営みとしての性格を有してもいる。なによりそれは、ひとり二国間の関係に限局されるものではなく、むしろ現代国際社会に広がり行く本源的事象の一端と見るのが事の実相に即している(1)。

過去をめぐる議論は一九八〇年代に勢いを増し始め、冷戦の終結した一九九〇年代以降、東アジアを含む世界各地で、活性化と非活性化を繰り返しつつも、まるで地下茎がつながったかのように継起している。「過去」といっても、公的な場に導き入れられるのは、輝かしき栄華・栄光のあれこれではなく、支配的言説により沈黙を強いられてきた人々の記憶である。その潮流を近年にあって先導してきたのは、移行期正義（transitional justice）の下に展開される、重大な人権侵害への制度的対応といってよい。訴追・処罰、損害賠償、和解、真相究明といった被害回復（reparation）への包括的スキームが急速な進展を遂げてきたことはよく知られているところであろう。

過去の不正義と対峙する営みは、だが、移行期正義が射程に据える直近の過去への対処を超え出て、いまや何世代にもわたる時の流れを遡行していくようにまでなっている。歴史的不正義（historical injustice）と称される、遠き過去に個人や集団に降りかかった深刻な被害の回復が国際関係において前景化される情景は、もはや例外といって済ませられるものではない。奴隷貿易と植民地支配への責任に焦点をあてた二〇〇一年の人種主義等に反対するダーバン世界会議[2]は、その位相を先端的に映し出す場であった。移行期正義という術語と対比させるなら、そうした歴史的不正義への取り組みは、遅れてきた正義（belated justice）とでもいうべきものの実現を求める営みと表してもよい。

過去に向かう思想的潮流が台頭した契機として、ジョン・トーピーは、社会主義と国民＝国家という二つの未来の崩壊に言及する。これによって未来への地平線が失われ、人間状態の改善を求める舞台としてほかならぬ過去に焦点が設定されるようになったのだという[3]。トーピーの分析にここでさらに立ち入る余裕はないが、ただその動因がいずれであれ、過去の不正義の是正を促す知的枠組みを主導的に提供してきたのが歴史学や哲学、政治学といったものであったことはたしかである。他方で国際法は、個別の違法行為には対処しえても、時を遡る大規模な不正義との対峙には、法の遡及適用が困難であるなど制度的制約が強く働くとして、あまり重きをおかれてこなかったところもある。

しかし、国家（政府）の行動を制御する期待が国際的に広く共有される局面において、国際法が部外者然のままにいるということはおよそありえない。「国際法は、国際社会の歴史を通し、有力な政治的潮流、台頭する道徳的基準、そして宗教思想の支配的動向と密接に関わってきた。そのような結びつきが特に顕著なのは戦争と平和の文脈においてであり、国際法は神学者によって案出された正戦の伝統を本質的に具現化している。同様のことは、償いや被害回復が大きな役割を果たす最近のグローバル・ジャスティスを求める声の台頭との関わりにもあてはまる。国際法の役割は一般に、ある意味において、未来についての期待を安定させ明確にするため、国家実行における行動の趨勢を法として明定し、そうして、政府の側の政治的態度を転換させることにある」(4)というリチャード・フォークの指摘を改めて想い起こしておきたい。

二　歴史への転回

実際のところ、国際法と過去はこれまでも常に切り離しがたい関係にあった。現に過去は、国際法における権利義務関係を確定するために欠かすことができない証拠的価値をもつ。加えて、国際法を構成する原則や規則、制度は、それ自体が記憶の場（memorial site）となって過去の想起や過去との絶えざる対話を促してきてもいる。(5)そしてトーピーの言に倣って議論の枠を押し広げれば、冷戦終結後、二一世紀に入り、国際法もまた未来のあり様を過去に求めるようになっているといってよいだろう。歴史に対する国際法学の関心の急速な広がりと深化（歴史への転回（turn to history））(6)がその相貌を雄弁に伝えているのではないか。歴史への転回は、未来への楽観に裏打ちされているにせよ不安に駆り立てられているにせよ、社会変革を阻害してきたこれまでの国際法のあり

方の批判的な捉え直し（新しき制度を整備するための過去の再発見）を根源的に志向するものといってよい。(7)

歴史と国際法のかかわりは多面的であるが、マット・クレイヴンはこれを三つの次元に分節して解析している。(8)第一が「国際法の歴史（history of international law）」、第二が「国際法における歴史（history in international law）」、そして第三が「歴史における国際法（international law in history）」である。これら三つの次元は歴史の叙述に際して密接に重なり合うことになるものの、概念的には次のように整序される。

まず「国際法の歴史」とは、国際法の存在や事象を合目的的に説明する観点からの叙述であり、国際法の起源や進歩／退歩、再現、変容の様が物語（narrative）として描き出される。これに対して「国際法における歴史」とは、特定の出来事や人物（学説）、文書、国家実行、判例が国際法にかかわる議論の中でどのような位置を占めるのかを見定めることに焦点が当てられる。最後の「歴史における国際法」とは、いってみれば国際法の外にある歴史に対する国際法なり国際法学者の関与を描出する営為を指す。日常の政策決定や国際関係への国際法の影響をどう評価するかという問題意識が強くかかわる次元である。

いつの時代においてもいずれかの対抗ナラティヴの提示はあったとしても、歴史と国際法のかかわりについては、長く、線型進歩（linear progress）史観が基調であった。この史観にあって国際法の歴史は一つの大きな物語（grand narrative）として構成され、国際法は法システムとして内的に統合されていることを前提に、継続・前進・包摂によって絶えざる進歩を続けていくものとして描かれる。奴隷制の廃止や武力行使の禁止、脱植民地化、国際社会の組織化などは、進歩を徴する現代的証にほかならない。進歩史観の相貌は、当然ながら、国際法における歴史の叙述にも歴史の中の国際法の叙述にも濃厚に浸潤してきた。

歴史への転回は、だが、こうした認識を維持強化することに向けられているのではなく、反対にその批判・否定に立脚している側面が強い。進歩史観は、科学的客観性の外観を装着される一方で、実際には空間的にも時間的にもその中心軸を西洋においており、非西洋圏の経験は構造的に周縁に追いやられてきた。そうした西洋中心性が明瞭に論難され、論者自身のおかれた位置性や、テキストを産出する文脈への自覚的な関心の下に、歴史叙述の複数性と、過去を表象する論者自身の構築的役割が承認されるようになっている。その中で国際法の歴史を「下から」再専有する契機も生まれ出ており、「これは、たとえば当初は脱植民地化された人民、さらに最近では先住民族、サバルターン、少数者、女性といった、国際法の歴史について語る能力を長く奪われていた諸集団によってなされている」(9)とされる。

進歩史観を批判してミシェル・フーコの系譜学的手法を全面展開するナタニエル・バーマンは、国際法の内的統合を前提にはしておらず、むしろ「規範的に不純で、文化的に不均質で、歴史的に偶有的」なものとして国際法を提示する(10)。国際法の歴史を彩るのは、前進や進歩ではなく、変化・後退・排除といった事象であり、現代的形態の奴隷制の発現、大国による暴力の正統化、新植民地主義の現前といった事象がその現代的証左となる。

バーマンによれば、国際法が不純で不均質で偶有的であることは不安や絶望をいざなうものではなく、むしろ「絶えず現前する法の解放可能性を信じることを可能にするものである。……国際法を希望の事業にするのは、まさしく法の一貫性の欠如であり、諸規則・主体の暫定的配置の不安定性なのである」(11)。

たしかに、国際法の歴史叙述の複数性や規範的・文化的混交性の承認は、過去の不正義に対して国際法に基づく被害回復の契機を創り出すものに相違ない。進歩史観による大きな物語としての「上からの」国際法の歴史は、西洋や主権国家、男性、さらにいえば現行支配秩序に最優先の価値をおくことにより、構造的劣性者の声を法的に無化する政治的機能を発揮してきた。歴史的不正義の是正を求める声の封殺は、その最たるものの一つにほかならない。

だが、国際法が非単線的に歴史を刻み、しかも国際法の歴史を「下から」、つまりは被支配者の側からも語り得る公的スペースが拡幅されゆくのであれば、歴史的不正義を政治や道徳のみならず国際法の課題として改めて定位し直すことにも特段の不思議はないことになる。

遅れてきた正義と国際法の交差は、実のところ、人権の理念によって強く促されているところがある。過去を想起する潮流にしても、「下からの」国際法の歴史の視座にしても、理念的にその後背を成しているのは人権であり人間の尊厳の観念にほかならない。人権は、時間の射程を過去に遡行させ、歴史的不正義の被害者たちの尊厳回復を求める動力源となることで、場所のみならず時の面においても普遍化の道をたどりつつあるようにも見える[12]。

もとより、「これは現在の法（道徳）的基準を遡及して適用する事例のように思われるかもしれないが、むしろそれは、［被害回復という］儀式化された手段によって、正統な法の支配……が崩壊した縮図と見られる行為や出来事を非難することに力を合わせる、あらゆる当事者を包摂した包括的な規範秩序を制定しまたは回復する過程と捉えるべきものである」[13]。

人権を基軸に歴史的不正義を国際法の課題として定位することは、西洋という語によって表象される国際社会の支配的な価値的枠組みの中で排除され、あるいは深刻に分断されてきた諸集団を共通の規範的地平に組み入れる歴史的機会を創り出すことであり、まさしくその意味において、国際法（あるいは国際社会）の未来のあり様が過去に求められているということなのでもある。

過去の不正義を国際法の歴史の課題として定位することは、いうまでもなく現実の権利義務関係への影響を避け得ない。「国際法の歴史についての理解は、ある集団が過去に受けたトラウマを国際法によって承認する前提条件と感じられるようになっていく」とエマニュエル・ジョアネラはいう。「その結果、時として西洋人と非西洋人あるいは世界各所の支配集団と被支配集団が、世界的規模で自らの過去と国際法の歴史について健全な対立の下に絶え間ない議論を交わすことになる。議論は、他者の解釈をまったく理解できない結果に帰着することもある。だがその一方でこうした対立は、あらゆる種類の抑圧を強いることに法実務や法言説が加担してきた様をよりよく辿ることができる、はるかに開かれた国際法の歴史を構想し、異なるアイデンティティと文化間の関係を鍛え上げていくことにも資するのである」[14]。

三　被害回復への法の理路

過去をめぐって揺動する日韓関係は、歴史への転回にかかるこうした知の脈動に連接させて論じられてしかるべきものであろう。根本的次元でいえば、日本による韓国の植民地支配を国際法の歴史としてどのように叙述し直すかという課題に本格的に向き合うべき知の状況に入っているのではないか。この点については、なによりも、一九九五年の村山富市首相談話が「我が国は、遠くない過去の一時期、……植民地支配と侵略によって、多くの国々、とりわけアジア諸国の人々に対して多大の損害と苦痛を与えました」と述べ、二〇一〇年の菅直人首相談話が「韓国の人々は、その意に反して行われた植民地支配によって、国と文化を奪われ、民族の誇りを深く傷つけられました」と述べていたことを確認しておかなければならない。

韓国の植民地支配という表記・評価は日本の標準的・代表的な国際法の教科書には登場してこないが、政治レベルではこのように植民地支配を行ったという認識が明示されてはきた[15]。だが、村山首相自身が「韓国併合条約は当時の国際関係等の歴史的事情の中で法的に有効に締結され、実施されたものである」[16]と答弁していたように、日本政府はそこに法的瑕疵があったという見解ではない[17]。現在の水準からすれば不当ではあるが当時は合法であったという、線型進歩史観に親和的な認識である。日韓基本条約第三条の「もはや無効」という文言も、当初は有効であったことの謂いとされている。こうした認識には、日本の国際法専門家集団からも特段異論が挟まれているようには見受けられない。

そうであっただけに、二〇一二年五月二四日の韓国大法院判決（三菱広島元徴用工原爆被害者・日本製鉄元徴用工裁判）[18]はことのほか衝撃的なものとなった。本判決と韓国政府の対応、その後の下級審の判断等については本特集の中で別途論じられるであろうからここでは立ち入らないが、ともあれ大法院は、「日帝強制占領期の日本の朝鮮半島支配は規範的な観点から不法な強占に過ぎ」ないとの基本認識の下、実に踏み込んだ判断を示すに及んでいる。

日本国内の裁判判決をおそらくは無自覚に基礎づけていたであろう規範意識（植民地支配を合法とする評価）を根本から揺さぶるこの司法判断は、国際法の歴史が一つの大きな進歩史的物語によってはとうてい描き切れなくなっている時代状況をよく伝えている。韓国併合条約が国際法の歴史の中でどのように叙述されるのかによって、強制労働をはじめとする一連の事実の法的評価（国際法における歴史の叙述）が大きく変わってくることも、この判示からうかがい知れる。

一般に、植民地支配のような歴史的不正義の叙述を法実務に接続する際に提起されるのは、時をいつまで遡り、被害の人的・物的範囲をどのように確定するのかという問題であり、また、不正義を違法と判ずるために欠かすことができない適用法規をどのように見定め、どのように解釈適用するのか、という問いである。

これらの難題については近年、様々な議論が提示されるようになっているが[19]、とりわけ適用法規に関しては、現行の人権規範を念頭におきながら、現時点に引き続く継続侵害（continuing violation）の法理が援用されたり、原因行為と切り離して現在の不作為（調査義務の懈怠）等に焦点を当てる法理も提示されるようになっている。また、当時の法規が著しく正統性を欠く場合には法的テクニックによって被害者への正義を否認することはできないという解釈が示される一方で、法の遡求適用そのものを求める理路も提唱されている。

もっとも、歴史的不正義の中には、当時の法に照らしても実定法上の根拠を欠くと評価し得るものも少なからずあり、現に、日本の韓国植民地支配についても、一九〇五年保護条約の無効（国の代表者への強制）等がその論拠として提示されていることは周知のとおりである。[20]韓国併合過程を彩る諸条約の法的評価には、国際法の歴史／国際法における歴史について、「下からの」叙述と「上からの」叙述の間の先鋭的な対立が見られるとともに、「上からの」叙述が植民地支配という抑圧（不正義）にいかに深く加担するものであるのかが如実に映し出されているといってよい。

日韓間の喫緊の課題として最大のものは、六五年の請求権協定の解釈をめぐって顕現していることは改めて強調するまでもない。「両締約国及びその国民（法人を含む。）の財産、権利及び利益並びに両締約国及びその国民の間の請求権に関する問題が……完全かつ最終的に解決されたこととなる」と定める第二条一項の射程を巡って両国政府の認識に重大な相違が見られ、その中心に「慰安婦」問題がある。

韓国政府の行動を促している二〇一一年八月三〇日の同国憲法裁判所決定[21]は、請求権協定締結交渉の過程で「慰安婦」問題はまったく議論されず、請求権討議の対象となった対日請求八項目にも含まれていなかったという事情（条約の準備作業）にとくに留意している。端的に、国際法における歴史の叙述にかかわる評価である。同協定上の問題についても他の論考で詳述されるのでこれ以上立ち入らないが、ただ、両国間の解釈の相違はほかならぬ現時点で生起していることから、その解決には、歴史の叙述という側面に加えて、現在の国際法体系全体に照らした視点も求められることは確認しておきたい(22)。

請求権協定を巡る紛争については、また、元「慰安婦」たちの人間の尊厳に直接にかかわり人権諸条約上の問題でもあることから、ウィーラマントリーの次の指摘もあわせて想起しておくべきだろう。「人権に影響を与える条約は、その適用の時点において人権を否認するようには適用できない。裁判所は、適用時の基準により人権侵害になる行為を、［たとえ］当該行為が人権侵害にあたらなかった時期に遡る条約に基づいているという理由によっても、是認することはできない(23)」。

国際法の歴史に関する複数的な叙述の可能性を押し拓く人権の理念は、過去の再発見（過去の捏造ではない）を通して現在と過去（そして未来）を規範的に結びつけるトランステンポラル（trans-temporal）な正義の力学を湛えている(24)。そうして、国際法にあって周縁化されてきた過去（の不正義）を現在に引き入れる法の理路を構築する。

既に述べたように、こうした知の潮流は、冷戦終結を機に世界大で浸潤しており、そこには、大きな物語に依拠した強圧的な旧来の法制度を、新しき多元的国際社会の中で抜本的に改編するための過去の再発見という側面が明瞭に見て取れる。日韓関係において浮上する歴史的不正義あるいは過去から現在に続く不正義に対しても、国際法をとりまくこうしたグローバルな知の文脈を踏まえた取組みが必要な段階にあることに留意しておかなければならない。

四　歴史の中の国際法

国際法を通じた過去への介入は、アフリカやカリブ海等はもとより、欧州においても現在進行形のものとして見て取ることができる。ナチス・ドイツの犯した不正義に対して、あるいは旧社会主義諸国で沈黙を強いられていた人々に対して、司法にアクセスする権利や差別禁止規範などを動員しながら国際法の実務的射程が漸次、過去に延伸されつつある。直近の動向としては、植民地支配下でなされた拷問のような犯罪行為についての法的対処が求められるようにもなっている(25)。その前提となる国際法と歴史を巡る叙述も明らかに変容しつつある。人間の尊厳を最重視する法秩序を構築するには、過去の不正義を容認／創出してきた支配的な法のあり様を批判的に紡ぎ直すことが欠かせないとの認識がそこにはある。歴史への転回はそのために求められる営為なのであり、その必要性は東アジアにおいても変わらずにあることはいうまでもない。

国際法学は、歴史の中にあって国際法の果たす役割をけっして小さなものとは捉えていない。法規範の遵守を誘導し制度の構築を支えることによって、現に国際法は国際秩序の安定と発展に寄与する枢要な役割を演じてきた。その意義は今後とも減じられることはあるまいが、二一世紀が深まる今日にあってひときわ重要性を増しつつあるのは、過去の、あるいは過去から現在に引き続く被害の回復を求める声に応答する国際法／学者の責任である。そこに映し出されるのは国際法の未来のあり様そのものでもある。

（1）See e.g. Elazar Barkan, The Guilt of Nations: Restitution and Negotiating Historical Injustices（2000）; John Torpey, Politics and the Past: On Repairing Historical Injustices（2003）; Pablo de Greiff（ed.）, The Handbook of Reparations（2006）; Stiina Löytömäki, Law and the Politics of Memory: Conflicting the Past（2014）. 金富子・中野敏男編著『歴史と責任』（青弓社、二〇〇八年）、永原陽子編『植民地責任論 ― 脱植民地化の比較史』（青木書店、二〇〇九年）も参照。
（2）http://www.un.org/WCAR/.
（3）ジョン・トーピー〔藤川隆男ほか訳〕『歴史的賠償と「記憶」の解剖』（法政大学出版局、2013年）第一章参照。
（4）Richard Falk, "Reparations, International Law, and Global Justice: A New Frontier", in de Greiff（ed.）, supra note 1, p.480.
（5）Patrick Macklem, "Ryna 9, Praha 1: Restitution and Memory in International Human Rights Law", European Journal of International Law, Vol.16（2005）, p.14.
（6）Ingo J. Hueck, "The Discipline of the History of International Law: New Trends and Methods on the History of International Law", Journal of the History of International Law, Vol.3（2001）, pp.194-217.
（7）Emmanuelle Tourme Jouannet and Anne Peters, "The Journal of the History of International Law: A Forum for New Research", Journal of the History of International Law, Vol. 16（2014）, p.2.
（8）Matt Craven, "Introduction: International Law and Its Histories", in Craven, Malgosia Fitzmaurice, and

Maria Vogiatzi (eds.), Time, History and International Law (2007), pp.7-25.

（9）Jouannet and Peters, supra note 7, pp.4-5, 7.

（10）Nathaniel Berman, “In the Wake of Empire”, American University International Law Review, Vol.14 (1999), p.1524.

（11）Id.

（12）Dinah Shelton, Remedies in International Human Rights Law (2nd ed., 2005), p.456.

（13）George Ulrich, “Introduction: Human Rights With a View to History”, in Ulrich and Louise Krabbe Boserup (eds.), Reparations: Redressing Past Wrongs (2003), pp.5-6.

（14）Jouannet and Peters, supra note 7, p.7.

（15）なお、本稿執筆の時点では、安倍晋三首相による戦後七〇年談話には接し得ていない。

（16）第一三四回国会参議院会議録第四号（平成七年一〇月五日）一九頁。

（17）坂元茂樹「日韓保護条約の効力 ― 強制による条約の観点から」関西大学法学論集四四巻四・五合併号（一九九五年）八六九-九三二頁も参照。

（18）判決文については、日本製鉄元徴用工裁判を支援する會・太平洋戰爭被害者補償推進協議會『五・二四韓国大法院判決資料集』（二〇一二年）参照。

（19）Felipe Gomez Isa, “The Right of Indigenous Peoples to Reparation for Historical Injustices”, available at http://paperroom.ipsa.org/papers/paper_2835.pdf; Shelton, supra note 12, pp.459-463.

（20）戸塚悦朗「統監府設置一〇〇年と乙巳保護条約の不法性：一九六三年国連国際法委員会報告書をめぐって」龍谷法学三九巻一号（二〇〇六年）一五-四二頁、笹川紀勝・李泰鎮編著『国際共同研究　韓国併合と現代 ― 歴史と国際法からの再検討』（明石書店、二〇〇八年）、康成銀『一九〇五年韓国保護条約と植民地支配責任 ― 歴史学と国際法学の対話』（創史社、二〇一〇年）参照。

（21）中川敏弘「〈資料〉韓国憲法裁判所・日本軍慰安婦問題行政不作為違憲訴願事件」専修法学論集一一六巻

（二〇一二年）一九七-二二九頁参照。

(22) 「国際文書は、解釈の時点において支配的な法体系全体の枠内で解釈適用されなければならない」(Advisory Opinion, I.C.J. Reports. 1971, p.16, para.53)。

(23) Gabčikovo-Nagymaros Project, (Hungary/Slovakia), Judgment, I.C.J. Reports 1997, Separate Opinion of Vice-President Weeramantry, p.114.

(24) 阿部浩己『国際法の暴力を超えて』（岩波書店、二〇一〇年）二三一頁。

(25) Löytömäki, supra note 1, pp.29-30.

28 国際人権法学／会の課題と針路

一　惑星と衛星の間

『人、中年に到る』（白水社、二〇一〇年）という書物のなかで、汗牛充棟の社会学者・四方田犬彦が問わず語りにこう言葉を紡いでいる「大切な本はここぞという時に持ち主の手元に戻ってくるのだ」。

この一節は、書物の類の整頓がままならぬ私のような者にとって、千古の真理にも似た響きがある。『国際人権』（以下、本誌）三十号記念号への寄稿にあたった今般も、久闊を叙すように卒然と書棚の隅から現れ出たその創刊号を前に、「こんなに長く、いったいどこに姿を隠していたのだ」と思わず請問に及んでしまったしだいである。

創刊を祝うそして今号まで変わることのない西垣泰子氏デザインの表紙をめくり、創立記念大会の様子が引き出されると、とたんに時相が乱れ、記憶の線毛がさやぎ始めた。「記憶は最大の贋作」という警句が脳裏を一閃するが、このまなうらに刻まれた情景は、褪色はしていても贋作などでは断じてない。創立大会会場の明治大学には、人権の研究・実務に携わる文字通りの「スター」が紛うことなく集結していた。圧倒的な存在感をたたえた赫赫たる学績の持ち主たちが織りなすその空間は、ヴァルター・ベンヤミンのいう「アウラ」(1)というべきものを実感させるに十分なものがあった。

知／実務の巨人たちが駿河台の地で立ち上げた本学会の問題意識は、「国際人権法学会設立趣意書」の中で次のように表現されている。「国際人権保障やその国内的実施さらに人権外交の諸問題は、これまで、国際法学会、公法学会、国際政治学会など関連学会等でそれぞれに研究報告としても取り上げられ論じられてきた。しかし、もはや個別学会や単発的な研究会・シンポジウム等では十分ではなく、今こそ、より系統的より学際的に、内外の連絡を密にして、情報や知識や研究や持てる力を交換し、研究者も実務家も共に、一つのものを築き上げるべきときであると信じる」。

一般に、学会とは志を同じくする専門家たちが真理や正義の追究に向けた研究成果を発表・論議する場だとすれば、その数がいやますことは社会にとってけっして忌諱すべきことではあるまい。世上が多様化し複雑化するほどに、既存の学問だけでは対処しきれぬ問題群が発生し、そこに新たな学会を作り出そうとする機運が生じる。本学会の設立も、その例に漏れるものではない。

当然というべきか、上記設立趣意書にも表出しているように、新たに誕生する学会は「学際的(interdisciplinary)」にならざるを得ない。既存の学問的枠組みでは足りないから新たな学会が作られるにしても、神／仏ならぬ人間の営みはいつにあっても真空地帯から立ち上がるわけではなく、新たな学会も既存の学問群を足場にせざるを得ない。もっとも、「学際」とは複数の学問領域にまたがる「間学問」の謂いであり、それゆえ、学際的な営みが学際的であるかぎり、それぞれの学問領域もまた元のままにあり続ける。そしてそれらは、学際的な集い・祝祭が終わると、いつものように人々が立ち戻っていく「本籍地」としてもあり続ける。学際的な学会は、それゆえ往々にして、本籍地たる惑星学会の周囲を公転する衛星的な存在にとどめおかれる仕儀となる。

なればこそ、学際的な場が、「超学問領域（transdisciplinary）」[2]とまではいわないまでも学際という形容句を不要とする場として認知されないかぎり、そこを真の本拠とする研究者集団の形成は難しい。知の巨人たちが集い立ち上げたものであっても、その真理に変わりはない。学際と銘打つ学会のどれほどがそうした場への昇華を果たしているのかは定かでないが、三〇年の時を閲した本学会の場合、学際性の内実にどのような変遷あるいは変容の様を見て取れるだろうか。

もとより、「間学問領域」を濃縮させた先に佇む理想が、常に「超学問領域」でなければならないわけではない。学会の性格に対する個々人の選好あるいは研究上の戦略も多様でありえよう。ただ、そうとしても、本学会のありようにかかる議論は、私たちの考究する学問対象が必ずしも一つの像に結ばれてきたわけではないことにより、その位相を少しく複雑なものにしてきた実情には留意しておく必要がある。

本誌創刊号の編集後記において、本学会の仏訳名がない理由を、学会生みの親ともいうべき芹田健太郎は、「『国際人権』の法学会なのか『人権法』の国際学会なのかについて断を下さないため」

であると告解している。[3] 学会名をさらにあなぐれば、「人権」に関する「国際法」の学会という理解もあり得たであろうが、この選択肢は示唆されていない。学際性を打ち出す上記設立趣意書に照らすなら、国際法という特定の学問領域に限定して人権を語ることを初手から排除したのは必然の帰結であったに違いない。にもかかわらず、本学会を人権に関する国際法（international law of human rights）の学会と実質的に同視し続ける向きは依然として少なくないのかもしれない。

このように対象とする学問像につきいかにも同床異夢の様相を呈しつつも、しかし漸進的に積み重なる活動の具体的軌跡を改めて見やるなら、本学会が「国際人権」の法学会、さらにいえば「国際人権法」の学会としての相貌を強めてきていることは確かなように思える。[4] 国際（地域）的に定立された人権にかかる規則、制度さらにその過程を基軸に据え、これらと交差、融合あるいは断絶する各国の法制・法実践を積極的に考察の対象とする学問的営みが様々なテーマを素材に発展してきている。[5]「人間の尊厳」の確保を志向している点で、単なる記述・分析の域を超え出た規範的位相を内包することについての了解も醸成されてきていると言ってよい。

事柄の性格上、こうした営みが学際的に遂行されることはいうまでもないものの、しかしその継続的な堆積の中から、関連学問領域の産出する知を有機的かつ統合的に結びつける研究も着実に広がってきている。国際人権法というものの実体を具象化する営為が積み重なっているということであり、これを別して言えば、国際法でも憲法でも国際政治でもなく、国際人権法／学会そのものに自らの本籍を据える有為な研究者たちが確然と出現し始めているということでもある。

二　方法としてのアジア

「国際人権法」の学会としての道行きは、芹田が本誌創刊号編集後記で示唆していた「人権法の国際学会」というもう一つの針路と必ずしも排中律の関係に立つわけではない。現に、その内実が精錬されるにつれ国際人権法という術語から国際という修飾句が溶暗していく可能性が排除されない一方で、本学会には国際性の具備がますます求められてもいる。

研究対象が国際人権法であるのなら、そこに国際性が随伴するのは自明の理と考える向きもあろうが、ここでいう国際性は学会のあり方に向けられている。学会の志向性が一国内に閉ざされないということである。その際とりわけて重視すべきは、以下に記すとおり、アジアの研究者・実務家たちとのいっそうの交流であり討議であろう。(6)

国際人権法が差し出す（国際）人権については、周知のとおり、その普遍性にかかわって根源的な議論が重ねられてきている。扱われる具体的課題の別を問わず、基底的な対立軸は普遍性と特殊性の関係に設定され、前者が西洋の知と同視される一方で、非西洋の営みは常に後者の位置付けを割り振られてきた。普遍と特殊は水平ではなく、垂直の位置関係に立つ。西洋の法実践に接近する場合はもとより、非西洋の事象を分析するときであっても、私たちは西洋知の枠組みを用いることに慣らされてきた。(7)それが正統な手法とされたからであり、また、それ以外の学問的手法を知らなかったところもある。

だが、普遍／特殊の枠組みが西洋による世界の植民地化という歴史実践に根ざすものである以上、とりわけ非西洋にあってこれを無批判に受け入れ、その再生産にいそしむことには警戒的でなければなるまい。リチャード・ローティが述べるように、前／脱文脈的な観念など存せず、意味は文脈によって与えられるのだとすれば(8)、人権の意味もまたその語が用いられる文脈に拠らざるを得ない。西洋中心的な構造を批判的に浮き彫りにすることは、したがって、人権の再文脈化に向けた作業となり、さらにいえば、覇権主義的な知によって囲われてきた人権の脱植民地化を促す作業にもほかならない。

こうした問題関心に共鳴する論者の中には、西洋＝普遍に本質や統一性が欠けていることを説き、脱構築の手法をもってその解体を唱道するものがいる(9)。またこれとは別に、普遍を担う西洋を地球体系の一地域に過ぎないとしてその地方化を論ずる者もいる(10)。そのいずれもが刺激的な議論に違いないものの、しかし普遍主義の仮象を破壊したところで、あるいは、西洋の地方化を強調したところで、現実の構造そのものが変わらずにあることには違いない。

他方、徹底した土着主義（nativism）により西洋知を拒絶する姿勢と好対照をなすものとして、文化の動態性や人権の文化／文明横断性に着目し、西洋・非西洋間の架橋を図る営みが追求されてきたことはよく知られているだろう(11)。この脈絡で二一世紀に入り際立っているのは、非西洋が普遍（的な人権保障）の構築に果たしてきた役割を積極的に評価する言説の広がりである。

たとえば、国際人権法の要というべき世界人権宣言にかかる叙述はこれまで、宣言採択地のパリ、フランス人のルネ・カッサンとジャック・マリタン、フランクリンとエレナという２人のルーズベルト（米国人）、国連人権部長ジョン・ハンフリー（カナダ人）、さらに国連人権委員会の創設をもたらした米国NGOなど、西洋の地・国々・人々の貢献に焦点を絞り込んだものとして構成されてきた。だが、西洋そのものが一枚岩でない一方で、レバノンやチリ、インド、ドミニカ共和国といった非西洋諸国の積極的なリーダーシップがなければ、宣言はいっそう願望調のものになっただけでなく、社会権は削除され、差別の非難も女性の権利も弱体化されていたに違いない。宣言はカッサンが創り出したものでも、西洋のみの構築物でもなく、抑圧に抗する何世代にもわたる人類の営みがもたらした、私たちすべての者に帰する事績というべきものにほかならないことにとりわけて注意が喚起される[12]。

普遍的な人権に対する非西洋の貢献を高く評価するこうした分析は、文化横断性の議論とも共鳴しながら、人権をもっぱら西洋に帰属させる見解[13]に対峙するように提示されており、その営為には触発されるところが少なくない。ただそのことを認めつつも、非西洋の貢献を称揚する言説には、「無批判のユートピアニズムとロマンチシズムの気がある」[14]ことも指摘せざるを得ない。マーク・トゥファヤンが「自己満悦的貢献主義者のテーゼ（self-congratulatory contributionist theses）」[15]と仮借なく表するこの言説には、「人種的、文化的、土着的差異に基づくヨーロッパの優越性の主張によって「普遍主義」が搾取を正当化してきた方法」を批判的審問に付す契機が希薄であり、植民地主義的歴史実践と根源的な次元で関わる回路が失われかねないあやうさがある[16]。実際のところ、普遍性構築への非西洋の関与・貢献が称揚されるほどに、普遍主義の抑圧的な機能は遠景に退き、その一方で、非西洋と西洋との同一性が仮象されることで、揺動する普遍＝西洋をかえって補修・補強する効果すら生じさせているところがある。

看過し得ぬことに、普遍主義の相克に挑む知的営為には共通の貌があり、その相は西洋を対立点としているところに鮮明に現れている。現に西洋の解体であれ地方化であれ、補修であれ否定であれ、あるいは西洋との架橋であれ、西洋は例外なく他者として設定されている。「西洋対非西洋」あるいは「普遍対特殊」という構造が強化されてしまうのは、このゆえでもある。陳光興は、強力な磁場をもった西洋という他者をコピーし続けることを避けるためにもこうした対立図を解消すべき旨を説き、「一旦は西洋が内在的な部分になっていること、それが多様な文化資源の一部分になっていることを認め」る戦略を提示する。(17) そうして陳は、意識的に推進すべき「国際的現地主義」というものの視座を次のように差し向ける。

「国際的現地主義の立場は、積極的に各地の既存の歴史伝統の伝承を尊重するものだが…それら既存の資源を動員して西洋に抵抗することはせず、「西洋との」衝突の後の実践過程において徐々に形成されて来た雑種体と新たな形式を把握し、理解しようとする。…それは、それら新たな実践の中から出て来た論理と方法の実践を通じて、各現地の間の比較、対照、相互の出会いの中から、新たな理論叙述を練り上げようとするものである。ここにおいて、「アジア」や「第三世界」は我々に比較と対照のポイントを提供してくれる戦略的な拠点、あるいは方法となる。(18)」

ここで言明されているのは、対話対象を西洋から転換し、アジア内部の対照／比較に参照軸を移すべきことにほかならない。西洋を通じて事象を読み解く知の欲望は、アジアを特殊性を帯びた「現地のインフォーマント（native informant）」の地位におとしめる。それに対して、直接につながるインターアジアの視座は、縦の位階秩序にあったもの（すなわち、頑張って追いつくべきものとしての西洋）を排し、関係当事者を水平の関係に移行させていく。この呼びかけは「反西洋」の態度に単純化されるものではない、と陳は念を押す。上述のとおり、「西洋」はすでに私たちの主体性に内在しており、「反」かどうかという問いの立て方自体が無意味なのである。むしろ、「『西洋の資源』は我々が相互に認識するための起点となる」[19]。

「国際性」を強化するにあたり、本学会もこうした認識に立ってインターアジアの視座を追求してはどうかと愚考する。国際人権法にかかる事象を考察するにあたり、アジアをインフォーマントとしてではなく第一の比較対象あるいは参照軸にする、ということである。検討の具体的素材は所狭しと溢れている。たとえば、日本を含むアジア諸国は国際人権法の実現に後ろ向きとの批判を受けてきており、個人通報制度受諾の僅少性などがその典型的な例としてあげられる。人権条約一般についても締結実績は長年にわたり芳しくなく、死刑廃止にかかる議定書や難民条約・議定書などからも距離をおき続ける国は少なくない[20]。

国際人権法学を領導してきた西洋的な思考枠組みからすれば、これらは「後進性」あるいは矯正すべき事態の表れとの評価を免れないだろうが、しかし、たとえば難民の処遇についていえば、難民条約を締結したところで庇護の門を実質的に閉ざしたままの国がある一方で、条約を締結しておらずとも、多くの難民を受け入れ、相応の処遇を確保してきている国も少なくない。難民条約から距離をおいていることが問題なのではなく、同条約そのものが非西洋の規格にあわないところに問題の根源が宿っているのかもしれない。[21]本学会としても、西洋知を十分に内在させたアジア各地の研究者・実務家たちと緊密につながり、水平の立場で「現地」の内在的論理に接近することで国際人権法のあり方を鍛え上げ、その多元的理解[22]への道を切り開いていってはどうかという思いである。

三　人権の沃野

小論では、芹田の言に着想を得て、「国際人権法学会」は国際人権についての法学会なのか、国際人権法についての学会なのか、人権に関する国際法の学会なのか、はたまた人権法についての国際学会なのか、といった問いを立てつつ論を継いでいるのだが、いずれの選択肢にあっても変わらず重石となっているのは「人権」という術語の存在である。もっとも、この語は「人間」の「権利」を縮めたものであり、したがって、人間と権利という二つの構成要素にさらに切り分けられるものでもある。

「私たちのことを私たちぬきに決めないでください」という凛然たる当事者の声を受けて世に送り出された障害者権利条約は、人間の同一性を追求してきた人権論の思潮を多様な人間存在を包摂する多元的社会の追求へと転換させる決定的な契機ともなった文書だが[23]、この条約がもたらすより根源的な次元での衝撃は、人権を構成する「人間」と「権利」の関係性の変革を促している側面に看取できる。

人権が法／学の領域で語られるようになったことにも起因してか、この語の概念バランスは権利の側に傾き、合理的な判断能力を有する自律した原子的個人と公的権力が交差する局面に焦点をあてて人権が語られるのが通例であった。権利概念に牽引されるこの枠組みにあって人間のモデルは限定されたものにとどまり、ほとんど神話的な人間の条件にかなう者のみが人権という名の権利を行使できる主体と観念されてきたところがある。

障害者権利条約は、既存の権利群を障害者という新しく同定された集団向けに機械的にしつらえ直すものとして作られたわけではない。そうではなくて、障害をもつ者という具体的な存在を通して人間が意味するものは何なのかということから議論をスタートさせている。人間が権利にあわせるのではなく、権利が具体的な人間の必要に適合するように構想し直されたわけである。この条約は、それゆえに、障害者のための条約である以上に、障害者という存在を通して新しい人間・権利・社会のビジョンを指し示す最先端の人権条約というべきものにほかならない[24]。「方法としてのアジア」という前節のタイトルにならうなら、これは「方法としての障害者」とでもいえるものなのかもしれない。

アジア・障害者両者に共通しているのは、ともに（国際／人権）法の他者として特殊化され、不可視化されてきた存在であったことである。それが、いまや法・社会の多元的理解への導きの糸に転じている。その伝でいえば、過去の重大な不正義にまつわる課題への言及も避けられないのではないか。

人権／法に関わるこれまでの歴史の叙述は、進歩史観に基づくことが一般的であった。昔よりも現在、現在よりも未来に「進歩（progress）」があり、その軌跡は直線的な形状によって描き出されるものとされてきた。この史観は、科学的客観性の外観を装着される一方で、実際には空間的にも時間的にもその中心軸を西洋においており、非西洋圏の経験は構造的に周縁に追いやられてきた。だが近年は、論者自身のおかれた位置性やテキストを産出する文脈への自覚的な関心の下に、歴史叙述の複数性と過去を表象する者の構築的役割が承認されるようになってきている。そうした中にあって、人権／法の歴史を「下から」再占有する契機も生まれており、「これは、たとえば当初は植民地化された人民、さらに最近では先住民族、サバルターン、少数者、女性といった…［人権／］法の歴史について語る能力を長く奪われていた諸集団によってなされている」(25)。

人権／法の歴史叙述の複数性の承認は、とりわけ過去の不正義に対して被害回復の契機を創り出すものに相違ない。進歩史観に基づく大きな物語（grand narrative）としての「上からの」歴史叙述は、西洋や主権国家、男性、さらにいえば現行秩序に最優先の価値をおくことにより、構造的劣位者の声を法的に無化する政治的機能を有してきた。歴史的不正義の是正を求める声の封殺は、その最たるものの一つにほかならなかった。だが、人権／法が非単線的に歴史を刻み、しかもその歴史を「下から」つまりは被支配者の側からも語り得るスペースが拡幅されていくのであれば、歴史的不正義を政治や道徳のみならず（国際人権）法の課題として改めて定位し直すことにも特段の不思議はないことになる。

過去の不正義に向けて法の延伸可能性を押し広げる歴史叙述の動勢は、まぎれもなく人権そのものに内在する理念によって促されている。過去を想起する潮流にしても、「下からの」法の視座の導入にしても、理念的にその後背を成しているのは人権であり、より精確にいえば、先住民族や女性あるいは障害者というように絶えず具体化される人間たちの尊厳に突き動かされた人権にほかならない。人権は時間の射程を過去に遡行させ、歴史的不正義の被害者たちの尊厳回復を求める動力源となることで、国境を超えるだけでなく時の壁をも超えて妥当する道をたどりつつあるように見受けられる。

もとより、これは現在の法（道徳）的基準を遡及して適用することを無批判に奨励するものではない。むしろ、被害回復（reparation）という「儀式化された手段によって、正統な法の支配…が崩壊した縮図と見られる行為や出来事を非難することに力を合わせる、あらゆる当事者を包摂した包括的な規範秩序を制定しまたは回復する過程[26]」と捉えるべきものである。具体化される人間の権利を基軸に歴史的不正義を（国際人権）法の課題として定位することは、西洋という語によって表象される国際・国内社会の支配的な価値的枠組みの中で排除され、あるいは深刻に分断されてきた諸集団を共通の規範的地平に組み入れる歴史的機会を創り出すことであり、まさしくその意味において未来のあり様が過去への取り組みに求められているということでもある。

過去の不正義を法の課題として定位する場合には、いうまでもなく現実の権利義務関係への影響を避け得ない。国際法に関してではあるが、エマヌエル・ジョアネらは、「国際法の歴史についての理解は、ある集団が過去に受けたトラウマを国際法によって承認する前提条件と感じられるようになっている」として、次のようにいう。「その結果、時として西洋人と非西洋人あるいは世界各所の支配集団と非支配集団が、世界的規模で自らの過去と国際法の歴史について健全な対立の下に絶え間ない議論を交わすことになる。議論は、他者の解釈をまったく理解できない結果に帰着することもある。だがその一方でこうした対立は、あらゆる種類の抑圧を強いることに法実務や法言説が加担してきた様をよりよく辿ることができる、はるかに開かれた国際法の歴史を構想し、異なるアイデンティティと文化間の関係を鍛え上げていくことにも資するのである」(27)。この指摘は、歴史的不正義に対する国際人権法の関わりに直接的な示唆を与えるものでもある。

アジアや障害者がそうであるように、西洋中心の国際社会にあって、「過去の不正義」もまた法の他者とされ、過ぎ去った時間の中に埋め込まれ、忘却される憂き目にあった。だが、葬り去られたはずのその過去が、人権の訴求力を媒介に、歴史叙述の複数性に支えられて言説の表舞台に登場してきている。実際のところ、植民地支配や奴隷制その他過去の重大な不正義についての法的責任を追及する声がアジア・第三世界で断続的に反響するようになっていることは改めて確認するまでもない(28)。アジア内部の出来事としても、日本による植民地支配、「慰安婦」問題など過去の重大な不正義への責任が韓国司法府の踏み込んだ判断などを契機に深刻な課題となって浮上していることは周知のとおりである(29)。

きわめて困難な課題には違いないが、本学会としても、歴史と（国際人権）法の関わりを、同時代の現実を踏まえつつ学術的に考究する営みを回避すべきではないのではないか。もとよりそれは、韓国（あるいは朝鮮半島）と日本という閉ざされた関係に収斂されるものではなく、人権理念の深まりを背景に植民地主義の責任を問い直すグローバルな文脈の中に位置づけられてしかるべきものである。それだけに、非西洋に拠をおくアジアの研究者たちとの水平な対話がいっそう重要視されるのである。「方法としてのアジア」の手法を、過去の重大な不正義にかかる問題にも積極的に活かしていくべきである。

四　人権終焉の時？・学問知の行方

一九四八年の世界人権宣言を基点に、非欧米諸国の強力な唱道により一九六〇年代に規範・制度両面で前進を見た国際人権法は、NGOや国内裁判所の参入も得た一九七〇年代後半から八〇年代にかけて勇躍、開花することになる。冷戦の終結とともに訪れた「人権主流化」（と「ジェンダー主流化」）の時代は、本学会が生を享け、成長を遂げた時にもほかならない。

国際人権法は、この間、国際法との関わりでいえば、主権、国家免除、外交特権免除、国家管轄権、安全保障などその本丸というべき法理の変革を求め、国家中心主義のありようを激しく揺さぶる挑戦を続けてきた。しかしそれらの営為は、国際司法裁判所、米国連邦最高裁判所、さらには欧州人権裁判所によっても最終的に制御されるなど、強力な現状維持の力学を浴び、現在は凪の状態あるいは退潮すら強いられているようにも見える。論者の中には、こうした挑戦が国際社会の分裂と国際法の弱体化を招いたと難じ、人権の黄金期は終わり、世界はポスト人権の時代に入ったと断ずる向きもある。(30) 人権主流化の多幸感に浸っているうちに、ポスト人権の時代がやってきたというわけである。

たしかに、国際人権法そのものの急速な深化にもかかわらず、世界の実情を見るに、極度の不平等が絶望的なまでに人々の間に押し広げられ、その深まりがポスト9・11の安全保障言説とも相まってポピュリズム培養の温床になり、民主主義・自由主義の基盤を揺るがす脅威となって立ち現れてもいる。(31) のみならず、世界各地に浸潤する社会的亀裂・分断・排除、さらには最高次政治指導者らによる扇動的で暴力的な言動の連綿たる堆積は、世界が人権終焉の時を迎えているとの不祥の宣明を裏書きしているようでもある。

「人権終焉の時」は、表層に現れ出た現象を伝える惹句である以上に、人権あるいは国際人権法を領導してきた欧米の（自由主義の）力の減衰と、多極化する世界で台頭する中国、ロシア、インド、インドネシア等の諸国が人権の原理・実践へのコミットメントを欠いているという側面に焦点を当てて提出される認識でもある。この認識を主唱するスティーブン・ホップグッドは、エリート主導の大文字の（国際）人権と、抑圧に抗する現地の闘いが依拠する小文字の人権との懸隔も説いており、ことのほか論争的である。[32]

上述のとおり、法の他者への接近を続けることで国際人権法は時代を切り拓く多くの芽を育み、その芽をさらに成長させる営みを続けてきている。社会的被傷性の強い少数者の尊厳が守られる世界をたぐり寄せるにあたり、国際人権法のもつ可能性は取るに足らぬほどちっぽけなものではなく、この営みは今後も引き継がれていかなくてはならない。だがその一方にあって、ポスト人権あるいは人権の終焉にかかる議論が示すように、二一世紀が深まる今日、国際政治構造の変容の波濤も受けて、国際人権法はその有効性・存在意義を根本的に問い直される事態にも直面しつつある。

欧米の後退が国際人権法の行く末に何をもたらすのかについてここで踏み入る余裕はない。しかしそれが凶兆であれ吉兆であれ、国際人権法の多元的な理解を促し、また現に必要としていることは紛れもない。インターアジアの対話によって本学会が国際人権法に接近していく意義は、今後ともますます大きなものになっていくに違いないと考えるゆえんでもある。

(1)　「空間と時間とが織りなす、ひとつの特異な織りものであり、どんなに近くてもなおかつ遠い、一回限りの現象」としてのアウラの概念について、野村修「ベンヤミンにおけるアウラの概念」『ドイツ文學研究』三六号（一九九三年）六〇頁参照。

(2)　マサオ・ミヨシによれば、「超学問領域とは、それぞれの学問領域が消え去り、別の考え方と融合することを意味」する（ミヨシ・吉本光宏『抵抗の場へ』（洛北出版、二〇〇七年）三二二頁）。

(3)　「国際人権法学会創設の頃は、そもそも「国際人権」とは何か、「国際人権法学」は存在するのか、を問わなければならなかった」（芹田健太郎「学会二〇周年によせて」国際人権二〇号（二〇〇九年）三頁）。

（4）本学会二〇周年の時点で、すでに芹田は次のように評している。「国際文書で定義される人権つまり国際人権は人類社会の憲法となった。そして、その国内実施が国際場裏で統制される時代が来た」（芹田、同上）。

（5）国際と国内の交差を通じて形成される「ユニークな人権の語法」という語を用いて国際人権法の考察対象を表現するものとして、Olivier De Schutter, International Human Rights Law (2nd ed., Cambridge University Press, 2014), p.1.

（6）こうした交流・討議を、本学会も散発的な形ではすでに実施してきてはいる。たとえば、林國姫「アジアの地域的人権保障機構の設立に向けて」国際人権二七号（二〇一六年）。

（7）溝口雄三によれば、こう表現される。「これまでの…中国学は、世界を方法として中国を見ようというものであった。…世界を基準にしてその到達度（あるいは相違度）が斟酌される。つまり中国は世界を基準に計られ…た。たとえばそれは「世界」史的普遍法則などだが、このような「世界」はつまるところヨーロッパであり、だから中国革命の「世界」史的独自性も、結局はマルクス型の「世界」に取り込まれることにしかならなかった」（『方法としての中国』（東京大学出版会、一九八九年）一三七頁）。

（8）Richard Rorty, "Is Derrida a Transcendental Philosopher?", in Essays on Heidegger and Others, Philosophical Papers II (Cambridge University Press, 1991), p.127.

（9）その代表的な論考に、酒井直樹「近代の批判：中絶した投企」『死産される日本語・日本人』（新曜社、一九九六年）所収。

（10）E.g., Martin Woessner, "Provincializing Human Rights? The Heideggerian Legacy from Charles Malik to Dipesh Charkrabarty" in Human Rights from a Third World Perspective: Critique, History and International Law (Jose-Manuel Barreto (ed.), Cambridge Scholars Publishing, 2013).

（11）普遍主義的人権観から文際的人権観への転換を説くものとして、大沼保昭『人権、国家、文明』（筑摩書房、一九九八年）。

(12) Suzan Eileen Waltz, "Universalizing Human Rights: The Role of Small States in the Construction of the Universal Declaration of Human Rights", Human Rights Quarterly, Vol.23 (2001). See also, Waltz, "Universal Human Rights: The Contribution of Muslim States", id., Vol. 26 (2004); Steven L. B. Jensen, The Making of International Human Rights Law; The 1960's, Decolonization and the Reconstruction of Global Values (Cambridge University Press, 2016).

(13) Jack Donnelly, Universal Human Rights in Theory and Practice (2nd ed., Cornell University Press, 2003).

(14) Mark Toufayan, "'Suffering' the Paradox or Rights?: Critical Subaltern Historiography and the Genealogy of Empathy", in Critical International Law : Postrealism, Postcolonialism, and Transnationalism (Prabhakar Singh and Benoit Mayer (eds.), Oxford University Press, 2014), p.177.

(15) Id., p.176.

(16) James Thuo Gathii, "A Critical Appraisal of the International Legal Tradition of Taslim Olawale Elias", Leiden Journal of International Law, Vol. 21 (2008), p.334.

(17) 陳光興『脱帝国方法としてのアジア』(岩波書店、二〇一一年)一五七頁。

(18) 同上書一五七、一五八頁。

(19) 同上書一六五頁。

(20) むろんアジアの実情は多様であり、個人通報制度・独立した国家人権機関を有する国も少なくなく、台湾(中華民国)のように、締約国の立場に立てないにもかかわらず、人権条約の国内実施を積極的に推進し、自らを自発的に「国際的」定期審査に付すところもある。蔡秀卿「台湾における国際人権条約の国内法化」『政策科学』二五号(二〇一八年)および人権公約施行監督連盟(Covenants Watch)の活動(https://covenantswatch.org.tw/japanese/, accessed July 15 2019)参照。こうしたアジアの実態も、当然ながら重要な参照軸であることに相違ない。

(21) See B. S. Chimni, "The Birth of a 'Discipline': From Refugee to Forced Migration Studies", Journal of Ref-

ugee Studies, Vol. 22 (2009), p.16.

(22)　ここでは、「中国を方法とする世界とは、中国を構成要素の一つとする、いいかえればヨーロッパをもその構成要素の一つとした多元的な世界である」（溝口・前掲書注（7）一三七－一三八頁）という溝口の言を念頭においている。

(23)　長瀬修「障害者の権利条約策定過程とNGOを通じた障害者の参画障害学（ディスアビリティスタディーズ）的観点から」・金政玉「障害者の権利の国際的状況と国内法制へのインパクト」本誌一六号（二〇〇五年）、松井亮輔・川島聡編『概説　障害者権利条約』（法律文化社、二〇一〇年）など参照。

(24)　Gerard Quinn with Anna Arstein-Kerslake, "Restoring the 'human' in 'human rights': personhood and doctrinal innovation in the UN disability convention", in The Cambridge Companion to Human Rights Law (Conor Gearty and Costas Douzina (eds.), Cambridge University Press, 2012), pp.36-39.

(25)　Emmanuelle Tourme Jouannet and Anne Peters, "The Journal of the History of International Law: A Forum for New Research", Journal of the History of International Law, Vol.16 (2014), pp.4-5, 7.

(26)　George Ulrich, "Introduction: Human Rights With a View to History", in Reparations: Redressing Past Wrongs (Ulrich and Louise Krabbe Boserup (eds.), Kluwer Law International, 2003), pp.5-6.

(27)　Jouannet and Peters, supra note (25), p.7.

(28)　二一世紀におけるその先駆けとなったダーバン会議について、ダーバン二〇〇一編『反人種主義・差別撤廃世界会議と日本』（『部落解放』五〇二号、二〇〇二年五月号増刊）参照。

(29)　たとえば、『法律時報』二〇一五年九月号掲載の次の諸論文参照。申惠丰「日韓請求権協定の射程」、金昌禄「韓国司法における歴史と法」、吉澤文寿「日韓諸条約における植民地支配認識に対する歴史学的考察」、水島朋則「欧州における「過去の克服」の現在」、前田朗「植民地支配犯罪論の再検討」、徳川信治「国際人権機関の法実践」。国際人権も第八号（一九九七年）に「慰安婦」と人権にかかる四篇の論考を掲載し、第二六号（二〇一五年）にも五十嵐正博「「慰安婦」問題「人間の尊厳」の回復を求めて」が寄せられている。また、琉球併合という歴史的事情を背景において自決権（自己決定権）が主張される沖縄の現況については、国際人権第二九号（二〇一八年）の特集が特記される。さらに、国際人権第三〇号掲載の薬師寺公夫・金昌禄論文もあわせて参照。

（30） See Ingrid Wuerth, "International Law in the Post-Human Rights Era", Texas Law Journal, Vol. 96 (2017).

（31） 極右の台頭と国際人権法の規範的・制度的対応について、Natalie Alkiviadou, The Far-Right in International and European Law (Routledge, 2019).

（32） Stephen Hopgood, The Endtimes of Human Rights (Cornell University Press, 2013). See also, Debating the Endtimes of Human Rights: Activism and Institutions in a Neo-Westphalian World (Doutje Lettinga & Lars van Troost (eds.), The Strategic Studies Project initiated by Amnesty International Netherlands, 2014) at https://www.amnesty.nl/content/uploads/2016/12/debating_the_endtimes_of_human_rights.pdf#search=%27hopgood+stephen+ending+times+of+human+rights%27 (accessed July 15, 2019).

29 追悼・本間浩先生

温容という言葉がこれほどふさわしい方はおられまい。大先輩ではあったが、学窓を同じくするためか、はじめてお会いした大学院生の時分から、ずいぶんとお声をかけていただいた。悠揚たる物腰で語られる一つ一つの言葉に、とても重みがあった。時代の波が人々をますます急くようになっても、先生のまわりにはいつも心落ち着く時空間が広がっていた。

社会正義へのゆるぎないコミットメントをもって現実と正対する、真の研究者だった。誠実なお人柄そのままに、先生のご研究は文字通りの知的廉直さを湛え、そしてなにより、人間の生と自由に対するあふれんばかりの共感に満ちていた。

先生の二大研究テーマが難民法と日米地位協定であったことは、『難民研究ジャーナル』（以下、本誌）の読者の中にもご存知の向きは少なくないだろう。後者については、一九九六年に刊行された大著『在日米軍地位協定』（日本評論社）が沖縄の人々に与えた影響は甚大で、同地の二つの新聞社は本土のマスコミとは比べようもないほど大きく先生のご逝去を報道した。その一つ沖縄タイムズは、政経部記者による追悼文で同書に触れて次のように記している。「日米地位協定を住民の視点で掘り下げ、不平等な扱いを強いられてきた沖縄の人たちに、改定を求める勇気と学術的な後ろ盾を与えた」（二〇一三年五月一八日）。先生のご研究がどのような志をもっていたのかがとてもよく伝わる一節である。

困難な現実を前にしながらも人間の生と自由への共感を絶やさぬ姿勢は、先生の研究活動の主柱をなした難民法の領域にいっそう顕著に現われ出ている。日本の難民法研究の端緒を本格的に開いた記念碑的業績・『政治亡命の法理』（早稲田大学出版部、一九七四年）の序文には、同書を生み出した先生の思念が次のように表白されている。「［伝統的国際法秩序の国家主義という］限界を限界としてありのままに認め、この限界の中で可能な限りで、実定的法制度の奥底に流れる論理の方向を基本的人権思想というプリズムによって透視してみる」。同書に対する安達峰一郎記念賞の授与は、国際法研究者としての先生の声価を当然ながら高めることになった。

同書が世に送り出されてから三年ほど経って、領域内庇護に関する条約案を審議する国連全権会議がジュネーヴに招集された。所期の目的を達成できずに終幕したその会議のなかで、ほぼすべての政府代表は庇護付与を国家主権の行使と位置づける伝統的態度に終始した。その中にあってドイツ連邦政府代表の発言は異彩を放ち、条約案に規定される庇護権は個人の権利でなければならないことを強く主張した。そうした主張を可能にしたドイツの庇護法制を委曲の限りを尽くして分析したのが『個人の基本権としての庇護権』（勁草書房、一九八五年）である。手続き運用の微細にいたるまで、飽くなき関心を寄せるその知的執念に圧倒されたのを覚えている。

一九九〇年には岩波書店から一般市民向けに『難民問題とは何か』(岩波新書)を刊行され、さらに二〇〇五年になると現代人文社から『国際難民法の理論とその国内的適用』を江湖に問われた。国際人権法学会の学会誌(『国際人権』一七号)に同書を書評する機会を与えられて、私は偽らざる思いをこう表現した。「大家にしてなお同時代に謙虚にかつ批判的に向き合うその知的廉直さには、改めて深い敬意を表さずにはいられない。学問研究の原点である旺盛な知的好奇心と執拗なまでの問題関心の持続によって生み落とされた本書には、研究者としての歩みをけっして絶やさぬ著者の清冽な息遣いが奥深く刻み込まれている」。

改定入管法が施行された年に出版された同書の精緻な分析は、浩瀚な知識と透徹した知見によって支えられている。なかでも、立証と信憑性判断、迫害概念の適用問題を論じた箇所はまるで近未来を見透かしたかのようで、今読み返せばなおさらに印象深い。同書には難民審査参与員のあり方に論及したところもあるが、その参与員に先生ご自身が就任されて、長きにわたる学問的蓄積が実務に反映される機会が得られたことはなによりであった。ほどなく体調を崩されて空席になったそのポストを埋めるのはあくまで一時的と思っていたが、願いを込めたその思いは結局かなわずに終わった。私の座る難民審査参与員の席に、先生がお帰りになることはなくなってしまった。

二〇〇五年以降も、先生は重厚な研究の成果を各所に引き続き発表されていた。また、沖縄の構造的差別・植民地主義的処遇がさらなる深まりを見せる中にあって、学術的な拠り所としての先生の存在感はますます大きなものになっていった。両者を同列に扱うのは適当ではないかもしれないが、難民の保護も沖縄の処遇も、ともに現代日本の抱える最も重大な問題群には相違ない。それらはまた、地球的規模の含意をもった巨大な課題でもある。それだけに、先生を失ったことはなんともやりきれないというしかない。後進の私たちが、先生の知見と精神をいくばくかでも継承し、その思想を漸進的に発展させていくしかないのだろう。

本誌の創刊号に記された発刊の辞において、先生は、難民問題は多面的であり、したがって難民問題の研究には学際性が必要になること、それゆえ難民研究フォーラムもそのような場になっていくべきことを説かれている。東日本大震災の文脈にも引き付けて「結びつけ」の重要性をとくに強調し、発刊の辞を次のように結んでおられる。「被災者支援に対する国内的・国際的協力は、人間社会の可能性をあらためて見直すきっかけになるかもしれません。同時に、個々の研究分野においても、自らの構築を見直し、異なる分野との結びつけによって新たな結実を得ることになるかもしれません。難民研究フォーラムは、そのような展開の実現に大きな期待をかけています」。

その期待に応え、先生が残された大切な知の器をしっかりと成長させていかなくてはなるまい。

先生がお身体を悪くされてからはお会いすることもかなわないままに、とわのお別れになってしまった。数え切れぬ学恩への感謝の念をお伝えできなかったのが心残りでならない。いまはただ、先生のご冥福をお祈りするばかりである。

30 〈書評〉東澤靖『国際刑事裁判所と人権保障』
（信山社、二〇一三年）

国際刑事裁判所（ＩＣＣ）の壮大な形姿を確然と描き出した書物（『国際刑事裁判所 法と実務』）を世に送り出した著者による二作目のＩＣＣ考究書である。国際人権法の理論と実務に通暁し、ＩＣＣの生成・発展過程に深い関心を寄せる著者の精確な法的分析と熱き思いが、全五部一〇章から成る本書に格別の重みと味わいを加えている。

前書が刊行された二〇〇七年の時点において、ＩＣＣはいまだ初動の段階にあったといえようが、その後二〇一二年に初の第一審判決（ルバンガ事件）が下され、司法機関としての営みはようやく本格化しつつある。本書が主たる考察対象とするのはそのルバンガ事件と二〇一〇年の検討会議だが、全篇を通して著者が強く意識しているのは、ＩＣＣの機能と正統性（信頼性）、市民の関わりをいかに高めるかということにほかならない。

「ＩＣＣが成功という評価を得ることができるとすれば、それは果たして何を尺度として語られるべきものなのか」。著者は冒頭（はしがき）で、そう問いを発する。この難題に正眼の構えで向き合う著者は、浩瀚な法的知見を駆使しながら、三つの視座に沿って議論を展開していく。

　第一は、公正な裁判をいかに実現するか、という視座である。国内の刑事司法が国家の強制的な権力行使を制御することに力を注ぐのに対して、国際刑事司法にあっては、訴追・処罰こそが被害者の救済をもたらすものと観念され、熱望されてきたところがある。ICCは最も重大な犯罪を扱う場であるだけに、「処罰を求める国際的な圧力を前にどのように捜査・訴追対象者の権利を確立していくのかは、決して容易な課題ではない」（三八頁）。だが、「国際的な裁判の信頼性が公正な裁判において被告人の権利を厳格に尊重することにかかっている」（四一頁）ことはいうまでもなく、現にICC規程は、「従来の国際刑事手続とは異なり」、罪刑法定主義の厳格な履行や類推解釈の禁止、被疑者・被告人への有利な解釈などを明記するに及んでいる（三一頁）。

　ルバンガ事件第一審判決に至る過程は、公正な裁判の内実をめぐる錯綜した審理の場でもあった。子ども兵士に関する戦争犯罪について、「『合理的な疑いを超えた証明』という枠組みの中で、詳細な事実認定を積み上げて有罪の結論を導いた」本判決の意義を著者は高く評価するが（二四頁）、審理の過程では、犯罪確認手続における証拠の要約・削除編集、被害者の範囲と公判手続への参加形態、証拠開示と秘密保持合意文書の開示、公判で認定可能な犯罪事実、仲介者の身元開示などをめぐり、予審裁判部、公判裁判部、上訴裁判部を巻き込んで実に重要な議論が交された。

　著者は、各論点についての決定・判決を精細かつ批判的に分析し、ICCは「国際人権法との両立を重視し」ており、「多くの点で被告人の公正な裁判を受ける権利をセーフガードしようとする判例法理を形成してきている」（七三頁）との評価を与える。だが、本件では逮捕から第一審判決までに約六年も要しており、迅速な裁判を受ける権利が確保されたのかという根本的な批判を著者は隠さない（七四頁）。

第二は、ＩＣＣが「真に人々の人権を保障するものとなっているのか」（二六三頁）という視座である。この視座との関連では、和平・国民和解との緊張関係の中で「司法的正義の実施のために失われるかもしれない人々の人権に悩み続ける」（二六四頁）ことの大切さが示されるとともに、より直截的には、司法過程における被害者の処遇の重要性が指摘される。「不処罰の文化を終了させる」というＩＣＣの理念は、「重大な国際犯罪の犠牲となってきた無数の被害者に対し思いをはせるところ」（七七頁）に端を発している。それゆえＩＣＣでは、被害者に対する賠償や信託基金の設置、当事者としての手続参加という画期的な制度が導入されることになった。著者はそこに大きな意味を見いだし、第五章においてその実相を仔細に描き出す。

ＩＣＣの制度は、被害者が「国家から独立して自ら国際法上の権利を行使できる空間を作り上げている点で、紛争下の被害者に対する、国家を超えた国際社会全体の連帯意識を示すものであるかも知れない」（二一七頁）。だがそこには、関連規定の不明確さや法文化の違いなどによる未解決の問題も伏在している。ルバンガ事件では、その一端が顕在化した。審理で争われたのは、被害者の認定、参加の要件、参加の形態といった諸問題だが、著者は、参加の形態に関して、被害者に証拠の提出や証拠への異議を提出することを認めた公判・上訴両裁判部の判断を強く批判する。その批判は、技術的な側面にとどまらず、刑事裁判において明らかにされる「真実」はいかにあるべきかという根源的な問題の所在を説示していて、ことのほか興味深い。

ルバンガ事件では被害者への賠償に関する初の決定も行われているが、同決定は多くの作業を特段の指針もないままに被害者信託基金に委ね、さらに、有罪判決を受けた者に対する賠償命令を否定して同基金を通じた集団的プログラムに賠償を限定したため、「被害者の期待に十分応えるものとはならなかった」（二六四頁）。著者は、そもそも個別事件を扱う裁判部に賠償の諸原則や指針の確立を委ねることには無理があるのかもしれないとの所見を開陳し、規程上、裁判部ではなく裁判所が賠償に関する決定主体として指定されていることを再度想起すべきと、説く。

第三は、ＩＣＣを動かす国家・市民の視座であり、とくに日本の役割に焦点が当てられる。第八章と九章でローマ規程の改正手続と二〇一〇年の検討会議が取り上げられ、侵略犯罪の定義と管轄権行使等にかかる複雑な議論が丁寧に解析されているが、侵略犯罪に関する改正規定の受諾にとどまらず、ＩＣＣの営み全般への日本政府の能動的な関わりを著者は強く望んでいる。

日本では、ＩＣＣ規程加入の折りに多くの理念的・実利的意義が語られる一方で、国内法的対応については結局ミニマリストの域を出ることがなかった。だが、日本国憲法と、サンフランシスコ平和条約に礎をおく戦後の枠組みや、国際・国内における法の支配の貫徹という観点から、そうした姿勢は再考されるべきであると著者は強調する。その際、法律家団体やＮＧＯとの協働の必要性にも言及がなされるが、ＩＣＣの過程に日本を代表する法律家として深く関与してきた者の言だけに、その指摘には格別の重みがある。

本書は、第一章で総論的な枠組みを示した後、第二章でルバンガ事件を概説、第三・四章が被告人の権利の考察、第五～七章が被害者の処遇の分析、そして、第八・九章で改正手続・検討会議を吟味のうえ、最後に日本の関わりを提示するという流麗な構成になっている。前述した視座を基軸に据えた問題関心も明快である。研磨されたバランス感覚をもって、社会正義への強いコミットメントを実践する卓越した法律家ならではの書、との感を抱く。

＊　＊　＊

壮大な司法的実験ともいえるＩＣＣであるだけに、現実の過程には無量の希望と無辺の批判が交錯することは必定である。その複雑な過程にどうかかわっていくべきかという意識を著者は明確に有している。「ＩＣＣの規程を採択したローマ会議が難航と妥協を繰り返す国際社会の産みの苦しみの場であったとすれば、第二の産みの苦しみは、実際に動き始めた事件に取り組む法律家たちの肩に課せられている」（一一七頁）と著者は言明するが、その「法律家たち」の中に自らが含まれていることはいうまでもない。

ＩＣＣの帰趨を左右する公正な裁判の実現、被害者の権利の擁護は、様々な要因が緊張関係をもって出来する中にあって、困難きわまる営みとなろう。ルバンガ事件の錯綜した航路が、なによりそれを雄弁に物語っている。だが、その難事に正面から立ち向かうことなくして、「不処罰の文化を終了させる」ＩＣＣの挑戦は真の正統性と信頼を獲得することはできまい。その営為を自らの課題として引き受ける著者の思考態度は、ＩＣＣを外在的な制度として受動的にとらえる日本国内の議論に批判的な眼差しを向けずにはいないが、他方にあってそれは、グローバル化が進み行く今日、日本の法律家が社会正義を担う国際社会の法制度にどう関わっていくべきかを指し示す、すぐれた道標のようでもある。

全篇にわたり、著者の分析は説得的であり、評者もそのほぼすべてに強い共感を覚える。もっとも、評者の責任としていくばくか管見を申し述べるなら、まず第一に、国際人権法は国際刑事司法（公正な裁判の保障）にとってけっして無条件の福音ではなかったことを改めて確認しておかねばなるまい。著者は一九九〇年代以降の国際刑事司法の発展のうえにＩＣＣがあることを示唆するもの（三〇頁）、九〇年代に活発化した国際刑事手続は、実際には、国際人権法の強度の影響の下に被害者中心の法解釈を展開し、少なからぬ場合に謙抑主義や「疑わしきは被告人に有利に」といった刑法の基本原理との両立性を疑わせる事態をもたらしてきた。

安保理決議に基づき二〇〇五年一月に刊行されたダルフールに関する国際調査委員会の報告書（パラグラフ四九四）にも、「ジェノサイドに関する諸規則は、最大の法的効果を与えられるよう解釈されるべきである」との認識が示されていたが、刑法の厳格解釈とはおよそ対極に位置するこの一節は、国際人権法が重用する目的論的（発展的）解釈によって国際刑事司法のあり方が「非自由主義的」な相を引き寄せてしまったことを端的に伝えている。ルバンガ事件でもその位相が少しく顔を覗かせているように思うが、少なくとも、法解釈の手法において、人権法と刑事司法は必ずしも親和的な関係に終始するわけではないことは銘記しておくべきである。

第二に、多くの改良すべき事項に留意しつつ、著者はＩＣＣへの期待と支援を表明することをためらわない。実務家として当然の姿勢であり、なにより、不処罰の文化を断ち、人々の人権保障に資そうとするＩＣＣの理念は支持されてしかるべきものに相違ない。だが、国際刑事司法の歴史を背負って屹立するこの司法機関には、周知のように、方向性の異なる巨大な力学がうごめいている。人類益を担う人道の力学、覇権主義の力学、そして国家主権の力学、といったものである。

これらの力学は、ＩＣＣの管轄権行使の三つのトリガー（検察官の職権、安保理付託、締約国／自己付託）に接続されている。二〇一〇年の検討会議でＩＣＣ規程に挿入されることになった侵略犯罪の管轄権行使については、覇権主義と国家主権の相貌があまりに強く顕現したというしかないが、現在までのＩＣＣの事態・事件リストを見ても、そこには、地域的な偏りのみならず、覇権主義・国家主権の利害が強く働いている実情を看取できる。著者もむろんこうした懸念を共有し、その是正を締約国・安保理・検察官に求めてはいるものの（九頁）、現下の不均衡な国際政治構造が是正されぬかぎり、ＩＣＣの正統性を損ないかねぬこの歪な実情を是正することは困難であろう。

そうであるだけに、著者の望むＩＣＣの実効性の強化はそれ自体、歓迎すべき展開であることは否定しないものの必ずしも人道の力学を強める結果に逢着するわけではないことは念頭においておくべきである。ＩＣＣの機能強化と覇権主義の発現はけっして対立する関係にはなく、ＩＣＣを強化するほどに国際社会の不均衡な構造がさらに深まっていく可能性も排除されないということである。

第三に、国際秩序構想に引きつけて言葉を継げば、ＩＣＣは国際法の個人化（individualization）と刑事化（criminalization）を推進する強力な駆動力になっている。そうして、国際社会の垂直化（verticalization）と司法化（judicialization）が促されてもいる。ＩＣＣを論ずることは、この意味において、本質的には国際秩序のあり方を論ずることでもある。主題の関係で本書では十分に論じられることはなかったが、ＩＣＣのプリズムを通して著者の目にはどのような国際秩序像が映し出されているのだろう。著者が自らに問うＩＣＣの「成功」も、この司法機関が導き入れようとする国際秩序の価値的評価を抜きに語ることはできまい。ＩＣＣ三部作目となる次著において、著者の描き出す国際秩序構想に是非とも接してみたいという思いである。

31 〈書評〉浅田正彦『日中戦後賠償と国際法』
（東信堂、二〇一五年）

一

彫心鏤骨の大作である。世紀を跨ぎ、足掛け一〇余年に及んだ『法学論叢』への連載稿を主軸に彫琢された本書は、日中間の戦後賠償にかかる知の迷宮に分け入り、なみひととおりでない難問群と正眼の構えで切り結ぶ国際法学者の廉直たる姿を描き出した壮大な絵巻物のようにも映る。

本書が照星の先に見据える日華平和条約（以下、本条約）と著者との出会いはゆくりなきものであった。「国際法事例研究会」に「遅れて参加した」浅田は、その遅れゆえに「条約と第三国」というテーマを与えられる。そして対日平和条約第二六条の文脈で選び出した本条約が国際法の観点から「宝の山」（iv頁）であることに心づく。本書の醸す趣が懊悩と呻吟の生み出すそれにくぐまらず、馥郁たる知の芳香と歓びを湛えたものにも感じられるのは、解明すべき一群のコナンドラムが、犀利な著者にとってはまさしく胸にかき抱く宝の山として現れ出ていたからにもほかならない。

二

全一〇章に補論と関連資料・索引を加え、五〇〇頁を超え出る本書の佇まいは、博捜を極めた学術的営みの結晶というにふさわしい。その劈頭に記されているのは、日本と中華民国との間で締結された本条約を「不思議な条約」と評した故・寺沢一の感懐である。一見して素朴なこの評言こそ、著者を積年にわたって突き動かす原動力になってきたものにもほかならない。寺沢の想念を継承するように、著者はこう言葉を連ねる。「[本]条約は、その成立、適用地域、内容、位置づけ、そしてその終了のいずれにおいても、不可解な部分が少なくない」（三頁）。

そうした不可解な貌が、大陸全般に支配を及ぼす中華人民共和国（政府）の誕生という特殊な事情に起因していることは言を俟たない。台湾・澎湖諸島にしか支配を及ぼしていない中華民国政府の締結した本条約は大陸にまで適用されるものなのか。一九七二年に発せられた日中共同声明（以下、共同声明）により本条約はいったいどうなってしまったのか。そもそも共同声明と本条約はどのような関係にあるのか、などなど、日本にあって国際法を生業とする者であれば誰しもが抱くであろう数多の問いを真正面から引き受け、著者は浩瀚な法的知見を羅針盤に日中間に横たわる国際法関係の謎解きに挑んでいく。

精確かつ厳格な論証で鳴る浅田の学術的成果には常に高い評価が与えられてきたが、本書もまた豪末の遺漏なきを旨としており、論証を必要とするあらゆる主要課題に著者の細密な法的アンテナが延伸されている。本条約締結の経緯を論じた第一章に続き、第二章では、その署名日が対日平和条約の発効日と重なり合った事情が丁寧に読み解かれる。本章はついで条文の解析へと歩を進めるのだが、ここで待ち受けるのが適用地域をめぐる奇怪な難問である。

本条約に付された交換公文は、条約の適用を「中華民国政府の支配下に現にあり、又は今後入るすべての領域」としているところ、「同意された議事録」には、「『又は今後入る』という表現は、『及び今後入る』という意味にとることができると了解する。その通りであるか。」という中華民国代表の発言に対して、日本国代表が「然り、その通りである。」と応じる条が記されている。まるで上の空で交されたかのようなこの「珍妙なやりとり」の謎を、著者は周到な分析をもって見事に解き明かしてみせる。

もっともそれは、巨大なラビリンスの序曲にすぎなかった。著者の前に凝然と立ちはだかるのは、この交換公文の存在によって本条約が「限定講和」をもたらすものにとどまってしまうのか、という次なる迷路であった。現に、条約交渉時において日本政府はそうした認識を示してもいた。だが、戦争の終了とは国家領域全体に及ぶとするのが本来の理に違いない。当時、中国の正統政府たる地位を有していた中華民国側も、一貫して大陸を含めた戦争状態の終了を意図していた。著者は、こうした法認識・事実関係を整序しつつ、条約の批准が近づくにつれて日本政府の解釈が変遷した事情に着目し、交換公文の存在にもかかわらず、戦争状態の終了が中国全域に及ぶことについて「意思の合致が継起的に成立した」（九七頁）という評価を巧みに導き出す。

しかし、この解釈が大陸を支配する人民政府に対しても有効に主張できるのかは別問題である。同政府は本条約を署名の初手から無効なものとみなしていた。その政府と日本との間で、一九七二年に共同声明が発出される。多くの人々が言祝いだこの歴史的声明は、だが、著者が辿りゆく巨大な迷宮にあって極めつけの難問となってその姿を屹立させることになる。そこには、強度の緊迫感を伴う戦後賠償という課題が新たに浮上してもいた。共同声明がいざなう解き難き謎に正対した第三章は、本書の白眉というにふさわしい格別の息遣いを刻んだものとなって迫ってくる。

三

共同声明にまつわる最大の謎は、日中間の戦争状態の終了と戦争賠償、請求権の問題に収斂される。日中両政府は本条約の有効性についてまったく異なる立場を最後まで譲らなかった。戦争状態の終了時期についても、確認できたのは、共同声明が合意された時点において両国間に戦争状態がないということにとどまった。この声明は「同床異夢の内容を含む文書」として生み出されたのであり、したがって、「あらゆる点で異論のない解釈などそもそも存在し得ない」（一六一頁）という諦念にも似た著者の思いが吐露される。

しかし浅田は瞬時に居住まいを正し、共同声明の謎について「最も合理的と考えられる単一の解釈」を追求するとの意思を截然と表白する。「解釈論的な真理の探求という学問的な関心」を超え、「実務的な観点からも、日本および中国における戦後賠償の裁判において現にそれが必要とされてきている」現実に突き動かされてのことである。裁判実務においては、「同床異夢の文書であるなどといった『事実』は、当面の紛争解決にはほとんど役立たない」（一六二頁）と鋭利な言葉が継がれていく。

その言やよし。だが、「最も合理的」という語に著者はどのような意味を託しているのか。明瞭なのは、本書全篇を通じて物事を整合的に理解することに至上の価値がおかれていることである。両立し得ないようなものをいかに整合的に理解できるかが徹底的に追求される。これを敷衍して別言するに、著者が追い求める「最も合理的」な「単一の解釈」とは、むき出しにされた各当事者の見解とは異なる「客観化された当事者の意図の同定」にほかなるまい。これにより、当事者間の見解が対立するなかにあっても整合的な理解の可能性が射し展かれることになる。

複雑なことに、共同声明のありようは、その「影」というべき本条約の存在ぬきには語り切れない。日本政府は本条約が有効に締結され、戦争関連の諸問題は基本的に処理済みというのだが、当の人民政府はその不法・無効を頑ななまでに説く。著者は、本条約が有効に締結されたという点では日本政府と認識を一にするものの、だからといって無条件に共同声明の「形」が決まってしまうわけではないと精妙な論理を差し向ける。

「影」と「形」をつなぐ国際法の環を、本書はラウターパハトの分析に求め出る。政府承継は継続・包括性を原則にするとはいえ、旧政府が内戦中に締結した「国民の一般利益に反する」ような条約にまで革命政府は拘束されない、とする碩学の認識がここで召喚される。継続性の原則の例外をなすこの基準を日中間に投射して、著者はこう述べる。「戦争状態の終了は、それ自体として、中国国民に不利益をもたらすとは考え難い。他方、日華平和条約における賠償問題の処理に関しては……少なくとも大陸中国の住民にとっては、中国『国民の一般利益に反する』との結論に至ることは避け難いように思われる」（一六五頁）。つづめていえば、戦争状態の終了については本条約（の法的帰結）が承継されるのに対して、賠償・請求権の放棄については本条約をもって人民政府に対抗できるわけではないというのである。

そうなると、問題は、先行する条約の一部（の法的帰結）のみを承継することが認められるのかということになる。条約規則も学説もないこの未踏の難題について、著者は、当事者が合意していたのであればそれを認めるのが原則であってしかるべき、との前提認識を示し、部分的承継を行うことが両政府の「意思であったといいうるか」（一六九頁）を見定める作業に踏み入っていく。

その作業は、だが、部分的承継を「最も合理的な理解」と評する著者の認識が必ずしも堅固な基盤に支えられていない実情を浮き彫りにする。現に、日中両政府の意思を解析した一七〇頁以下の叙述を特徴づけるのは、「不可能ではないように思える」「はずだから」「かも知れない」「ある意味で」「あながち不思議ではない」といった、「推測」（一七四頁）の連鎖である。自らが立ち上げた「最も合理的な理解」の正当化に向けて、前のめりになった著者の気息が伝わってくる。精巧な論理の継ぎ目にあって、価値的判断が濃厚に働くことをことのほか強く感じさせるところである。

第三章は漸次、日中いずれの政府の立場とも異なるこの「最も合理的」な理路を深めていく。焦点は、特大の迷路というべき戦争賠償請求放棄の問題に移行する。大陸に所在する中国「国民の一般利益に反する」この放棄は、本条約の承継ではなく、共同声明（第五項）を通じて創設的に処理されることになったとの著者の論は実に説得的なのだが、迷路はそこからいっそう昏みを増す。さらなる解明を要するのは、放棄された賠償請求の中身であり、個人請求権の帰趨にほかならない。

個人の請求権放棄を外交保護権放棄と連結させてきた日本政府の見解は、二〇〇一年来、個人請求権は消滅していないものの救済はない、という「救済なき権利」として定式化されるようになる。「一貫して」そういう考え方であったという日本政府の説明（一八一頁）は凡眼にはにわかに理解しがたいものがあるが、いずれにせよ対日平和条約第一四条(b)について妥当するこの解釈が日華間さらには日中間の賠償問題処理にもそのままあてはまるというのが日本政府の公式見解である。

その一方で人民政府側の意図を見極めるのは容易でない。著者は条約解釈の手法を駆使して同政府の意図を「発見」（一八五頁）しようとする。第二次世界大戦後の戦後処理の一般的傾向、日本側の背景事情、人民政府が請求放棄に至った事情、抗議・黙認の有無等を厳密に検討した後に本書が逢着した結論は、「日中間の賠償問題は、国民の請求権を含めた形で、解決済み」であり、「日華平和条約と実質的に同じ内容の処理を、人民政府が自ら日中共同声明において創設的に行った」（二〇〇頁）というものである。

共同声明により中国国民の請求権も放棄されている、という解釈について日中両政府の理解は異ならないという（一九七頁）。しかし、前述のとおり、日本政府は「救済なき権利」の考え方をとり、（形だけであれ）個人の請求権そのものは消滅していないという立場である。人民政府もこれと異ならない見解なのか。処理されたという個人請求権の内実が、人民政府との関係ではやや判然としないところをなお残しているように見受けられる。

国際文書の「解釈は、当事者の意図を見定めようとすることでなくてはならず、これは、解釈者により、解釈行為の時点において利用可能な解釈手段に基づいてなされなければならない」（A/68/10, p.27）。客観化された当事者の意図は、解釈手段を通じてはじめて正しく見定められることになる。著者はこの営みが当事者の意図の「発見」であるという。だが、特定の事情や発言、行為等を精査する著者の作業は、意図の発見という以上に、それらを法解釈にとって有意な要素として再構成し、言説化する営みのように映る。当事者の意図は発見されるのではなく、むしろ解釈行為を通じて「構築」されている、との感を強くする。

その位相は、裁判実務に資そうとする著者自身の姿勢によって必然的に深まらざるを得なかったのかもしれない。茫漠たる色合いをもって佇立する「事実」の数々を、裁判の文脈では、規範性を帯びた白あるいは黒に鋳直して提示しなければならない。解釈という営為を通じ、同床異夢の文書を同床同夢のそれに置き換える難事に明確な意思をもって取り組んだ第三章は、著者の実践的戦闘性が生々しいほどに先鋭化する様を伝えている。

裁判を念頭においているだけに当然というべきか、本書では関連する日本の戦後賠償訴訟自体の実相が読み解かれてもいる（第四章および補論）。とりわけ中国関連の戦後賠償裁判に「事実上の終止符が打たれることになったとさえいえる」（四〇一頁）二〇〇七年四月二七日の二つの最高裁判決については本書に記された学術的成果が反映されているとの評がもっぱらであり、著者の感慨もひとしおであろう。

四

「周到な研究と論理に裏打ちされた好判決」（四二二頁）と賛辞を送りつつ、しかし著者は最上級審の判断すべてに同意しているわけではない。本条約の大陸への適用を対抗力の問題ではなく交換公文の存在を理由に排除した点、「サンフランシスコ平和条約の枠組み論」の直接的・積極的立証を回避した点、賠償放棄にかかる共同声明第五項の法規範性を一九七八年の日中平和条約に連接して認めた点など、著者の精密かつ建設的な批判が向けられるところは少なくない。

最高裁は「救済なき権利」の考え方を採用し、「実体的権利は残るが、訴権はない」という見解を開陳した。この考え方は、本書も確認するように、「訴権はあるが救済はない」とする日本政府の立場と吻合するものではないのだが、そうしたニュアンスの違いは別として、最高裁が「救済なき権利」を採用したのは、事後的個別的な民事裁判を回避することこそ対日平和条約の目的であったという理由からである。著者は、そうであるのなら、救済なき権利論を採用する必然性はなく、むしろ個人請求権は消滅したと解するのが正しいように思える、との認識を記す（四一五―四一六頁）。

国家は条約によって国民の権利を消滅させることができるのであり、「代償措置の存否は国内的には重要であっても、国際的な平面において［個人請求権］放棄が有効であるための条件であるとまではいえない」（二三八頁）と著者はいう。なればこそ、共同声明を通じて個人請求権の消滅も可能になるということなのだろう。しかし、本書も留意するように（第三章注一六六）、重大な人権法・人道法違反の行為は請求権放棄の対象になりえないという解釈が呈されてきていることを著者は承知しているはずである。文民条約第七・八条の規定や、ハーグ陸戦条約第三条を継承した一九七七年第一追加議定書第九一条についての赤十字国際委員会のコメンタリー等が伝えるところを顧みれば、重大な人道法違反の被害者の権利がなんらの代償措置なく消滅させられたところで「国際的な平面」では問題ない、と断じ切るには、それ相応の論構えが必要なのではないか。

かてて加えて、自由権規約も司法（裁判所）にアクセスする権利を管轄の下にあるすべての個人に保障している。この権利の動態と代償措置なき個人請求権消滅との関連についても議論の余地は大いに残るように思う。著者が挑む迷宮のスケールからして、これほどの大著をもってしてもすべての法的問題を論じ尽くすことは不可能であり、それだけに望蜀の域にとどまるのではあるが、人権・人道法に立脚した議論への応答が本書ではほぼ皆無に等しいことは指摘しておかなくてはならない。もとよりその欠缺は、著者の拠って立つ国際法・国際社会観がもたらす構造的暗翳そのものというべきものなのかもしれないが。

五

迷宮を進みゆく著者は、残された未解決の諸問題を第五章で端然と分析し、いよいよ最終地点にたどり着く。そこに控えていたのは、第三章のテーマに比肩する力技を必要とする最後の難問であった。本条約はいかに終了したのかをめぐる謎である。日本の行為を一方的廃棄と難ずる中華民国政府の認識とは対照的に、日本政府の見解は本条約が「存続の意義を失い、終了した」というものである。いずれにせよ本条約が合意によらず終了したこと自体は紛れもないのだが、それは、国際法上のどの終了原因によるものなのか。

条約法条約は条約の終了原因について網羅主義をとっているところ、本条約の終了はそれらのいずれにもうまく当てはまりそうにない。第六・七章で、著者は慣習法も恃みにこの難題を乗り切ろうとする。委曲を尽くしたその営為に著者の知的廉直さを改めて感じずにはいないものの、その筆致からは、第三章を想起させる前のめりの息遣いが再び聞こえてくる。その息遣いは、だが、本条約の比倫なき不思議さ・不可解さを前に、いかなる国際法学者であれ避けることがあたわぬものなのだろうとの思いも募る。

壮大な知の迷宮に挑んだ本書は、幾重にも入り組んだ日中間の法の謎を平明な言葉を用いて丁寧に解き明かそうとする著者の誠実な執筆態度により、時代を超えて読み継がれるにふさわしいものとなっている。なにより本書は、学術的分析の広がりと深みにおいて、そして同時代との正対を忌避せぬ精神性において、著者が現代日本を代表する国際法学者の一人であることをこのうえなく明快に証するものとして立ち現れている。巡り合った「宝の山」を記念碑的な知の成果に昇華させた粘り強い営みに、同じ世代を歩む研究者の一人として、心からの祝意と賛辞を表するしだいである。

32 〈書評〉申惠丰『国際人権入門 —— 現場から考える』

（岩波書店、二〇二〇年）

一 国際人権の平和学的面貌

「世界のニュースでは、日々、多くの人権問題を目にする。けれども、私たちの住むこの日本でも、少し注意を払ってみれば、日々たくさんの人権問題が起きている。そしてそれは、日本なりのやり方で対処すれば済むというものではなくて、日本も国際社会の一員である以上、国際的な人権基準に沿って扱われなければならない」（ⅰ頁）。

劈頭でそう叙すように、本書の主眼は、日本社会の人権問題を、国際人権法のプリズムを通し「国際人権」の問題として描き出す／直すところにある。現代日本の抱える病弊に犀利に切り込む本書には、人権問題の多くが国内法のみに依拠して処せられ、それで事足りるとされる日本の現状への強い警告と批判の念が込められている。

本書の趣意は、タイトルが示すとおり国際人権へのいざないに相違ないが、著者の発出するメッセージは、暴力の除去・逓減を追究する平和学／研究の目的と幾重にも折りかさなっている。国際人権法という法領域が、平和学と親和性をもって膚接するにとどまらず、平和学の幅員それ自体をいかに豊かに広げ得るのかが、精確な筆致に支えられた本書を読み進むほどに皮裏深く実感できる。

あまたある人権問題にあって、著者は、入管施設の劣悪な処遇、人種差別・ヘイトスピーチ、女性差別・性暴力、貧寒たる教育予算の実情という四つの事態を取り上げ、国際人権法の観点から鋭利なメスを入れていく。平和学の概念に鋳直せば、本書が照射する人権問題は、直接的暴力、構造的暴力、さらには文化的暴力が重層的に交差して発現するものにほかならない。著者が弁ずるように、普遍的に妥当する国際人権基準を精確に活用することにより、日本の管轄下で生じる人権侵害、すなわち暴力の除去に向けた地平が押し広げられていく。まさしくそれは、平和学が伃伃として追い求めてきた情景そのものである。小論では、本書を平和学的な観点から少しく読み解いてみようと思う。

二　国際人権による暴力の除去

国連憲章を起点に生成された国際人権保障の法体系を紹介する序章は、国際人権を用いてあらゆる暴力を除去し、平和を積極的に創出しようとする人類の壮大な制度的営為を映し出す。その主柱とも言うべき世界人権宣言には、「すべての人間の尊厳・平等や、他の人の権利の尊重という基本原則を包含した「コースメニュー」として人権のあり方」（七頁）が指し示されている。このコースメニューは、平和学が真っ先に注文し、自らの糧とすべきものにほかならない。「すべての人民とすべての国民とが達成すべき共通の基準」として公布された同宣言の人権リストは、その後、国連や地域的国際機構の下で拘束力ある法文書（条約）の形をとって拡充されてきた。著者が周到に言及するように、国際労働機関の営みや難民条約なども また国際人権基準の重要な一部をなす。

そうして定位された人権基準は、国連憲章に基づく手続と人権条約に基づく手続によって国際的にその実施状況を監視されるのだが、研究の成果を実務に反映させることに精魂を注ぐ著者は、最高裁の近年の法実践に留意しながら、日本国憲法の人権規定もまた人権条約の趣旨を取り込んで解釈すべき旨を強調する。「日本国内ではマイノリティとされ、その立場が法律や制度に反映されにくい存在であっても、国際的に認められた個人の人権の観点からは、日本の法制度やその運用のあり方に新たな光を当てることができる」（三八頁）と、著者は力強く言葉を継ぐ。

三　入管の暗翳／人種差別

第一章では、入管施設の醜悪な実態が分析される。幽暗の海にただよう入管施設に収容されるのは、「不法滞在の外国人」である。身体の自由や家族生活への権利、子どもの最善の利益、健康への権利、移動の自由、裁判を受ける権利といった国際人権規範の蹂躙が輻輳する背景に、「外国人の権利保障は在留制度の枠内で与えられるにすぎない」と判じた一九七八年マクリーン事件最高裁判決があることを著者は的確に指摘する。

被収容者が強いられる窮境は、そそけ立つ直接的暴力の場面に何より象徴されるが、竦然たるその蛮行は、差別の腐臭にまみれた入管制度のあり方（構造的暴力）や、暴力を容認する庁内の弊風（文化的暴力）と密接に連なりあることはいうまでもない。被収容者は、「不法」である報いとして法による保護をすべからく拒絶されるかのようである。

だが、著者が念押しするように、国際人権法は日本の「管轄下にあるすべての人」に及ぶ。在留資格を欠く外国人であろうと、人として、品位を傷つける取扱いや恣意的拘禁はけっして許容されるものではない。悪名高き閉塞的な難民条約の運用も、難民保護の観点から抜本的に是正されなくてはならない。別していえば、国際人権基準を誠実に遵守することで、入管の脱暴力化に向けた現実的可能性を手繰り寄せることができる。その理路を、著者は丁寧に、そして廉直に提示する。

第二章では、入居・入店拒否やヘイトスピーチという直接的暴力が人種差別という構造的暴力と切り離しがたくあることが詳述される。入管施設に蟠踞する暴力の構図は、人種差別の局面においてまったき相似形のように出来するのだが、日本政府は「人種差別撤廃条約に加入した際には、既存の法律で対応でき法律の整備は必要ないとして、全く立法措置を取らなかった」（八六頁）。この不作為は、人種差別がヌエのように社会を覆い、法（官僚）制度の常態＝標準と化してしまったがゆえに導かれた不祥の応答というべきものにほかならない。人種差別との対峙が極めて困難であるにもかかわらず既存の法制度で十分だ、という傲岸な対応は、日本社会に奥深くうずめられた構造的暴力の頑強な醜相を明澄なまでに映し出している。

かてて加えて看過できないのは、人種差別撤廃条約を引用しつつ著者が伝えるように、「人種差別を扇動するヘイトスピーチに対して、根絶のための積極的な措置を取ることは国の義務」であるはずなのに、「日本では、首相、法務大臣など国の公的機関が、具体的なヘイトスピーチが起こっても全く批判せず、積極的な啓発の責務を果たしていない」（九四、九五頁）ことである。これでは、暴力を正当化する文化が社会に瀰漫するのを政府自らが推進しているに等しい。

被害当事者たちの全霊を賭した働きかけに促されて、ヘイトスピーチ解消法や関連条例が川崎市などで制定されるという言祝ぐべき展開こそ見られるものの、人種差別にかかる暴力を逓減させる営みとしては鮮少にすぎる。著者が説くように、「人種差別撤廃条約に合致した形で、公的生活における人種差別禁止に関する法律」を制定するとともに、「ネット上のものを含むヘイトスピーチについても法律で明確に禁止規定を置き、それに基づいて…IT企業の取り組みを求める仕組みを整えていく」（一〇九―一一〇頁）ことに力が注がれなくてはなるまい。

四　女性差別／遠ざかる教育機会

性暴力を扱う第三章において著者は、「セクハラは、人が身の危険を感じることなく安全な環境で仕事や勉強ができることを脅かす暴力的な行為である」（一一六頁）と説く。この指摘は、平和学における「暴力」の本質を摘出するものでもある。本章に描かれた財務事務次官、副総理、男性警察官らの言動や、刑法における「暴行又は脅迫」要件、低年齢に設定された性交同意年齢要件などは、女性に対する直接的な暴力が構造的に産出され、かつ社会（文化）的に容認されていることを端的に伝えるものである。

人種差別と同様に日本社会を骨がらみ蝕む女性差別の構造は、国際人権基準を測鉛とすればなおのこと、その深刻さつまりは暴力性の深みが浮き彫りになる。著者は、女性差別撤廃条約に基づき、女性に対する暴力の効果的な規制に取り組まない日本国の条約違反に論及する。とりわけて留意すべきは、この条約の選択議定書により設置された個人通報制度（国際人権救済申立制度）の有意性が説かれていることである。

「私人が加害者の場合でも、女性差別撤廃条約に照らせば、女性の権利の法的な保護や女性差別的な法律・慣行の修正における国の取り組みが十分かどうか問われる余地があるのだ。国内で利用できる救済手続を尽くせば女性差別撤廃委員会に個人通報する制度が使えるようになることは、日本国内の法的手続において、女性差別撤廃条約の考え方が反映されるようになるための大きな一助になるだろう」（一三四頁）。

だが、暴力の逓減・除去を具現化し、積極的平和を牽引し得るこの制度の受諾を、日本政府は一貫して拒み続けている。驕慢なその姿勢自体が、暴力への加担そのものであることを平和学の観点から問題化していくべきとの思いを強くする。

最終の第四章で扱われるのは教育環境をめぐる惨状である。高等教育の学費が極端に高い一方で、公的給付制の奨学金が整備されていない日本にあって多くの学生が利用しているのは、日本学生支援機構による貸与制の「奨学金」制度である。学生ローンというべきこの事業は、大内裕和の表現を用いて著者が喝破するように、「奨学制度」というより「金融事業」と蔑称するにふさわしい。毎年多くの学生を借金漬けにして社会に送り込む、喫驚すべき公的事業である。これでは、経済困窮世帯の子どもの教育機会がいっそう閉ざされてしまう。

「高等教育を受けられるかどうかは、将来就ける職業の範囲や内容にも関わり、生涯で得られる収入も変わってくるから、人が貧困の連鎖から抜け出せるための重要な鍵になる」（一四一頁）。著者がそういうように、貧困という構造的暴力を取り除く有力な手立てとなるのが高等教育機会の確保である。さらにいえば、教育は人間の可能性を開花させるものとして、暴力なき世界を引き寄せるには欠かすことができないものでもある。平和学にとって、ことのほか大切にすべき人権に違いない。

教育への権利を明記する社会権規約の締約国として、日本は、高等教育無償化を漸進的に実現することを約束している。この約束は、無辺の陳弁に開かれた「政治的」責任などではなく、明確な「法的」義務としてある。同規約に基づき、日本国は無償化に向けて絶えず進んでいくことを求められるのだが、それゆえに、権利実現への歩みを意図的に後退させる措置は控えなければならない。貸与「奨学金」の返還免除の廃止は、ここでいう後退的措置として同規約の趣旨に反することになる。その実相を、著者は理路整然と解き明かす。

本章では、二〇二〇年から政府が実施している「高等教育無償化」の施策が、大学の自治・学問の自由を脅かし、財界出身者や官僚の再就職を容易にするとともに、国立大学の学費や授業料負担を増加させることで社会権規約に背馳する事態をもたらしていることも記される。コロナ禍の窮状に触れた「追記」では、「政権に近い一部の関係者のために税金をざぶざぶと不正に流用する」（一五九頁）奸策が弄される一方で、子どもたちの学ぶ権利・健やかに育つ権利に国の予算が適切に当てられない現状が慨嘆される。著者の隠しきれぬ憤怒の念が、迫力をもってせまりくるところである。

五　国際人権へのいざない

自由権規約二〇条が「戦争のためのいかなる宣伝」も、「差別、敵意又は暴力の扇動となる国民的、人種的又は宗教的憎悪の唱道」も、「法律で禁止する」と明言するように、国際人権法は根本において反戦思想に立脚するものなのだが、本書が詳述するように、この法領域には、あらゆる暴力の逓減・除去／平和の実現に向けた大いなる可能性が内蔵されている。これほどの希望をたたえた国際人権が、なぜ日本では遵守されないままにあるのか、という根源的問いに対する著者の応答に接したかったところではあるが、本書の趣意からしてそれは望蜀の域を出ぬ要望なのかもしれない。

「現場から考える」という副題が示唆するように、著者が描き出す精確な国際人権法の形姿は、実践という確かな後ろ盾によって触発され、支えられている。著者が現代日本を代表する国際人権法の担い手と呼ぶにふさわしい由は、その際立った智量はもとより、社会や世界との関わりを常に意識し、誠実な思索と実践を続けているところにある。特筆されるのは、陶冶された高度の知を市民・社会に還元しようとする、終始変わらぬ姿勢である。「入門」と銘打った本書は、その最新の結晶にほかならない。

本書には、人権保障と予算、技能実習生などを論ずる丹心込めたコラムも挿入されており、読者にとってとてもよい「踊り場」となっている。平和学／研究を志す学徒の間でも、本書が広く味読されるよう念じている。

33 戦争、暴力、平和――ＰＲＩＭＥの実践

「平和」のイメージは人によっても時代によってもさまざまにあり得るだろうが、この言葉と対になって用いられることが多いのは「戦争」という語に相違あるまい。実際に、平和に対する昨今の関心を高める直接の契機になっているのも、ロシアによるウクライナ侵攻という戦争にほかならない。

一　平和学の知見

ひとたび戦争が起これば、人間の生活は破壊され、多くの人命が失われる。その情景が平和と対極にあることは紛れもない。だが、今日の平和学／研究にあって平和に対置されるのは、戦争ではなく「暴力」である。平和とは、暴力の不在であり、暴力を克服するプロセスとされる。平和学とは、「愚かしさとしての暴力に関する学問」＊ということである。

もとより、暴力の代表例が戦争であることは確かだが、この概念は、より広く、人間の潜在的可能性を不当に奪い、不条理な苦痛を与える力、と理解される。平和学を領導してきたノルウェーの

ヨハン・ガルトゥングは、暴力をさらに三つに分けて整理する。第一は加害者がはっきりしている「直接的暴力」（戦争や虐待など）、第二は社会構造の中に組み込まれた不平等な力としての「構造的暴力」（人種差別制度や経済的搾取など）、第三は暴力を正当化する思考・思想という「文化的暴力」（植民地主義や選民思想など）である。そして、直接的暴力の克服には消極的平和、構造的・文化的暴力の克服には積極的平和という術語が当てられる。

これらの暴力が相互に密接なつながりを有していることは、容易に想像がつこう。平和を実現するには、戦争を含む暴力の総体と向き合わなくてはならない。戦争が起きて、卒然と平和が壊れるのではない。日常の中に暴力が広がっているのであれば、すでに平和とは言えない。戦争に抗することと、人種・性差別等に対峙することとは、平和な世界に向けた地続きの営みということである。

二　ウクライナの窮境と向き合う

一九八六年に設立された明治学院大学国際平和研究所（英語名称の頭文字をとってＰＲＩＭＥと略称）は、二〇二二年現在、専任教員である所員二七名のほか、研究員五五名、客員所員二一名、助手・教学補佐・派遣スタッフ各一名という人員構成の下、全学的研究機関として組織されている。平和学の知見に依拠しつつ、国際性と学際性を基軸に研究を深め、その成果を学生と社会に還元する活動を積み重ねている。その際、学術的な連携は言うまでもなく、内外の平和運動とのつながりにも格別の重きを置いてきた。

平和学は暴力なき世界を明確に志向しており、その意味で決して価値中立的な学問ではない。ＰＲＩＭＥに集う人々も、暴力に抗する研究・運動に能動的に従事しているところに特徴がある。それ故にというべきか、平和を揺るがす重大な事態が生じたとき、ＰＲＩＭＥの有志として、脱暴力を求める声明の発出も意欲的に行ってきた。例えば、今般のウクライナの事態が勃発すると、その二日後の二月二六日に「ロシア軍のウクライナ侵攻を非難するＰＲＩＭＥ有志のアピール」を発出し、国際法に反する武力行使の非難・軍事行動の即時停止、外交的解決の模索、ロシア国内で抗議している人々との連帯、侵攻を招いた原因追究の必要等を訴えている。

ＰＲＩＭＥ自体としても、核兵器使用の威嚇がなされたことを受けて、三月に緊急シンポジウムを開催し（「ピースボート」と共催）、さらに、大量の難民がウクライナから逃れ出る事態を受けて、四月には「難民研究フォーラム」とともに日本の難民受け入れに係るシンポジウムも開催した。いずれもオンラインであり、短い告知期間だったが、心強いことに学内外から実に多くの視聴があった。〈力対力〉の動勢がいや増す中にあって、暴力を制御する平和学的視点を精確に提供できればと願っている。

終わりの見えぬ惨劇に、今もなお多くの人々が心を痛め続けている。大学としても、成し得る支援を継続すべきことは言うまでもない。ただ、改めて言挙げするまでもなく、戦争はウクライナでだけ生起しているのではない。国際法を踏みにじる大国の武力行使は、とりわけ二〇世紀の最終盤から今日に至るまで、各所で何度となく手掛けられてきた。その都度、大規模な被害・難民が生じたにもかかわらず、今般と同様の政治的・社会的関心が振り向けられてきたわけではない。その様は、地政学的・人種的理由によって公然と対応を違える国際社会のありようを端的に映し出す。その歪みもまた暴力にほかならないことを、シンポジウム等では重ねて強調してきたところである。

三　核、沖縄、平和教育

平和学にとって、核兵器の問題は最重要テーマの一つであり続けている。広島と長崎での原爆投下を経験した日本にあっては特にそうである。本年は、ウクライナで顕現した脅威以外にも、核兵器禁止条約第一回締約国会議や核拡散防止条約再検討会議が招集されたこともあり、国際的関心がひときわ高まった時でもあった。日本パグウォッシュ会議・世界宗教者平和会議日本委員会とともに開催している公開連続講座の中で、ＰＲＩＭＥも、世界の潮流と日本の実情についての分析を学生や社会に伝えることに力を注いできた。

もう一つ重要なテーマは、沖縄が強いられた状況に関わる。日本の平和を語るに際し、あらゆる暴力が集中して現れ出る沖縄の実情に向き合わないわけにはいかない。私たちも微力ながら、丸木美術館等が企画する「沖縄のつどい」を毎年共催し、キャンパス内で沖縄が置かれている現況について考える機会を提供してきている。

その一方で、平和教育という観点からＰＲＩＭＥが特に重視しているのは、全学部生向けに提供する三つの授業＝「現代平和研究１・２・３」である。１は「広島・長崎講座１」として核時代の基本的な知識を学ぶ場、２は「広島・長崎講座２」として日本の侵略・加害の歴史を学ぶ場と位置付けている。多彩なゲストスピーカーの知見や経験に触れることに加え、現地でのフィールドワークの機会も提供している。その折には、アメリカン大学の学生たちも合流するのが慣例である（ただし、コロナ禍により米国からの参加は難しくなっている）。また、３では「明学赤十字講座」と銘打ち、国際人道法に焦点を当てた授業を行っている。これらに加え、国連ＵＮＨＣＲ協会の後援を得て難民映画祭も毎年開催してきたが、今後は難民をテーマにした授業科目の新設についても構想中である。

平和教育の裾野を広げることも狙い、ＰＲＩＭＥは設立三五周年を記念して『ブックガイド 平和を考える』を昨年、刊行した。同書の「まえがき」で高原孝生前所長が伝えるように、今日の平和研究は「人間社会に満ちている、なくてもすむはずの様々な悲惨、様々な暴力」を対象としており、従って、「人間に対する深い理解が求められる」。この故に、所員・研究員・客員所員の面々が健筆を振るい、実に多様な作品が紹介されている。

私たちは、学期中の昼休みにCafé du PRIMEという小規模の集いを催し、学生との交流を図っているところ、二〇二二年度春学期は、同書の執筆者たちを招き、平和についての理解を深める時間を連続して持つことができた。シンポジウムや正規の授業とは違った緩やかな雰囲気の中で、ウクライナの事態や核兵器禁止条約の意義などについても闊達《かったつ》に意見交換が行われた。

四　歴史の視座

前述の『ブックガイド』は、日本国敗戦五〇周年を機に当時の学院長が発した「明治学院の戦争責任・戦後責任の告白」も収録している。同書の編集後記においてＰＲＩＭＥ主任の鄭栄桓《チョンヨンファン》教授は、その事情を次のように記す。「明治学院の戦争協力の歴史的責任並びに戦後責任を直視し謝罪の意思を表明するとともに、『真の平和』の実現を誓ったこの文書は、本学に所属する者が常に心に留めるべき社会との約束である」。

平和を求める研究を積み重ね、その成果を学生や社会と共有するに当たり、ＰＲＩＭＥは、明治学院の研究機関として、その「社会との約束」を強く自覚している。「広島・長崎講座二」がそうであるように、過去についての認識と未来の平和との接点を丁寧に探りゆくことをとりわけて大切にしていきたい。

私は二〇二二年四月に所長に就任したばかりではあるが、さまざまな暴力にあらがい闘い続ける内外の人たちと連帯する学術的枠組みを、さらに拡充したいと念じている。多くの先達が牽引してきた平和を手繰り寄せる営みを、少しでも深めていくことができればという思いでいる。

＊最上敏樹著『国境なき平和に』（みすず書房、二〇〇六年）二五六頁より。

初出一覧

Ⅰ　入管難民法の現在

1 「避難民」という言葉の意味するもの——戦争と難民をめぐる法と政治
Migrants Network 二二四号（二〇二二年一〇月）

2 〔視標　ウクライナ侵攻一年〕日本社会に難民迎える力——政府は差別なく支援を
共同通信配信（二〇二三年二月一四日）

3 〔視標　入管難民法改正断念〕人間の尊厳を重視せよ——国外退去強化ではなく
共同通信配信（二〇二一年五月二三日）

4 入管法改定という暴戻／変容する国際法
法と民主主義五七九号（二〇二三年六月）

Ⅱ　安全保障の実景

5 反知性主義と集団的自衛権——立憲主義の根幹を破砕する凶行にも等しい
図書新聞三一五七号（二〇一四年五月一日）

6 軍事化と国際人権法
法律時報八六巻一〇号（二〇一四年九月）

7 安保関連法の成立と国際法
法律時報八七巻一二号（二〇一五年一一月）

8 日本国憲法に国際法の規範的針路が示されている
週刊金曜日一〇五四号（二〇一五年七月）

9 安全保障の実景　神奈川大学評論八二号（二〇一五年一一月）

10 緊急事態の悖理と法理 ── 国際法の視座　メールマガジンオルタ一五五号（二〇一六年一一月）

III 差別・抑圧に抗する

11 〈視標 朝鮮学校の無償化〉問われるのは私たちの姿勢 ── ただちに法律適用を　共同通信配信（二〇一二年三月一五日）

12 差別的言動の法的規制　法律時報八八巻九号（二〇一六年八月）

13 沖縄から基本的人権を考える　けーし風七九号（二〇一三年七月）

14 歴史、国際法、人権保障　『沖縄自立と東アジア共同体』花伝社（二〇一六年）

15 国際人権法から見た日の丸・君が代起立斉唱拒否　『国際人権から考える日の丸・君が代の強制』同時代社（二〇二三年）

IV 「慰安婦」問題と民衆法廷

16 日本軍「慰安婦」問題の法的責任 ── 日韓「合意」が置き去りにしたもの　バウラック通信九号（二〇一六年六月）

17 〈平和の少女像〉の設置と国際法　『空いた椅子に刻んだ約束』世織書房（二〇二一年七月）

18 人間の尊厳重視する現代国際法の潮流映す ── 主権絶対免除主義はいまや過去の遺物（ソウ

ル中央地裁「慰安婦」判決を読み解く）　週刊金曜日一三二一七号（二〇二一年二月）

19 いま、「女性国際戦犯法廷」の最終判決をどう読むか――国際法の視点から　バウラック通信一〇号（二〇一六年一二月）

20 女性国際戦犯法廷の地平――民衆法廷という司法プロジェクト　ジェンダーと法一四号（二〇一七年七月）

21 女性法廷から日本の植民地主義を問い直す　『日本軍性奴隷制を裁く女性国際戦犯法廷二〇年』世織書房（二〇二一年）

V　国際規範・制度と向き合う

22 〈視標〉集団殺害制止へ法的義務――日本も可能な行動直ちに　共同通信配信（二〇二三年一二月八日）

23 国際法はロヒンギャ問題を裁けるか――国際刑事裁判所の苦悩と未来　世界二〇一八年一一月号

24 〈書評〉ウイリアム・シャバス（鈴木直訳）『勝者の裁きか、正義の追求か』（岩波書店、二〇一五年）　同書に「解説」として掲載

25 恣意的拘禁作業部会――身体の自由を守る国連の砦　法学セミナー七八一号（二〇二〇年二月）

26 躊躇せぬ御仁たち――「共謀罪」法と国連人権保障システム

平和学会ニューズレター二二巻四号（二〇一七年九月）

Ⅵ　同時代の思索

27 過去の不正義と国際法――日韓国交正常化五〇周年に寄せて
法律時報八七巻一〇号（二〇一五年九月）

28 国際人権法学／会の課題と針路
国際人権三〇号（二〇一九年一〇月）

29 追悼　本間浩先生
難民研究ジャーナル三号（二〇一三年一一月）

30 〈書評〉東澤靖『国際刑事裁判所と人権保障』（信山社、二〇一三年）
国際人権二五号（二〇一四年一一月）

31 〈書評〉浅田正彦『日中戦後賠償と国際法』（二〇一五年）
国際法外交雑誌一一七巻二号（二〇一八年八月）

32 〈書評〉申惠丰『国際人権入門――現場から考える』（二〇二〇年）
平和研究五八巻（二〇二二年一〇月）

33 戦争、暴力、平和――ＰＲＩＭＥの実践
大学時報四〇七号（二〇二二年一一月）

〈著者紹介〉

阿部　浩己（あべ・こうき）

1958年生まれ。現在、明治学院大学国際学部教授。早稲田大学大学院法学研究科博士後期課程修了。博士（法学）。バージニア大学 LL.M. 国際法専攻。

主な著書に、『人権／人道の光芒 ── 国際法の批判的理路』（信山社、2024年）、『国際法を物語る I 〜 IV』（朝陽会、2018〜21年）、『国際人権を生きる』（信山社、2014年）、『国際法の人権化』（信山社、2014年）、『国際法の暴力を超えて』（岩波書店、2010年）、『無国籍の情景』（UNHCR 駐日事務所、2010年）、『抗う思想／平和を創る力』（不磨書房、2008年）、『国際人権の地平』（現代人文社、2003年）、『人権の国際化』（現代人文社、1998年）、『テキストブック国際人権法〔第3版〕』（共著、日本評論社、2009年）など。

揺動する国境・平和・人権

2024（令和6）年11月30日　第1版第1刷発行

著者　阿部浩己
発行者　今井貴　稲葉文子
発行所　株式会社　信山社
〒113-0033　東京都文京区本郷6-2-9-102
Tel 03-3818-1019　Fax 03-3818-0344
info@shinzansha.co.jp
笠間才木支店　〒309-1611　茨城県笠間市笠間515-3
Tel 0296-71-9081　Fax 0296-72-9082
笠間来栖支店　〒309-1625　茨城県笠間市来栖2345-1
Tel 0296-71-0215　Fax 0296-72-5410
出版契約2024-3310-01011　Printed in Japan

印刷・亜細亜印刷　製本・渋谷文泉閣
ISBN978-4-7972-3310-0 C3332 分類329. 501-e001 p.344 b080